U0573023

权威·前沿·原创

皮书系列为
"十二五""十三五""十四五"时期国家重点出版物出版专项规划项目

BLUE BOOK

智 库 成 果 出 版 与 传 播 平 台

浦东新区蓝皮书

BLUE BOOK OF PUDONG NEW AREA

# 上海浦东经济发展报告
## （2024）

ANNUAL REPORT ON ECONOMIC DEVELOPMENT OF

PUDONG NEW AREA (2024)

聚焦上海自贸区建设与浦东新区创新发展

主　编／邢　炜　雷新军
副主编／张武君　张晓娣

社会科学文献出版社
SOCIAL SCIENCES ACADEMIC PRESS (CHINA)

图书在版编目（CIP）数据

上海浦东经济发展报告.2024：聚焦上海自贸区建设与浦东新区创新发展／邢炜，雷新军主编；张武君，张晓娣副主编.--北京：社会科学文献出版社，2024.1
（浦东新区蓝皮书）
ISBN 978-7-5228-2983-8

Ⅰ.①上… Ⅱ.①邢… ②雷… ③张… ④张… Ⅲ.①区域经济发展-研究报告-浦东新区-2024 Ⅳ.①F127.513

中国国家版本馆 CIP 数据核字（2023）第 253443 号

浦东新区蓝皮书

## 上海浦东经济发展报告（2024）
### ——聚焦上海自贸区建设与浦东新区创新发展

主　　编／邢　炜　雷新军
副 主 编／张武君　张晓娣

出 版 人／冀祥德
责任编辑／王　展
责任印制／王京美

出　　版／社会科学文献出版社·皮书出版分社（010）59367127
　　　　　　地址：北京市北三环中路甲 29 号院华龙大厦　邮编：100029
　　　　　　网址：www.ssap.com.cn
发　　行／社会科学文献出版社（010）59367028
印　　装／三河市东方印刷有限公司

规　　格／开　本：787mm×1092mm　1/16
　　　　　　印　张：20　字　数：299 千字
版　　次／2024 年 1 月第 1 版　2024 年 1 月第 1 次印刷
书　　号／ISBN 978-7-5228-2983-8
定　　价／158.00 元

读者服务电话：4008918866

# 主要编撰者简介

邢　炜　中共上海市浦东新区委员会党校常务副校长、校务委员会副主任，浦东新区行政学院副院长。历任长宁区北新泾街道办事处主任、长宁区人大常委会办公室主任、长宁区人民政府办公室主任，上海市人大常委会办公厅监督协调处处长等职。

雷新军　经济学博士，博士后，上海社会科学院经济研究所开放经济研究室主任，上海东方品牌文化发展促进中心副理事长。先后担任上海社会科学院经济研究所宏观经济学研究室副主任、企业发展研究室主任、人口资源环境经济学研究室主任。2008年作为全国第9次博士服务团成员，赴中国延安干部学院，担任教学科研部国情研究室副主任。长期从事产业经济研究，主要学术著作有《日本经济发展过程中的政府作用》（日文）、《城市产业转型比较研究：上海市杨浦区与日本川崎市的产业转型经验》、《上海经济改革与城市发展：实践与经验》（合著）、《科学发展与城市国际竞争力》（合著）、《中国产业论归纳法的展开》（日文、合著）、《东亚地区经济发展与中小企业》（日文、合著）、《上海品牌发展报告》（执笔、主编）、《上海浦东经济发展报告（2022）》（主编）。

张武君　中共上海市浦东新区委员会党校副校长、校务委员会委员，浦东新区行政学院副院长。

张晓娣　经济学博士，博士后，上海社会科学院经济研究所副研究员，中国民主建国会会员。联合国工业发展组织伙伴专家。先后主持1项国家自然科学基金青年项目、1项国家社会科学基金青年项目、1项中国博士后科学基金项目及4项上海市决策咨询项目，近五年以第一作者名义共发表CSSCI论文20余篇。2018年获得上海市"三八红旗手"称号与"巾帼创新新秀奖"，2019年入选上海市"青年拔尖人才"。《上海浦东经济发展报告（2022）》副主编。

# 摘　要

2023 年是中国（上海）自由贸易试验区揭牌运行 10 周年。10 年来，从上海起步，21 个自贸试验区及海南自由贸易港"雁阵"，构建起覆盖东西南北中，统筹沿海、内陆、沿边的改革开放新格局。基于此，《上海浦东经济发展报告（2024）》围绕上海自贸试验区建设发展十周年的经验探索和理论创新，推出"总报告"、"开放浦东：上海自由贸易试验区"、"创新浦东"、"高质量浦东"共 16 篇报告，全方位描摹和探寻十年"头雁"引领开放之路。

总报告描绘了 2023 年浦东经济发展情况并对 2024 年发展进行预测分析，指出 2023 年面对全球经济和贸易增长动能减弱，浦东经济增速在上年历史新低基础上强力反弹；展望 2024 年，面对新的机遇和挑战，浦东将加快打造社会主义现代化建设引领区，稳步推进高质量发展，预期经济增速同比有所回落，但能够实现总体平稳增长。

"开放浦东：上海自由贸易试验区"共有 6 篇。分别从上海自贸区十周年建设成就回顾与展望、打造高水平对外开放新高地、打造开放透明的投资管理体制、优化营商环境、健全债券市场、自贸区经验复制推动等视角进行分析。报告总结了上海自贸试验区在投资管理制度、贸易监管制度、口岸监管服务模式、金融创新制度、事中事后监管制度以及服务国家"一带一路"建设和推动市场主体"走出去"等领域的成果，认为扩大投资开放、完善贸易规则、加快要素市场化改革是上海自贸区进一步扩大开放、积极对接国际高标准经贸规则的主要方向，指出在国际投资领域需要加快服务业扩大开放步伐，营造更加完善的营商环境，进一步提高外商投资的开放度和透明度，实施更高标准的知识产权保护，不断创新对外投资合作方式，推动企业"走出去"。报告立足临港新片区建设，结合上海国际贸易中心发展面临的新要求，深入分析新片区发展新型国际贸易的重点、突破口和配套政策，以进一步发挥对上海国际贸易中心建设的辐射带动作用。报告认为未来优化上海自贸区营商环境，可以从进一步完善顶层设计、构建部门间协同与共享机制，积极对接国际经贸新规则、着力推动法治环境建设，推进数字技术深度赋能、挖掘数据价值，加大人才吸引力度、优化人才发展环境等方面入手。

"创新浦东"共有 5 篇，分别聚焦创新发展、人工智能产业发展、大飞机研制与商业运营、张江数据要素产业集聚区建设、乡村振兴等主题。报告分析比较了创新生产要素协同的三种模式——中关村模式、合肥模式、硅谷模式的适用性，为浦东新区以科创企业为枢纽促进创新生产要素协同提供了相关路径建议。报告梳理浦东人工智能产业发展的现状，从前沿技术引领、产业集聚高地、创新应用示范、体制机制探索等四个方面讨论国家级人工智能先导区的建设情况，并总结可复制可推广的经验，最后针对浦东人工智能产业的发展提出相应的政策建议。报告基于 2023 年中国乃至世界航空业具有划时代意义的重大事件——C919 大飞机成功研制与商业运营案例，诠释了新型举国体制在社会主义现代化建设引领区浦东新区的生动实践，提出了在浦东大飞机事业发展中健全新型举国体制的三大建议。报告指出浦东依托新型数据交易平台、丰富的数据资源、强劲的数据需求和先进的数据技术等优势，可将张江打造成为国内数据流通交易活跃度最高、数商企业集中度最高、数据产业发展生态最优的数据要素产业集聚区。报告认为浦东地区的特色民宿探索了一种独特的发展模式，通过一、二、三产业的融合，为乡村农民带来了新的收入来源，在致力于推动浦东地区农业发展壮大的同时，也更为注重环境的美化和农民收入的提高。

"高质量浦东"共有 4 篇，主题分别围绕基础设施建设升级、绿色低碳发展、制造业转型升级、外高桥保税区发展等。报告从促进传统基础设施数字化升级、加快推进新型基础设施建设，以及充分发挥国有企业在基础设施建设上的主力军作用三个方面入手，提出应努力推进浦东基础设施建设进程，助力浦东构建"智慧城市"和"全球城市"的路径。报告从加强组织统筹协调、完善法律法规、提供政策支持、进行技术和基础能力建设、开展宣传教育等多方面着手，探讨了推进浦东新区绿色低碳循环发展的可能性。报告提出浦东新区产业规划可构建"金字塔式"的体系结构，推动浦东新区各区域的产业规划向精准性和竞争性迈进，共同促进浦东新区产业规划体系活力的提升。报告梳理外高桥保税区30多年的发展历程及其所取得的发展成绩，分析外向型经济高质量发展对外高桥保税区的积极影响，探讨未来外高桥保税区外向型经济高质量发展的基本路径。

**关键词：** 上海自贸试验区　高水平开放　高质量发展

# 目 录 ⟩

## Ⅰ 总报告

## Ⅱ 开放浦东：上海自由贸易试验区

## Ⅲ 创新浦东

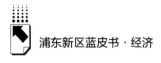
# Ⅳ 高质量浦东

皮书数据库阅读**使用指南**

# 总 报 告

## B.1
## 2023年浦东经济发展分析
## 及2024年预测

胡云华*

**摘　要：**　2023年全球经济不确定性增加，贸易增长动能减弱，全球经济的走向与浦东新区经济发展有着较强的关联性。首先，本报告分析了浦东发展的外部环境带来的困难和挑战；其次，重点聚焦供给侧和需求侧两方面，梳理了2023年浦东经济运行的走势与特征；最后，在研判全球经济和中国宏观经济走势的基础上，预估2024年浦东经济总体能够实现平稳增长，并对浦东加快推进高水平科技自立自强提出了相关的对策建议。

**关键词：**　经济预测　科技发展　浦东新区

---

* 胡云华，经济学博士，中共上海市浦东新区委员会党校经济教研室主任，副教授，主要研究方向为区域经济发展、创新经济。

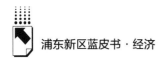

# 一　2023年浦东经济发展外部环境

## （一）全球经济复苏放缓带来困难挑战

全球经济走出疫情的阴霾，但主要经济体经济指标仍未实现快速回暖，在地缘政治和金融风险交织影响下，2023年全球经济复苏放缓。2023年7月，国际货币基金组织（IMF）发布《世界经济展望》报告，把2023年全球经济增长速度从4月预测的2.8%调高至3.0%，但仍明显低于2022年，也低于疫情前水平，更低于2000~2019年3.8%的平均水平①。

首先，各地区和部门差异拉大，分化明显。一方面，发达国家增速放缓明显，预计下降到1.3%。美国增长缓慢，IMF预测全年增速为1.8%。尽管失业率仍处于低位区间，通胀率稳步下降，但仍远低于2%的预期目标，金融风险不断加剧。2023年8月1日，世界主要评级机构——惠誉将美国信用评级从AAA下调成AA+，这是自1994年以来，惠誉第一次下调美国评级，反映了全球市场对金融风险的担忧。欧元区深陷俄乌冲突带来的持续高通胀阴影，需求日渐疲软，经济增长持续减速。根据欧盟委员会2023年9月公布的季度预测报告，欧盟全年增速从年初的1%调低至0.8%②。其中，原本一直充当欧元区经济发动机的德国表现更糟，全年增速下降至0.4%。英国"脱欧"后在诸多不确定性影响下，经济增速从上年的4.1%锐降至0.4%。另一方面，新兴市场和发展中经济体发展稳定，预计实现4.0%的增长，支撑全球经济的复苏。其中以中国、印度为代表的亚洲新兴经济体增长率预计上升至5.3%，表现最为抢眼。俄罗斯依托强有力的财政刺激政策实现了零售贸易、建筑业和工业生产的复苏，预计实现1.5%的增长③。与此

---

① 《IMF上调世界经济增长预期　警示下行风险仍存》，光明网，2023年7月27日。
② 《欧盟下调今年经济增长预期》，《参考消息》2023年9月13日。
③ 《IMF最新展望！小幅上调2023年经济增速预期至3%，通胀仍在"拖后腿"》，新浪网，2023年7月26日。

同时，疫情后的部门表现差异也逐渐拉大，其中，以文体旅游等为代表的服务业快速恢复，成为经济的强劲拉动因素，而制造业供应链加速调整，成本居高不下，总体呈现疲弱发展态势。

其次，核心通胀依旧高企。尽管大宗商品价格逐步回落，但全球供应链艰难修复，全球通胀依旧高位运行。IMF预计，全球总体通胀水平下降至6.8%，但主要经济体核心通胀数据回落步伐缓慢，仍远高于本国央行的目标区间。发达经济体的核心通胀率较4月调高了0.3个百分点①。主要发达经济体不断加息尤其是美元持续加息，导致了发展中经济体债务负担加剧，全球金融风险不确定性和风险也随之走高。

最后，全球贸易尤其是货物贸易低迷。根据2023年4月WTO发布的数据，2023年全球货物贸易仅增长1.7%，大大低于12年来2.6%的平均增速②。

因此，2023年全球经济总体呈现低速下行趋势，同时又面临高利率、高债务、高风险挑战，这些给浦东相关重点产业发展，尤其是受外部需求影响较大的产业发展带来了困难和挑战，对浦东消费、出口运行的走向也带来了消极影响。

## （二）中国经济稳步上行提供支撑

外部环境的风险和不确定性不断加剧，给中国经济带来了前所未有的风险挑战。同时，国内有效需求不足，疫情的"疤痕效应"修复需要时日。2023年中国攻坚克难，全面贯彻落实党的二十大精神，扎实推进稳增长、稳就业、稳物价各项工作，实现了经济预期增长目标。

根据国家统计局数据，分季度来看，第一季度高开，实现4.5%的增长；第二季度同比增长6.5%，出口、投资、消费等相关指标开始走弱，上半年实现同比增长5.5%。进入第三季度以来，伴随相关政策的加快落地，

---

① 《IMF最新展望！小幅上调2023年经济增速预期至3%，通胀仍在"拖后腿"》，新浪网，2023年7月26日。

② 《世贸组织上调今年全球贸易增速预期》，新华网，2023年4月7日。

如提振消费、促进民营经济发展壮大、稳定房地产等相关利好政策，积极因素开始增多，经济逐步回升。前三季度实现 GDP 913027 亿元，同比增长 5.2%①，全年大概率能够如期实现年初 5.0%的预期目标。中国高质量发展取得新进展，为世界经济提供了新的发展机遇。

首先，经济增长主要动力逐步从消费过渡到制造业。2023 年初，以餐饮、出行、旅游、文化娱乐为代表的接触型、聚集型服务消费快速恢复，助力经济强力上行。根据国家统计局数据，上半年全国居民人均服务性消费支出 5675 元，同比增长 12.7%，快于居民人均消费支出增速 4.3 个百分点；占居民消费支出比重为 44.5%，同比上升 1.7 个百分点②。进入下半年，随着居民储蓄率慢慢回升至疫情前水平，消费增长也逐步趋缓。8 月，全国社会消费品零售总额实现 37933 亿元，同比增长 4.6%。进入下半年以来，伴随相关政策效应的释放，工业不断趋稳回升，逐步接替消费，形成对经济的支撑。8 月，全国规模以上工业增加值同比实际增长 4.5%，比 7 月加快 0.8 个百分点；环比上升 0.5%。其中装备制造业增加值同比增长 5.4%，比 7 月加快 2.1 个百分点；高技术制造业增加值增长 2.9%，环比加快 2.2 个百分点③。

其次，经济高质量发展步伐加快。第一，固定资产投资结构不断优化。1~8 月，全国高技术产业投资同比增长 11.3%，比全部固定资产投资增速高 8.1 个百分点。具体来看，高技术制造业投资同比增长 11.2%，增速比制造业投资高 5.3 个百分点；高技术服务业投资同比增长 11.5%，增速比服务业投资高 10.6 个百分点④。第二，外贸韧性和动能增强。由于外需萎缩低迷，全球制造业恢复缓慢，我国外贸承压前行。1~8 月全国实现进出口总值 3.89 万亿美元，下降 6.5%。其中，出口 2.22 万亿美元，下

---

① 国家统计局网站。
② 《经济运行回升向好　多举措发力扩内需——2023 年第二季度我国宏观经济与财政政策分析报告》，新华网，2023 年 8 月 8 日。
③ 《8 月国民经济恢复向好》，国家统计局网站，2023 年 9 月 15 日。
④ 《国家统计局投资司首席统计师罗毅飞解读 2023 年 1~8 月投资数据》，国家统计局网站，2023 年 9 月 15 日。

降 5.6%；进口 1.67 万亿美元，下降 7.6%；贸易顺差 5534 亿美元，扩大 0.8%①。从出口产品构成来看，附加值高的机电产品占比持续走高，尤其是"新三样"产品实现全面领跑，即电动载人汽车、锂电池、太阳能电池成为出口的主力军。1~6 月，"新三样"产品合计出口增长 61.6%，拉动整体出口增长 1.8 个百分点。其中，新能源汽车出口 53.4 万辆，同比增长 1.6 倍②。

总体来看，全球经济增速下行、通胀高企、不确定性和风险加剧，给外向型经济特征显著的浦东经济发展带来了新的困难和挑战，但是中国经济攻坚克难，宏观调控政策发力有效推进了国内经济高质量发展，给浦东经济坚定前行提供了强有力支撑。

## 二 2023年浦东经济运行特征分析

面对严峻复杂的外部环境，2023 年浦东准确应变、主动求变，全面贯彻落实党的二十大精神，以高水平改革开放引领高质量发展，全力推进社会主义现代化建设引领区向纵深推进，在上年增长历史低值基础上，实现经济回升反弹，挺进新时代新征程。分季度来看，2023 年浦东经济大体呈现"N"形运行轨迹，第一季度受基数效应、需求不稳等多重因素影响，经济阶段性低位运行，增长 3.1%；第二季度经济强力修复上行，展现较强的韧性，上半年实现地区生产总值 7745.59 亿元，增长 9.7%（见表 1），2022~2023 年上半年两年平均增速为 3.1%③。根据相关数据总体预测，进入第三季度，受上年基数抬升影响，经济增速逐渐放缓，第四季度增速再度上行。预计浦东全年经济增长基本实现年初目标，达到 6.5%左右，作为全市经济稳定器、压舱石、动力源的地位依然稳固。

---

① 《今年前 8 个月我国进出口基本持平》，新华网，2023 年 9 月 7 日。
② 《从"新三样"领跑看外贸韧性和动能》，光明日报，2023 年 8 月 10 日。
③ 浦东的数据如无特殊说明均来自《浦东统计月报》。

**表 1　2023 年 1~7 月浦东主要经济指标情况**

单位：亿元，%

| 指标 | 绝对值 | 增速 |
|---|---|---|
| 地区生产总值（上半年） | 7745.59 | 9.7 |
| 规模以上工业总产值 | 7715.14 | 14.2 |
| 全社会固定资产投资总额 | 1726.68 | 42.3 |
| 社会消费品零售总额 | 2345.79 | 25.1 |
| 限额以上商品销售总额 | 33221.36 | 1.9 |
| 外贸进出口总额 | 14976.28 | 14.1 |

资料来源：《浦东统计月报》。

截至 2023 年 7 月，从两年（2022 年和 2023 年 1~7 月，余同）平均增速来看，各部门支撑动能分化明显。首先，投资的基础性作用充分展现。全社会固定资产投资总额两年平均增速达到 20.4%，相较于 2020~2021 年周期也处于较高水平。其次，工业支撑作用稳固，两年平均增速为 6.8%，增势相对平稳。最后，服务业波动下行，消费缓慢修复。规模以上社会服务业营收 1~6 月平均增长 1.4%；而限额以上商品销售总额最不乐观，1~7 月平均下降 2.3%。

需求侧和供给侧走势特征分析具体如下。

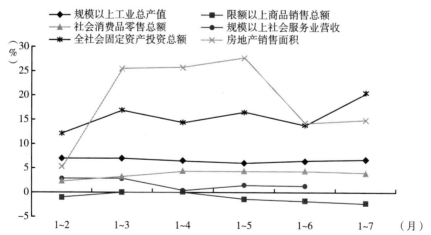

**图 1　浦东主要经济指标 2022 年和 2023 年 1~7 月平均增速变化情况**

资料来源：《浦东统计月报》。

## （一）需求侧：三大需求走势分化

从需求侧来看，如前所述，全球外部需求萎缩低迷，国内有效需求总体不足，在不利的外部环境之下，2023年浦东三大需求走势分化明显，其中投资需求表现最为强劲，发挥了基础性作用；消费需求逐步回归常态，大宗商品销售在外部市场低迷影响下成为拖累商业下行的重要因素；出口虽然总体增长态势表现要好于全国平均增速，但运行轨迹在第三季度以后也逐步放缓。本文以投资和消费为案例，进行具体分析。

### 1. 固定资产投资高位运行，发挥基础作用

近年来，尤其是随着社会主义现代化建设引领区建设的加快推进，浦东固定资产投资维持高位运行态势，发挥了增长基础性作用，成为保障浦东经济上行的重要稳定器。进入2023年，浦东加大投资力度，一批重大市政项目和产业项目加快建设，全年全社会固定资产投资总额保持高速增长态势。

1~7月，浦东全社会固定资产投资总额达1726.68亿元，同比增长42.3%，但进入下半年，受上年高基数影响，增幅收敛回调（见图2）。

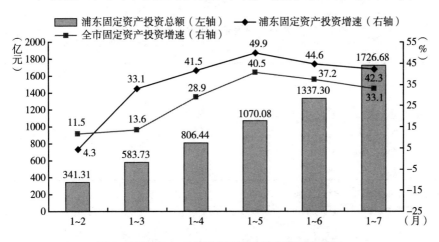

**图2　2023年1~7月浦东固定资产投资增长情况**

资料来源：《浦东统计月报》。

（1）三大投资领域齐头并进。浦东投资建设三大领域均实现较快增长，其中，房地产开发投资和城市基础设施建设投资增速最快，同比分别实现了 43.6% 和 52.5% 的高增长；工业投资增速稍显逊色，同比实现了16.9% 的增速。

首先，房地产开发投资持续高速增长。随着临港、三林、唐镇等区域多个大项目顺利推进，1~7 月，浦东房地产开发实现投资 856 亿元，增长43.6%，占投资总额的 49.6%，同比增加 6.5 个百分点，拉动固定资产投资增长 21.4 个百分点。从投资类型来看，住宅投资继续强劲拉动，实现投资507 亿元，同比增长 58.8%；商办投资在临港商办楼宇集中建设，以及世博芯联、张江双子塔等商办大项目的带动下，实现高速增长，1~7 月投资 215亿元，增长 37.4%。

其次，工业投资稳健上行。1~7 月，浦东工业投资规模为 388 亿元，增长 16.9%，占全区固定资产投资总额的 22.5%。分行业来看，在大型项目保障下，电子信息产品制造业投资占工业投资比重达 2/3，同时重点项目的推进带动了成套设备制造业投资迅猛发展。汽车制造业投资规模稳步扩大，受上年 7 月特斯拉投资额基数较高影响，增速有所回落（见表 2）。

表 2  2023 年 1~7 月浦东工业投资及主要行业情况

单位：亿元，%

| 行业 | 投资额 | 增速 |
| --- | --- | --- |
| 工业投资 | 388 | 16.9 |
| 其中:电子信息产品制造业 | 259 | 19.4 |
| 汽车制造业 | 34 | -18.1 |
| 成套设备制造业 | 32 | 55.7 |
| 生物医药制造业 | 15 | 27.0 |

注：工业投资包括全行业数据。
资料来源：《浦东统计月报》。

最后，城市基础设施建设投资高位修复。伴随城市基础设施项目加快建设进度，加上杨高南路、沪南公路改建工程等大型基础设施项目支撑，浦东城市基础设施投资自第二季度以来高速增长，1~7月城市基础设施共投资242亿元，增长52.5%，占全区固定资产投资总额的比重为14%。

（2）重点区域强力支撑。重点区域一直充当着浦东投资的主力军。1~7月，浦东重点区域投资1279亿元，增长42.4%，占全区投资总额的74.1%，拉动全区固定资产投资增长31.3%。如临港地区（浦东部分）在一批重点工业、房地产和基础设施投资项目的带动下，实现投资759亿元，增长49.8%，有力拉动全区投资增长。金桥在金海路改建工程等项目的带动下，实现投资规模91亿元，同比翻一番。上海国际旅游度假区房地产项目建设加快推进，加上迪士尼乐园项目支撑，实现投资19亿元，增长1.5倍。

（3）民间投资回升改善。伴随经济回暖及加快修复，尤其是在中央、上海市和浦东新区相关利好政策陆续出台背景下，浦东民间投资逐渐活跃，增速超过固定资产投资整体增长速度。2023年上半年，浦东民间固定资产投资规模为206亿元，同比增长1.3倍，两年平均增长32.2%，增长速度明显高于投资总额整体增长速度，占浦东固定资产投资比重为15.4%，比2020年历史低点11.4%提升4个百分点。分产业看，浦东民间投资主要集中在工业和房地产业。上半年，全区工业民间投资47亿元，同比增长1倍，占民间投资比重的22.6%，占比较2022年提升1.3个百分点。房地产民间投资达106.21亿元，同比增长1.3倍，占民间投资的比重提高至51.4%。

**2. 商贸消费运行逐渐恢复**

总体来看，2023年浦东商贸呈现"生活快、生产慢"特点，销售结构分化明显。

（1）消费平稳运行。消费市场成为浦东商业运行的亮点所在。随着中央各部门和上海市"五五购物节"等促进消费相关政策的落地实施，浦东也出台了促进夜经济、加快消费中心建设的若干配套政策和措施。1~7月浦东实现社会消费品零售总额2346亿元，同比增速逐步收窄至25.1%，总体平稳。

首先，汽车消费增速逐步放缓。受益于促消费政策和厂商降价等因素，上半年浦东汽车零售额快速增长。然而，进入下半年，受燃油车销量下降影响，汽车消费逐步放缓。1~7月，浦东实现汽车类零售额343亿元，同比增长29.4%，增速较上半年回落15.5个百分点。汽车出口表现强劲，1~6月，上汽国贸销售额同比增长1.3倍，MG名爵相关车型在海外市场销量持续攀升。新能源汽车增势迅猛，实现销售额382亿元，同比增长94.5%，代表企业特斯拉销售额同比增长68.6%。

其次，电子产品、房地产后周期产业相关产品消费尚未修复，通信器材、家用电器和音响器材、建筑装潢材料、家具类零售额两年平均增速仍为负。通信器材类和文化办公用品类零售额分别下降7.3%和21.5%，其中联想（上海）电子科技由于电脑市场需求不足零售额同比下降37.2%。食品类消费保持平稳。粮油、食品、饮料、烟酒类零售额同比增长4.8%，其中重点企业清美鲜食门店数量增长带动零售额增长1.2倍。化妆品消费较快增长，实现零售额171亿元，同比增长40.2%。

最后，网络零售贡献率有所下滑。1~7月浦东网络零售实现零售额582亿元，占社会消费品零售总额的比重下滑至24.8%，对社会消费品零售总额比重的增长贡献率仅为11%，比高峰时期下降近10个百分点。

（2）主要商品流通市场表现疲软。流通市场方面，受价格下降和需求偏弱的影响，大宗商品销售额增速持续放缓，从而带弱流通市场走向。1~7月浦东实现限额以上商品销售额33221亿元，同比增长1.9%。

首先，占比最大的大宗商品销售额呈下降态势。截至7月，大宗商品实现销售额18294亿元，同比下降0.6%。四大品类中仅金属材料类实现同比增长2.4%，销售额为13053亿元，其他均不同程度下降。如化工材料及制品类销售额同比下降6.0%；煤炭及制品类销售额更是同比下降19.7%，仅实现销售823亿元；石油及制品类实现销售额1267亿元，与上年同期持平。

其次，机电产品及设备类销售额下降幅度更甚，1~7月实现销售额

2133亿元，同比下降达10.2%。从重点企业来看，受LED行业、存储芯片行业终端市场需求不振以及乌克兰危机导致的东欧贸易销售不畅影响，三星半导体公司销售额同比下降45.8%。受市场需求不足及业务板块转移的影响，松下电器机电公司销售额同比下降29.1%。

此外，通信器材类销售额同比上扬。1~7月通信器材类实现销售额1922亿元，同比增长23.9%，其中苹果电脑贸易（上海）有限公司手机销售额增长26.2%。粮油食品和饮料烟酒类共实现销售额2484亿元，同比增长0.4%。饮料烟酒类由于夏季销售旺季影响，增长17.0%；粮油食品批发受成本上升和季节影响因素，增速由正转负，下降1.2%。

## （二）供给侧：产业发展动能交替

从浦东产业发展来看，占绝对主导地位的服务经济在外部环境影响之下，一改以往强劲上行的发展态势，低位运行，不再充当浦东经济上行的助推器；工业在相关稳增长政策措施发力下，延续了高位运行态势，继续充当经济上行的重要引擎。

### 1. 工业稳定支撑上行

从2017年开始，浦东工业已连续六年生产规模超万亿元，成为经济稳定健康发展的重要压舱石。进入2023年，浦东工业在上年尤其是第三季度以后较高增长基础上总体呈现上行态势，接替服务业成为经济强势反弹修复的重要支撑。1~7月，浦东累计完成规上工业总产值7715亿元，同比增长14.2%，增速较上半年回落3.3个百分点。

（1）重点行业带动作用突出。从全年来看，浦东汽车制造业、成套设备制造业、生物医药等重点行业增速均快于全区工业平均水平。

第一，汽车制造业和成套设备制造业对全区工业增长的贡献率达83.8%。汽车制造业完成产值2397亿元，同比增长28.4%。从整车产量看，新能源汽车实现产量66.5万辆，同比增长76.1%，占整车产量的3/4，占比较上年提高23.4个百分点。成套设备制造业完成产值950亿元，增长38.8%。其中，振华重工、ABB工程、上海飞机等重点企业均实现两位数以上快速增长。

第二，生物医药增速上扬，1~7月完成产值420亿元，同比增长19.7%，增速快于2020~2022年平均增速，提升19.6个百分点，其中七成企业实现正增长，76.9%的企业增速快于该行业平均水平。47家生物药、化学药制造企业贡献最大，完成产值236亿元，增长24.2%，拉动全区生物医药产值增长13.3个百分点。

第三，电子信息制造业受需求下降影响呈回落态势，1~7月完成产值1373亿元，同比下降3.9%。其中，通信设备制造业完成产值506亿元，同比下降2.6%。集成电路完成产值513亿元，同比下降9.6%。外需不足、订单下滑是产值下降的主要原因。从设备利用率来看，第二季度电子信息制造业平均产能利用率为74.8%，较第一季度下降1.2个百分点。

（2）战略性新兴产业和三大先导产业增长稳定

战略性新兴产业和集成电路、生物医药、人工智能三大先导产业是浦东工业增长的新动能。

第一，战略性新兴产业增势强劲。1~7月，浦东战略性新兴产业完成产值4321亿元，占全区工业总产值的54.9%，同比增长24.9%。首先，新能源汽车产业表现最为亮眼，生产规模最大、增速最快，实现产值1565亿元，占总量的37.1%，增长71.3%。其次，高端装备、生物、节能环保等三个产业规模均实现了2位数以上的增长。最后，新一代信息技术和新材料产业产值则呈现下降态势，尤其是新材料产业完成产值259亿元，下降9.9%（见表3）。

第二，三大先导产业发展态势良好，上半年实现产值888亿元，增长9.8%。生物医药产业在罗氏制药、西门子医疗器械、勃林格殷格翰药业等重点企业生产增长的带动下，产值同比增长28.1%，居三大产业之首。以工业机器人和智能消费设备制造为主的人工智能产业产值增长24%。唯独集成电路产业受累于内需不足，实现产值434亿元，下降6.1%，订单的减少导致41.8%的企业产值同比下降。

表3　2023年1~7月浦东战略性新兴产业发展情况

单位：亿元，%

| | 产值 | 增速 |
|---|---|---|
| 战略性新兴产业 | 4321 | 24.9 |
| 新能源 | 72 | 24.5 |
| 高端装备 | 585 | 38.5 |
| 生物 | 392 | 21.7 |
| 新一代信息技术 | 1351 | -1.5 |
| 新材料 | 259 | -9.9 |
| 新能源汽车 | 1565 | 71.3 |
| 节能环保 | 62 | 15.6 |
| 数字创意 | 35 | -15.7 |

资料来源：《浦东统计月报》。

（3）企业经营效益持续改善。在相关政策积极效应释放下，浦东工业企业盈利状况逐步改善，带动规模以上工业（以下简称规上工业）利润明显好转，企业效益状况稳步向好。1~6月，浦东规上工业企业实现营业收入7095亿元，同比增长15%。企业亏损面逐步缩小，6月末亏损面为32.1%，比3月末下降10.3个百分点。

首先，产成品存货量持续回落，产销衔接水平提高。截至2023年6月末，工业企业产成品存货量已连续3个月环比减少，较3月末减少34.1亿。产成品存货量同比增速较3月末回落7.4个百分点。6月，浦东工业企业产销率达100.8%，较5月提高个0.6个百分点，产销衔接水平提高。

其次，工业企业利润稳步恢复。上半年，浦东规上工业企业利润同比增长12.6%，实现由降转增，增速较第一季度大幅回升57个百分点。按行业看，在全区35个工业大类行业中，有32个行业实现盈利，有27个行业的利润同比增速较第一季度加快或降幅收窄。其中，通用设备、专用设备制造业受产业链发展带动，利润增长明显，分别增长1.1倍和69%。

最后，市场主体信心增强。一方面，龙头企业作用增强。2023年上半年，浦东百强企业产值合计占浦东工业总产值的80.5%，同比增长18.7%，增速高于全区平均水平1.2个百分点，对浦东工业增长的贡献率达85.4%，拉动增长 14.9 个百分点。浦东百强企业中有 75% 属于重点行业领域，生产规模占浦东重点行业的比重达 83.9%。另一方面，民营企业活力提升。2023年上半年，民营工业企业完成产值 660 亿元，占浦东工业总量的 10.1%；同比增长 13.2%，增幅同比提高 20.2 个百分点。

**2. 服务业持续修复**

受市场低迷和上年同期基数抬高影响，占据浦东产业结构绝对主导地位的服务经济表现疲软，服务业增速渐趋收敛，金融业一改以往运行轨迹急转而下。

（1）规上服务业增速回落。浦东服务业整体营业收入增长缓慢，1~7月，规上服务业实现营业收入 5724 亿元，增长 2.3%。

首先，四大重点行业总体运行平稳，延续"三低一高"态势。一是信息服务业平稳增长，实现营业收入 2082 亿元，增长 5.4%。其中，软件和信息技术服务业实现营业收入 1349 亿元，增长 7.4%。二是交通运输业增速持续下降，实现营业收入 1250 亿元，下降 22.5%。其中占比达 41.9% 的多式联运和运输代理业实现营业收入 523 亿元，同比下降 42.4%。三是租赁和商务服务业实现营业收入 1053 亿元，增长 12.1%。分行业看，组织管理类（总部管理）、综合管理、法律服务、广告业服务营业收入增速分别为 21.6%、42.4%、33.5%、47%。四是科学研究和技术服务业持续快速增长，实现营业收入 757 亿元，增长 20.1%。其中，研究和试验发展行业和专业技术服务增长均超过 24%（见表4）。

表4　2023 年 1~7 月浦东规上服务业及主要行业情况

单位：亿元，%

| 行业 | 营业收入 | 增速 |
| --- | --- | --- |
| 规上服务业 | 5724 | 2.3 |
| 其中:交通运输业 | 1250 | −22.5 |
| 信息服务业 | 2082 | 5.4 |
| 租赁和商务服务业 | 1053 | 12.1 |
| 科学研究和技术服务业 | 757 | 20.1 |

注：规上服务业包括全行业数据。

资料来源：《浦东统计月报》。

其次，财务状况有所改善，抗风险能力提升。尽管营业收入增长缓慢，浦东服务业企业坚持通过压降生产成本提高利润率。1~7月，浦东新区规上服务业亏损企业比例由上半年的44.0%缩小至40.1%，实现利润总额488亿元，增长11.8%，营业成本较上年同期净减少82亿元，下降2%，利润总额净增长51亿元。

最后，三大先导产业支撑引领作用明显。1~7月，浦东三大先导产业（规上服务业部分）实现营业收入1390亿元，占全区服务业总体营收比重为24.3%，同比增长6.3%，远高于全区服务业整体营收增速4个百分点，拉动增长1.5个百分点。其中，人工智能产业实现营业收入646亿元，同比增长10.1%；生物医药产业实现营业收入313亿元，同比增长9.6%；集成电路产业实现营业收入676亿元，同比增长2.3%。

（2）金融表现低迷。进入2023年以来，受累于美元加息、国内需求不足、市场主体艰难修复等不利因素，浦东信贷市场持续低速运行，增速一直在5%上下波动，下半年增速再度下探。7月末本外币存贷款余额规模为11.88万亿元，增速仅为1.6%，为2021年以来最低增速。其中，存款余额同比下降1%，为近两年首次出现负增长；贷款增速为5.9%，较上月提升0.3个百分点，但仍低于2023年以来月末贷款的平均增速0.2个百分点。具体呈现以下主要特点。

第一，传统特色业务发展持续低迷。同业业务和外币业务一直是浦东金融机构的传统核心业务，两项业务规模合计占上海市比重约为58%。受美元加息等不利因素影响，浦东金融机构传统核心业务持续低迷，是影响新区本外币存贷款余额增速下行的重要因素。在外汇业务方面，外资企业存贷款余额降幅扩大，节余现金流向境外的趋势明显。在同业业务方面，鉴于普通投资者预期谨慎，储蓄倾向更为强烈，叠加监管部门监管力度加大等因素，非银同业机构存款余额受到较大波及。据人民银行数据，7月末上海非银同业存款3.4万亿元，下降9.3%。

第二，非金融企业存款增速放缓。从走势看，浦东非金融企业存款余额增速逐步走低，由2022年9月的14.4%下降至2023年6月的0.3%，调整幅度达 14 个百分点以上，影响因素主要有四点。一是 2022 年浦东存款的高基数所带来的压力。二是龙头企业业务调整影响，如上年末中船财务的部分业务外迁对浦东存款业务造成持续影响。三是利率价格因素，与外区域相比，上海金融机构流动性充足，主动提价的压力较小，部分存款有向外转移的倾向。四是市场因素。调研发现，由于市场竞争的加剧，浦东企业流动资金以存款或者大额存单形式持有的比率有所减少，应收账款合计增速远高于流动资产和存款增速。

第三，主导行业融资需求降速明显。从浦东金融机构资产业务营销情况来看，工业、批发零售业、信息服务业等行业融资需求大幅下降是影响浦东信贷市场发展的又一大重要因素。根据调研，2023 年 6 月末，浦东工业企业贷款余额增速为 9.6%，同比降低 21.4 个百分点；批发零售业贷款增速为 3%，同比下降 16.9 个百分点；信息服务业贷款增速为 14.5%，同比下降 28.9 个百分点。而商务服务业和科技服务业的贷款规模缩小的幅度不大，仍保持相对稳定的融资需求。

第四，金融机构获利能力与流量规模呈反向发展趋势。受宏观经济修复进程影响，市场上"资产荒"现象时有发生。同全国面上情况类似，尤其是 2023 年上半年浦东金融机构因为找不到好的项目，吸收存款的动力有所下降，造成本地信贷规模进一步收缩。由于存贷款余额等流量指标的增长乏力，本地金融机构对业绩的追求明显加强，表现出强烈的修复资产负债表的意愿。上半年浦东金融机构获利能力维持在较高水平，各类主体实现营业利润 899 亿元，增长 25.8%，高于信贷规模的增速。

# 三　2024 年浦东经济发展预测与展望

## （一）宏观环境预判

### 1. 全球经济发展带来的综合影响

展望 2024 年，全球经济预期处于低位运行区间，难以超过乃至恢复到疫情前水平，这会给浦东经济发展带来不利影响。

IMF 于 2023 年 7 月公布的《全球经济展望》预测，2024 年全球经济仍将蹒跚前行，增速预期为 3.0%，仍然远低于之前十年的全球平均增速。具体来看，IMF 认为发达国家增长率继续下行，拖累全球经济增长，增速下行至 1.4%，其中美国经济增长速度放缓至 1%，欧元区在上年低基数基础上同比增速预期回升至 1.5%。英国和日本经济增速预期均实现 1% 的增长。IMF 认为新兴市场和发展中经济体 2024 年将实现经济稳定增长，预期增速为 4.1%，较 2023 年略微上扬，但各地区之间差异依旧明显，其中亚洲新兴市场和发展中经济体预期表现更为亮眼，如印度增速上行至 6.3%，俄罗斯经济继续实现正增长，增速为 1.3%。

2024 年全球经济动能依旧疲弱，预计难以提供强有力支撑，面临着诸多下行风险。一是全球核心通胀率下降缓慢。根据 IMF 的预测，尽管全球核心通胀率预期从 2023 年的 6.0% 下降至 2024 年的 4.7%，但将有 89% 的经济体通胀率高于预期目标。二是全球金融风险进一步加剧。利率的变动将给资产负债表极易受利率风险影响的银行和非银行金融机构带来不同程度的压力，全球金融风险和不确定性预期进一步增加。三是全球加剧碎片化倾向难以改善。伴随中东冲突等地缘政治风险的加剧，加之逆全球化浪潮的不断迭起，全球贸易预期将承压前行，全球生产要素尤其是关键矿产、资本、技术、人才等流通进一步受限。

然而，全球气候问题的应对与解决需要各国加强合作，新一轮科技革命和产业变革更需要各国共同参与，这些因素预期会改善逆全球化和中美博弈带来的冲击。浦东需要提前应对外部风险，抓住新的战略机遇，坚定信心，行稳致远。

**2. 国内经济发展提供的宏观环境**

2024 年是如期实现国家"十四五"各项目标的关键年份。中国将围绕高质量发展的目标坚定前行，实现经济增长质的有效提升和量的合理增长，增速保持在平稳运行区间。

2024 年中国经济将着力化解发展不平衡不充分问题，聚焦痛点和难点发力,在重点领域和关键环节予以突破,稳步推进经济高质量发展。首先,在上年度稳增长相关政策的基础上持续有效扩大国内需求,积极提振消费,拓展投资空间,进一步增强国内大循环的可靠性。其次,深化供给侧结构性改革,以高水平科技自立自强不断突破"卡脖子"技术,加快形成新质生产力,构建完整性、先进性、安全性的现代化产业体系,增强国内大循环的内生动力。此外,还将继续推进高水平的对外开放,尤其是加快服务业领域的开放,大力探索制度型开放,不断提升国际循环的质量和水平。

因此,展望 2024 年的宏观经济政策,将重点围绕"稳增长、稳就业"发力,实行逆周期与跨周期调节。一是货币政策将发挥总量和结构性政策工具作用,在稳健基础上与适度宽松相结合,聚焦重点领域和支撑薄弱环节发展,帮助经营主体加快修复向好,同时继续深化利率市场化改革,促进企业尤其是民营企业融资成本和居民信贷利率稳步下行。二是财政政策预期更加积极,尤其是重点关注地方债务风险化解与防范,加快专项债向有效投资的转化,同时税费优惠政策有望持续推进深化。三是产业政策重点围绕数字经济、高端制造等产业,制定相关支持政策,坚持统筹推进传统产业改造升级和加快培育战略性新兴产业,加快培育经济增长新动能,协同推进产业智能化、绿色化、融合化,尽快形成经济高质量发展的有力支柱。

总而言之,对于浦东来说,2024 年国际国内宏观经济背景走势既提供了新的战略机遇,也带来了严峻挑战与困难。浦东只有冷静应对,结合自身区域经济发展特点,采取相应有效的对策和措施,才能顺利实现高质量发展。

### (二)2024年浦东经济总体发展预估

展望 2024 年,随着社会主义现代化建设引领区各项任务的加快推进,浦东会进一步以高水平改革开放为重要路径,加快推动高质量发展和高品质民生的提升。基于外部宏观经济背景展望分析,并根据当前浦东经济发展趋势和特点，我们结合定性分析与定量预测，预估 2024 年浦东经济发展总体将实现平稳增长态势，相较于 2023 年的高位运行，预估经济增长率有所回落，但继续在上海经济发展中发挥领头羊和增长极的作用。

分具体产业来看，以金融业为代表的服务业在上年弱走势基础上明显上扬，和以三大先导产业及重点产业为新动能的工业一起为浦东经济平稳增长保驾护航。分区域来看，张江科学城和临港新片区（浦东部分）仍将发挥重要压舱石和稳定器作用，表现突出。总体而言，浦东高质量发展将稳步推进，经济增长质量和效益将进一步显现。

1. 工业：平稳增长

随着美国加速以"小院高墙"推进"脱钩断链"，对中国全面打压、遏制不断升级，浦东先进制造业发展将面临更严峻的风险挑战和困难。但浦东加快打造自主创新时代标杆的进程将加快推进，创新策源功能不断优化，创新产业集群能级不断提升，以高水平科技自立自强释放经济发展新动能步伐将进一步加快。2024 年浦东工业在上年高位运行基础上将保持平稳发展态势，实现 6%～7% 的增长。

重点行业继续发挥重要支撑作用。首先，两大重点产业平稳前行，为浦东工业增长奠定坚实基础。电子信息制造业随着相关政策的聚焦和国内市场需求的逐步复苏回暖，动能加快聚集，在上年低位运行态势基础上明显上扬前行。汽车制造业继续分化明显。其中新能源车表现依旧抢眼，在相关政策效应的持续助力下，产值和销量在上年较高基点上能够实现平稳增长，而燃油车则表现相反，预期延续低位运行态势。其次，三大产业继续上扬前行。生物医药和人工智能产业在上年高位运行轨迹上增速有所收敛，而集成电路产业则会扭转上年下行轨迹明显上行。此外，其他硬核产业预期总体实现稳定增速，如航空航天产业随着 C919 大型客机陆续交付订单，产值将进一步增加，实现较快速度增长。

2. 第三产业：快速增长

随着国内市场的回暖和市场主体经营情况的改善，市场预期和信心指数逐步走高，浦东金融业将回归上行轨迹，服务业也将同步实现平稳增长，发

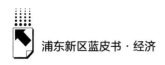

挥作为浦东经济主体地位的支撑作用。

首先，金融业总体回归到较高增速。尽管全球金融风险的不确定性难以有效消弭，但随着国内经济回升态势日益明朗、中国服务业开放的进一步推进、浦东制度型开放探索提速，加之上年度的低基数基础，预期2024年浦东金融业将实现较高速的增长，继续发挥主导产业的定海神针作用。

其次，社会服务业预期实现平稳增长。随着国际航运价格的筑底回升，交通运输业在上年急剧萎缩的基础上预期实现回升，软件和信息技术信息服务业、科学研究和技术服务业将实现平稳增长。

3. 消费：加快修复

随着各级政府刺激消费、改善内需的相关政策持续推进，国内需求预期持续改善。加上浦东国际消费中心建设相关政策的落地和效应持续显现，浦东2024年消费预期将加快修复，浦东商品销售总额和社会消费品零售总额持续增长。

从进出口贸易来看，尽管全球贸易增长动力不足，但浦东进出口贸易的增长韧性预计会进一步显现，进出口贸易值虽难以实现高速增长，但仍会优于全国和全市面上水平。

### （三）2024年浦东经济发展指标预测

基于前述的定性分析，经过定量分析工具测算，乐观情景下，2024年浦东经济将实现7%左右的增长，基本恢复到疫情前水平，朝着"十四五"末经济总量超2万亿元的目标顺利迈进。但如果2024年不可控风险凸显，如全球金融风险加剧、地缘政治冲突愈演愈烈，浦东经济预计实现增长5%~6%，无法恢复到疫情前的增长区间。

不管是乐观走向还是谨慎走势，就重要经济指标来看，投资大概率依旧走强，高位运行；工业和服务业齐头并进，成为保障浦东经济上行的助推器。部分宏观经济指标的最终增长结果预测如表5所示。

表5　2024年浦东主要经济指标预测

单位：%

| 主要经济指标 | 预测增速 |
| --- | --- |
| 地区生产总值 | 6.5 |
| 第二产业增加值 | 5.5 |
| 工业增加值 | 6~7 |
| 第三产业增加值 | 8.0 |
| 金融业增加值 | 7.9 |
| 社会消费品零售总额 | 5.6 |
| 固定资产投资 | 6.0 |
| 进出口贸易总额 | 4.0 |

# 四　2024年浦东经济发展展望

党的二十大报告指出，坚持面向世界科技前沿、面向经济主战场、面向国家重大需求、面向人民生命健康，加快实现高水平科技自立自强。2023年3月5日，习近平总书记参加第十四届全国人大一次会议江苏代表团审议时强调，"加快实现高水平科技自立自强，是推动高质量发展的必由之路。"[①] 因此，浦东要全面贯彻落实党的二十大精神，深刻领会党中央对浦东打造自主创新时代标杆的新要求，紧紧对标《中共中央　国务院关于支持浦东新区高水平改革开放打造社会主义现代化建设引领区的意见》（以下简称《意见》）部署的各项任务要求，加快实现创新驱动发展引领高质量发展，增强自主创新能力，强化高端产业引领功能，带动全国产业链升级，提升全球影响力。

## （一）加快培育国家战略科技力量，推动协同发展

党的二十大报告指出，强化国家战略科技力量，优化国家科研机构、高

---

① 《瞭望·治国理政纪事丨继续走在高质量发展前列》，新华网，2023年5月13日。

水平研究型大学、科技领军企业定位和布局。多年来，浦东坚持创新驱动发展战略，积极引进培育国家战略科技力量，尤其是着力以张江综合性国家科学中心为牵引，形成了由国家实验室、大科学设施和高端科研机构策源驱动，研发与转化功能型平台、专业技术服务平台高效转化，双创载体汇聚支撑，创新创业蚂蚁雄兵蓬勃发展的金字塔形格局。下一步，浦东应对标《意见》部署的要求，即"聚焦集成电路、生命科学、人工智能等领域，加快推进国家实验室建设，布局和建设一批国家工程研究中心、国家技术创新中心、国家临床医学研究中心等国家科技创新基地"。注重充分发挥国家实验室、国家科研机构、高水平研究型大学、科技领军企业等高能级资源的集聚势能，前瞻布局科技创新方向，聚力突破核心领域，加快成为自主创新发展的时代标杆。首先，厘清战略定位和特色优势，有效发挥各主体之间的作用效能。一是加强重大基础设施建设，突出国家实验室龙头地位。二是强化科研机构战略布局，积极引导高能级主体落位。三是践行科教兴国战略，支持高水平研究型大学履行研究使命。四是链接创新源头，突出科技领军企业产业化需求导向。其次，构建并优化合作网络，进一步集聚各方优势资源力量。一是联合多元创新主体，加强区域创新资源优势。二是深入分析科技主体特点，有效发挥各自禀赋。三是聚焦策源孵化结合，建设战略科技力量孵化新体系。四是把握科技创新融合趋势，探索体制机制创新。

**（二）着力优化创新生态，强化民营企业技术创新主体地位**

党的二十大报告指出，强化企业科技创新主体地位，发挥科技型骨干企业引领支撑作用。2023年7月19日印发的《中共中央　国务院关于促进民营经济发展壮大的意见》特别指出，民营经济是推进中国式现代化的生力军，是高质量发展的重要基础。浦东经过多年培育和发展，民营经济发展迈上新台阶，呈现创新活力强、科技含量高等特点，扩展到三大先导产业、信息技术、专业服务、资产管理等现代产业领域。截至2022年底，浦东有专精特新中小企业1494家、专精特新"小巨人"企业111家。然而，相对于自主创新能力强大和研发投入巨大的外资企业，浦东大量的民营科技型企业创新能级不高，面临新的发展难题，如修复步伐缓慢，中美博弈下供应链、技术合作等方面受到冲击，融资困难等。科技创新民营企业是市场经济中的稀缺资源，其生存状态关乎浦东经济走势，更关乎浦东产业科技竞争力的强弱。下一步，浦东在加快打造社会主义现代化建设引领区进程中，要持续优化创新生态，疏通基础研究、应用研究和产业化双向链接的快车道，不断强化民营企业科技创新主体地位。一是鼓励和壮大民营科技型企业，抓紧制定具有针对性的政策，包含场地、资金、人才等各类要素，迅速帮助一批技术优秀但面临生存、发展压力的企业渡过难关。二是鼓励国有基金在吸引优秀初创企业中发挥更大作用，进一步提升投早、投小的使命感和紧迫感，在考核导向、工作流程、反应速度等方面不断向初创企业倾斜，切实为浦东留住新一轮创新企业提供资金支持。三是推进数字化建设，进一步优化公开透明的营商环境。建设全区统一的涉企政策集中发布平台，形成全面系统的企业政策指南/指引，使企业在寻求适用政策的时候有信息、有线索、有指引。

## （三）加快建设高级人才发展引领区，打造高水平人才高地

党的二十大报告指出，培养造就大批德才兼备的高素质人才，是国家和民族长远发展大计。《意见》明确强调，浦东要建立全球高端人才引进"直通车"制度，率先在浦东实行更加开放、更加便利的人才引进政策。习近平总书记曾多次强调，创新驱动发展实质是人才驱动。进入新时代以来，浦东不断创新人才制度，在全国率先实行了许多首创性改革，成为众多海内外人才创业首选之地。2023年1月，浦东新区出台了"1+1+N"的人才新政，为打造国际人才发展引领区奠定了政策基础。下一步，浦东要进一步加快高水平改革开放，在全国高层次人才引进方面发挥引领带动作用。首先，通过高水平开放探索，对标国际水平在高层次人才便利化方面进一步率先探索。可以选择临港新片区等区域率先试点，探索更为便捷的人才免签等入境政策，聚焦顶尖人才、青年人才、技能人才的多元需求，提供更优质的公共服务、生活配套，让人才愿意来、留得住。其次，着力优化全方位的人才服务体系。围绕浦东三大先导产业和重点产业发展需求，为相关人才不断

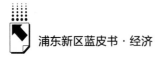
健全完善高能级、专业化的人才服务平台体系，继续优化全过程的创新孵化体系、全链条的科技公共服务体系、全覆盖的科技投融资体系、全方位的知识产权保护体系，让人才能成功，为浦东高水平科技自立自强提供人才支撑。

**参考文献**

《中共中央　国务院关于支持浦东新区高水平改革开放打造社会主义现代化建设引领区的意见》，2021 年 7 月 15 日。

《2023 年中期中国宏观经济分析与预测》，2023 年 6 月，中国人民大学国家发展与战略研究院。

《浦东新区国民经济和社会发展第十四个五年规划和二〇三五年远景目标纲要》，2021 年 4 月。

《高举中国特色社会主义伟大旗帜为全面建设社会主义现代化国家而团结奋斗——在中国共产党第二十次全国代表大会上的报告》，2022 年 10 月。

《浦东统计月报》，2023 年 1 月至 8 月。

# 开放浦东：
# 上海自由贸易试验区

## B.2
## 上海自贸试验区建设十周年：
## 回顾与展望

张晓娣*

**摘 要：** 设立十年来，上海自由贸易试验区坚持以制度创新为核心，聚焦投资、贸易、金融、政府职能、法制环境等领域，形成了可供全国自贸试验区复制推广的基础性制度框架和一批制度创新成果。本文系统总结了上海自贸试验区在投资管理制度、贸易监管制度、口岸监管服务模式、金融创新制度、事中事后监管制度，以及服务国家"一带一路"建设和推动市场主体"走出去"等领域的成果。本文对照国际高水平规则和标准与其承担的"国家试验"任务，梳理了上海自贸试验区存在的不足和短板，在此基础上，提出在未来拓展对外开放的广度、深度和加大力度，推动从便利化向自由化转变，加

---

* 张晓娣，上海社会科学院副研究员，硕士生导师，民建中央经济委员会委员、民建上海市委经济研究所副主任，先后主持国家级自然科学、社会科学课题，上海市级哲学社会科学、决咨类重点课题和专项课题，发表 CSSCI 论文 20 余篇，具有丰富的决策咨询项目和学科研究经验。

强制度创新的系统集成程度,服务国家战略和区域协同发展作用等政策建议。

**关键词:** 自贸试验区　制度创新　上海市　对外开放

# 一　上海自贸试验区的经验与成效

2013 年以来,上海自贸试验区坚持以制度创新为核心,按照自贸试验区"是国家的试验田,不是地方的自留地;是制度创新的高地,不是特殊政策的洼地;是苗圃,不是盆景"的要求,聚焦投资、贸易、金融和政府职能转变等领域,形成了可供全国自贸试验区复制推广的基础性制度框架和一批核心制度创新成果,100 多项经验做法和制度创新成果已经在全国复制推广,有效促进了产业的发展和功能的完善。

## (一)建立以负面清单管理为核心的投资管理制度,初步形成了与国际通行规则一致的市场准入方式

### 1. 全面实施外资准入负面清单管理模式

外商投资方面,2013 年,上海自贸试验区制定并发布全国首份外资准入的负面清单,实施"准入前国民待遇+负面清单"的管理模式,初步建立了"法无禁止即可为"的管理模式。这是对长期以来中国实行的外资管理"正面清单+准入后国民待遇"管理模式的革命性变革。外资准入负面清单最终成为 2020 年 1 月 1 日开始实施的《外商投资法》第四条的重要内容。

上海自贸试验区 2013 年版外商投资负面清单总共有 190 条禁止和限制类措施,2014 年版负面清单减少到 139 条措施。2020 年,中国自贸试验区外资准入负面清单措施进一步缩减至 30 条,同时《海南自由贸易港外商投资准入特别管理措施(负面清单)(2020 年版)》规定,自由贸易港外资准入特别管理措施缩减至 27 条。到目前,99% 的上海自贸试验区新设外商投资企业都是通过备案设立的。

2. 深化商事登记制度改革

上海自贸试验区在全国率先开展了一系列商事登记制度改革，包括注册资本由"实缴制"改为"认缴制"，推动商事登记从办事大厅"一门式"办理转变成单一窗口"一口式"办理，推进从"一址一照"转变为"一址多照"集中登记，推进"多证合一"和全程电子化登记等。

上海自贸试验区率先开展企业简易注销登记改革试点，对自贸试验区内个体工商户、未开业企业、无债权债务企业试行简易注销登记，建立便捷的市场主体退出机制。

3. 推进企业"走出去"便利化

在境外投资管理方面，上海自贸试验区也从原来的核准制改为备案制，办结时间从原来的 3~6 个月缩短为 3 天，大大便利了中国企业"走出去"。上海自贸试验区于 2014 年 9 月设立了"中国（上海）自由贸易验区境外投资服务平台"，提供综合咨询、境外投资备案、投资项目推荐、投资地介绍、政策介绍、行业分析、境外投资专业服务等功能，聚集了近百家海内外投促组织、专业服务机构和金融机构。

4. 进一步扩大服务业制造业开放

除了负面清单，上海自贸试验区还先后争取了 2 批 54 项扩大开放特别措施，其中服务业开放措施 37 项，制造业、建筑业等开放措施 17 项。上海自贸试验区诞生了很多项"外资第一"，包括中国第一家外商独资演出经纪机构、第一家专业再保险经纪公司、第一家外商独资资信调查和评级服务机构、第一家外商独资医院、第一家外商独资游艇设计公司、第一家外商独资职业技能培训企业、第一家外商独资国际船舶管理公司、第一家执行国际食品安全标准的外商独资认证公司等。

2018 年 10 月，上海自贸试验区发布《中国（上海）自由贸易试验区跨境服务贸易负面清单管理模式实施办法》与《中国（上海）自由贸易试验区跨境服务贸易特别管理措施（负面清单）（2018 年）》。这是中国第一份跨境服务贸易领域的负面清单。

（二）建立符合高标准贸易便利化规则的贸易监管制度，初步形成具有国际竞争力的口岸监管服务模式

**1. 不断深化"一线放开、二线安全高效管住"的贸易便利化措施**

上海自贸试验区在全国率先推出了"先进区、后报关""一区注册、四地经营""十检十放"等创新举措，大胆探索通关一体化。这些举措使上海自贸试验区的通关效率大大提高，保税区进出境时间较全关平均水平分别缩短78.5%和31.7%，企业物流成本平均下降10%。到目前，全球高水平自由贸易协定中60余条贸易便利化的核心措施，已经有50余条在上海自贸试验区实施。

**2. 实施国际贸易"单一窗口"管理制度**

目前，国际贸易"单一窗口"系统已经从最初的1.0版升级到3.0版，功能模块增加到货物申报、舱单申报、运输工具申报、企业资质办理、许可证申报、原产地证办理、税费支付、出口退税、查询统计等9个，覆盖了23个口岸和贸易监管部门，实现了与国家"单一窗口"标准版的全面融合对接。

**3. 探索建立货物状态分类监管模式**

上海自贸试验区采用信息围网技术，实现了保税货物、非保税货物与口岸货物的同仓存储、分类监管。目前，自贸试验区内所符合条件的物流企业已经全面开展货物状态分类监管试点，同时货物状态分类监管试点已拓展至贸易型企业和加工型企业。

（三）建立适应更加开放环境和有防范风险的金融创新制度，初步形成了与上海国际金融中心建设的联动机制

**1. 金融开放和创新的框架体系基本形成**

2015年10月，一行三会、外管局会同上海市共同出台了《进一步推进中国（上海）自由贸易试验区金融开放创新试点　加快上海国际金融中心建设方案》，提出了"金改40条"，加上之前相关部门发布的金融支持上海自贸试验区建设的51条政策，共同构成了上海自贸试验区金融制度创新的框架体系。

按照"成熟一项、推动一项"的原则，2014 年 3 月、7 月、12 月，2015 年 8 月、12 月，2016 年 5 月，2017 年 1 月、10 月，2019 年 1 月，2020 年 7 月，上海自贸试验区先后发布了 10 批共 130 个金融创新案例，主要涉及自由贸易账户功能拓展、金融开放创新、金融业务创新、金融市场创新、跨境金融业务创新、金融机构创新、金融监管创新及行业自律、外汇管理改革以及金融服务模式创新等方面。

2. 本外币一体化的自由贸易账户功能进一步拓展

上海自贸试验区首创了自由贸易账户体系，并依托自由贸易账户体系实现了跨境融资宏观审慎下的微观放开。自由贸易账户为实体经济实现了"多户归一"，企业开立一个自由贸易账户就可以办理跨境本外币结算和境内人民币结算；自贸试验区内企业可以利用自由贸易账户根据公开透明的规则自主决策境外融资，包括以何种方式融资、融何种货币资金、期限多长、融多少、何时融等。

3. 人民币跨境使用和外汇管理创新进一步深化

在上海自贸试验区，本外币双向资金池、跨境人民币结算、跨国公司总部外汇资金集中运营等金融创新试点已经规模化运作。一批面向国际的金融交易平台正式运行在上海自贸试验区，"上海金"、"上海铜"和"上海油"等大宗商品国际定价话语权不断增强。境外机构通过熊猫债在上海交易所和银行间债券市场进行人民币债券融资的规模不断扩大，"一带一路"债券发行规模也不断扩大。上海保险交易所、中国信托登记有限责任公司、上海期货交易所国际能源交易中心也先后挂牌成立。人民币原油期货上市交易以来，市场运行整体平稳，参与者稳步增加，日均成交量已跃居全球第三位，功能作用逐渐显现。在上海自贸试验区，证券"沪港通"、"沪伦通"以及"债券通"成功运行，大胆探索了境内外金融市场的互联互通机制。

（四）建立以规范市场主体行为为重点的事中事后监管制度，初步形成"放管服"一体化的体系

1. 深化"证照分离"改革试点

2016 年，经国务院批准，上海自贸试验区先行先试"证照分离"改革

试点，针对 116 项行政许可事项，按照取消审批、审批改备案、实行告知承诺、提高透明度和可预期性、强化准入监管五大类实施试点。2017 年 9 月，国务院常务会议决定将"证照分离"改革试点推广到其余 10 个自贸试验区和国家级开发区。2018 年 1 月，国务院决定在上海自贸试验区扩大"证照分离"改革试点，涉及 10 个领域 47 项。2018 年 9 月，国务院常务会议部署将"证照分离"改革成果向全国复制推广。

**2. 进一步完善事中事后监管体系**

上海自贸试验区率先出台了深化事中事后监管体系总体方案，确立了市场主体自律、业界自治、社会监督、政府监管"四位一体"的监管体系。监管方式上，探索精准监管、协同监管、分类监管和动态监管相结合，重点推进"六个双"和"信用画像"监管机制。

**3. 探索综合执法新体制**

上海自贸试验区在全国率先将工商、质检、食药监和物价检查部门合并为市场监督管理局，将专利、版权和商标权管理部门"三合一"为知识产权局，同时推进城市管理领域的执法权归集，推进形成系统集成的治理体系。

**4. 营商环境不断改善**

上海自贸试验区对标国际最好水平营商环境，不断完善国际化、法治化、市场化营商环境。上海自贸试验区优化营商环境的经验加速在上海和全国复制推广。如，大力建设"三全工程"，即企业市场准入"全网通办"、个人社区事务"全区通办"、政府政务信息"全域共享"。临港新片区全面复制推广特斯拉审批模式，着力构建营商环境品牌工程；聚焦企业全生命周期服务，着力打造营商环境创新工程；全面落实上海市"营商环境 3.0版"，着力夯实营商环境基础。

## 二 上海自贸试验区仍需突破的瓶颈和不足

### （一）对外开放的广度、深度仍需拓展，力度仍需加大

服务业领域的开放度还相对不足。在市场准入之后，外资企业在自贸试

验区还面临"准营"的问题。上海自贸试验区仍然存在"大门已开、小门未开"的问题。比如，2020年版自贸试验区外资准入负面清单规定，医疗机构限于合资，但合资的医疗机构在运营中面临外国医师从业的瓶颈，目前依据的仍然是1992年《外国医师来华短期行医暂行管理办法》的规定："外籍医师来华从事临床诊断和治疗业务活动不得超过一年期限。"合资的医疗机构还面临医疗设备进口许可、医疗费用与医保难衔接等一系列营业约束。

金融开放措施落地不够。中美经贸摩擦升级，全球经济复苏乏力，全球跨境投资不确定性和风险上升，国内累积的互联网金融泡沫、房地产金融泡沫不可持续，地方政府债务平台刚性兑付被打破，证券市场大幅波动带来大量质押爆仓风险，外汇储备过快消耗和人民币汇率双向波动加剧等，使得国内金融风险防控成为宏观经济"三大战役"之首。在这样的大形势和背景下，自贸试验区金融的过早和过度开放确实会加剧金融风险。在稳定成为重中之重的大背景下，金融开放，哪怕是自贸试验区的金融开放必然受到约束。对于金融开放，特别是影响范围远远超越120平方公里的金融开放，以及金融开放后的金融监管和风险防控，上海自贸试验区还远没有做好充足的准备。

### （二）亟须实现从便利化向自由化的提升

在贸易自由化方面，上海自贸试验区及临港新片区尚未完全实现"一线放开、二线管住"。自由贸易港往往会制定项目非常有限的禁止、限制进出口的货物或物品清单，清单外货物、物品自由进出，对于以联运提单付运的转运货物不征税、不检验。但上海自贸试验区及临港新片区还没有达到上述"一线放开"的程度，海关实施的账册管理、逐票统计还处在逐渐向自律监管、信息自动汇总过渡的阶段，一体化信息管理服务平台还在完善，还未能实现自由进出。同时，上海自贸试验区及临港新片区在跨境交付、境外消费、自然人流动等服务贸易模式方面还存在不少壁垒，无法给予境外服务提供者国民待遇，与跨境服务贸易配套的资金支付与转移制度也尚未成熟，

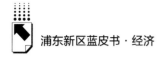

因此还无法实现服务贸易自由化。

在投资自由化方面，上海自贸试验区和临港新片区还需要争取国家相关部门支持，探索进一步减少市场准入的禁止和限制性特别管理措施，进一步加大服务业对外开放的力度。比如，在电信、保险、证券、科研和技术服务、教育、卫生等重点领域，可以进一步加大对外开放力度，放宽注册资本、投资方式等限制。上海自贸试验区和临港新片区在企业设立环节推进"证照分离"改革，不断推动便利化自由化，但下一步，还需要在企业的全生命周期推进便利化自由化。比如，要进一步推进以"有事必应""无事不扰"为主的经营便利化自由化、以公告承诺和优化程序为主的注销便利化自由化、以尽职履责为主的破产便利化自由化等。

金融创新和开放任务的完成度不高。上海自贸试验区1.0版总体方案提到的"人民币资本项目可兑换""跨境融资自由化"等目标迄今还没有实现。这固然与全球金融市场和国内金融市场系统性风险提高有关，但也与上海自贸试验区金融风险防控能力不足有关。上海自贸试验区及临港新片区已经建立了自由贸易账户体系，但企业反映监管有余而功能不足，自由贸易账户体系实际功能离最初设计的资金自由流入流出和自由兑换的目标还有比较大的差距。由于国内外利差缩小、区内使用的严格限制，人民币跨境融资的需求萎缩。上海自贸试验区及临港新片区资金"走出去"便利化不足，更谈不上资金"走出去"的自由化。

### （三）制度创新的系统集成仍需进一步提高

从国务院发布的进行复制推广的前几批自贸试验区改革试点经验来看，绝大多数都由海关总署、质检总局、工商总局、税务总局、交通运输部等单部门负责，很少有多部门共同负责的复制推广经验。复制推广的经验大多数只是单项规章制度的完善或单个管理模式的改进，比如"保税混矿"监管创新、进境保税金属矿产品检验监管制度、入境大宗工业品联动检验检疫新模式、国际船舶登记制度创新、国内航行内河船舶进出港管理新模式、进口研发样品便利化监管制度、会展检验检疫监管新模式、海关特殊监管区域间保税货物流转监管模式、入境维修产品监管新模式、原产地签证管理改革创新、期货保税交割海关监管制度、出入境生物材料制品风险管理等。

多数复制推广的经验仅仅是程序或流程的完善，比如涉税事项网上审批备案、税务登记号码网上自动赋码、组织机构代码实时赋码、检验检疫通关无纸化、第三方检验结果采信、外商投资企业外汇资本金意愿结汇、直接投资项下外汇登记及变更登记下放银行办理、进口货物预检验、国际海关认证的经营者（AEO）互认制度、企业协调员制度、税控发票领用网上申请、企业简易注销、海事集约登轮检查制度、融资租赁公司收取外币租金、边检服务掌上直通车、简化外锚地保税燃料油加注船舶入出境手续、铁路运输方式舱单归并新模式、国际航行船舶供水"开放式申报+验证式监管"、一般纳税人登记网上办理等。虽然这些单个监管模式的改进、程序或流程的完善，确实经过了上海自贸试验区和其他自贸试验区积极的沟通和争取、反复的协调，突破实属不易，但仍然只是局部、环节上的改进，仍然只是制度创新的"珍珠"，而不是制度创新的"项链"。

## （四）企业的关注度、参与度和获得感仍需维持及提高

上海自贸试验区设立之后，确实也如前文所述，带来了绩效的改进。但随着全国自贸试验区建设的不断推进，上海自贸试验区给企业的获得感也在递减。截至目前，全国已经有21个自贸试验区，主要改革任务除了投资、贸易、金融、政府职能等"固定动作"以外，还有适合各自特点和优势的"自选动作"，这就给了市场主体巨大的选择空间。

上海自贸试验区在运行的初期，的确做到了"一年一个样，三年大变样"。如前文所述，上海自贸试验区在通关时间、通关成本、商事登记时间、商事注销时间、企业"走出去"等方面改革成效明显。但随着改革开放的进一步深化，单个部门流程改善、效率提高的空间越来越小，进一步改革开放探索遭遇的风险越来越多、触碰到的部门事权越来越高、触及的部门利益越来越多，进一步制度创新需要协调的部门越来越多、系统集成的难度越来越大，表现出来的就是市场准入负面清单特别管理措施的进一步缩

减越来越难，投资贸易进一步便利化越来越难，投资、贸易等所需时间和成本的进一步边际下降程度在递减。同时，上海自贸试验区不少政策还处在试点阶段，仅局限在少数企业。比如，张江跨境科创监管服务中心参与的试点企业较少，医疗器械上市许可和合同生产试点仅局限在少数企业，集成电路全产业链保税监管试点企业数量偏少，自贸试验区内的广大企业缺乏获得感。

### （五）授权不足问题亟须解决，管理架构有待进一步完善

随着上海自贸试验区改革开放探索的深化，市级事权领域深化改革、系统集成已经推进比较彻底，但更多的改革开放事项或诉求涉及中央事权部门，"一事一议"的决策需要反复在诸多中央事权部门之间流转。

2015年国务院设立了国务院自由贸易试验区工作部际联席会议制度，在一定程度上为解决自贸试验区改革试验中遇到的重大问题提供了协调机制。2018年5月，中共中央、国务院成立推进海南全面深化改革开放领导小组，领导小组办公室设在国家发展改革委，主要负责领导小组会议的筹备工作，组织开展推进海南全面深化改革开放相关重大问题研究，统筹协调有关方面制定实施相关政策、方案、规划、计划和项目等，加强对重点任务的工作调度、协调和督促检查等。相关国家部门也设立了推进海南全面深化改革开放工作专班，全力推进海南全面深化改革开放各项工作，有力支持海南自贸试验区建设。但是，包括上海自贸试验区在内的自贸试验区的授权和协调工作还没有发生根本性的变化。

《中国（上海）自由贸易试验区条例》是2014年上海市人大通过的地方性立法，对上海市通过与中央部门积极沟通而争取到的政策进行了确认。但上海市积极争取的立法授权、打包授权迄今仍然没有突破。

## 三　上海自贸试验区持续改革创新发展的主要方向

习近平总书记指出，中国将支持自由贸易试验区深化改革创新，持续深

化差别化探索，加强压力测试，发挥自由贸易试验区改革开放试验田的作用。在持续推进投资和贸易自由化便利化方面大胆创新探索，为全国积累更多可复制、可推广的经验。

（一）持续先行先试、积极探索、创造经验，继续开展更深层次的改革、实行更高水平的开放

中国的自贸试验区建设从 2018 年开始出现了新的格局，从"雁阵"模式逐渐发展成为"矩阵"模式。自贸试验区形成了沿海、内陆和沿边三个集群，服务国家全面开放新格局的构建。自贸试验区形成了不同层次的对外开放形态。海南不但全岛建设自贸试验区，而且率先探索国际最高水平的开放形态——自由贸易港；上海自贸试验区临港新片区建设海关特殊综保区和特殊经济功能区，积极探索"五个自由"和"一个快捷"；其他的自贸试验区则进一步深化改革开放，建设高标准高质量自由贸易园区。自贸试验区的差别化探索措施、"自选动作"也越来越丰富。

上海自贸试验区建设已经从"短跑"变成了"中长跑"，因此要警惕和预防"极点效应"。"极点效应"产生的原因包括新的目标不明确、新的预期不明朗、新的环境需要适应、新旧"短板"不断出现、持久动力尚未形成等。上海自贸试验区需要建立持久的创新动力机制。这就需要持续坚持"顶层设计+基层探索+锦标赛机制"的经验路径。这就需要持续"对标国际"，对标"最高标准和最好水平"的体系，既包括国际高水平经贸规则，也包括最好水平的营商环境，还包括最高标准投资和贸易的绩效标杆。这就需要持续对接服务国家重大战略，既要不断对接服务新的国家重大战略，也要对接服务国家重大战略在新时代的新要求。这就需要持续坚持需求导向和问题导向。上海自贸试验区要不断应对挑战、解决问题、补齐短板，要从事物发展的全过程、产业发展的全链条、企业发展的全生命周期出发来谋划制度创新。

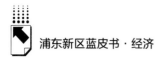

### （二）推进制度集成创新和科技创新

对接国际高标准高水平经贸规则，率先实施中国倡导的新规则，如中国新签署的自由贸易协定、《区域全面经济伙伴关系协定》（RCEP）中的规则措施。更好地结合中国国情，发挥好市场在资源配置中的决定性作用，推进政府"放管服"改革，优化营商环境，为创新创业提供肥沃的土壤。上海自贸试验区的各个片区应根据自身产业特点，加强科技策源，争取在供应链强链、固链、补链，以及突破国家"卡脖子"难题方面有所作为。

### （三）协调自贸试验区发展与其他战略的关系

上海自贸试验区是一个整体，包含临港、保税、金融、高科技、高端制造业等要素，应加强改革统筹、互相合作、共同推进，共同承担改革试点的重任。同时，自贸试验区应与"五个中心"、"四大功能"以及长三角一体化发展战略相适应，加强自贸试验区各个片区之间、区内外之间和省份之间、政府部门之间、政策法规之间的协调。随着互联网信息技术、大数据等技术的发展，自贸试验区应持续优化国际贸易"单一窗口""一网通办""一网通管"等平台，避免碎片化和重复建设。

### （四）激发各类市场主体活力，吸引全球优秀企业集聚

以资源配置为重心，增强配置全球资源要素的能力。全球资源配置功能是全球城市的核心功能，是提升城市能级和核心竞争力的关键所在。产业主导权是提升全球资源配置能力的关键基础，要构建现代产业国际合作机制，超前布置具有战略前瞻性的产业领域，推动产业链全球布局。本土跨国企业是全球资源配置的主体，要鼓励支持企业开展跨国并购、绿地投资，参与国际标准制定以及产能和装备制造的国际合作。让上海成为先进生产性服务业全球总部资源的集聚地和高端业务资源的"指向地"，孕育为全球性企业提供功能服务的引擎企业，提高上海作为全球城市的显示度。

### （五）打造国际一流的营商环境

上海自贸试验区及临港新片区需要将国际投资、贸易、金融、运输、出入境、数据等领域的探索继续深化，延伸至国内市场一体化的探索中。比如，出台一系列政策，在扩大对外资开放的同时，加大对内开放力度，扩大对非国有资本，尤其是对民营资本的开放；实施内外资一致的市场准入负面清单，落实外资内资、国资民资一律平等原则；消除外资、民资的"准入不准营"问题、消除准入后的"弹簧门""玻璃门""旋转门"等问题。比如，将国际贸易单一窗口、长三角通关一体化等思路、做法和平台，延伸运用到长三角的商品市场、要素市场和服务市场的一体化建设，力争实现统一数据、统一税费、统一监管。比如，将对境外人才的从业自由、流动便利政策进一步延伸到国内人才的自由流动方面，探索在户籍、税收、住房、子女教育、医疗等方面率先出台长三角一体化的人才政策。比如，将信息快捷联通的原则尽快运用于长三角跨区域信息和数据的联通、整合和应用上，促进长三角一体化数字经济的大发展。

上海自贸试验区及临港新片区要继续率先营造高水平的营商环境。上海自贸试验区及临港新片区不能再满足于对标世界银行国际营商环境评估指标体系，而是要在此基础上，以市场评价为第一评价、以企业感受为第一感受，全面推行特色营商环境指标，将上海自贸试验区及临港新片区打造成为上海最好、在全国最具示范效应、在国际上具有较大影响力的营商环境高地。上海自贸试验区及临港新片区要充分利用特斯拉审批成功经验，全面复制推广特斯拉审批模式，通过做好"四个减法"和"四个加法"，优化审批路径，提高审批效率。上海自贸试验区及临港新片区要聚焦企业全生命周期需求，在企业经营活动准营前、准营中和准营后的不同阶段，在企业设立、涉外法律、人才服务、国际贸易、资金流动、基础设施配套、减负降税、创新创业等方面实施综合性营商环境创新工程。上海自贸试验区及临港新片区还要及时总结打造高水平营商环境的经验，对标国际公认竞争力最强的自由贸易园区，建立具有中国特色的营商环境评价指标体系。

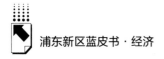

### （六）深化与"五个中心"发展联动

《上海市国民经济和社会发展第十四个五年规划和二〇三五年远景目标纲要》明确指出，到 2025 年，上海贯彻落实国家重大战略任务应取得显著成果，城市数字化转型取得重大进展，国际经济、金融、贸易、航运和科技创新中心核心功能迈上新台阶。当前，上海进入以高质量为导向的转型发展新阶段，城市发展的目标、定位出现了新变化。2017 年上海城市总体规划确立了"卓越全球城市"发展目标和"四个中心"功能定位；2018 年上海确立了打响"四大品牌"战略，同年中央赋予了上海新的"三大任务"。在"十三五"期间，上海加快推进"五个中心"建设，城市核心功能不断加强。

在国际金融中心方面，上海已经形成股票、债券、黄金、金融期货等较为完备的市场体系。根据全球金融中心指数（GFCI）排名，2022 年上海位列全球第四。在国际航运中心方面，上海港集装箱吞吐量连续 13 年保持世界第一；2022 年，上海货邮吞吐量位列全球第一。航运服务企业加快集聚，全球排名前二十的班轮公司、排名前四的邮轮企业、全球九大船级社、国有和民营主要航运企业均在上海设立总部或分支机构。在科创中心方面，上海综合科技进步水平指数位列全国第一。2022 年，上海的研发经费支出相当于 GDP 的 4.44%，接近一流创新型国家水平。目前上海正加快推进具有全球影响力的科创中心建设，集聚光源二期、软 X 射线、活细胞成像平台等重大科技基础设施群，通过推进研发与转化功能型平台建设、创新科技成果转移转化机制、打造多层次科技金融体系和创新人才发展制度等举措，全力推进科技创新加速发展，形成提高供给质量、补充新动能的发展活力源。

通过持续推进"五个中心"建设，上海已初步具备了一定的全球资源配置能力，正在成为全国经济发展的风向标和全球总部经济的集聚地，其具有很高的经济开放度，营商环境良好，集中了较多的跨国公司、国际金融机构和国际经济、政治组织。作为世界一线城市，上海在生产、服务、金融、创新、流通等全球活动中起到引领和辐射等作用，具体表现在城市发展水平、综合经济实力、辐射带动能力、人才吸引力、信息交流能力、国际竞争力、科技创新能力、交通通达能力等各个层面。"十四五"时期是上海在2020年上海基本建成"五个中心"和社会主义现代化国际大都市的基础上，进一步提升城市能级的新阶段，也是继续完善创新转型的关键时期。上海要顺应世界多极化趋势，在经济低谷期逆势而上，做改革开放再出发的先行者、高质量发展的排头兵，建设卓越的全球城市，为中国经济与世界经济继续深度融合作出更大贡献。

## （七）全面对接服务"一带一路"建设与长三角一体化发展

十年来，上海自贸试验区对接服务"一带一路"建设，围绕政策沟通、设施联通、贸易畅通、资金融通和人心相通做了大量工作，取得了一系列阶段性成果，但仍然有不少需要完善的地方。对接服务进入"工笔画"阶段的"一带一路"建设，上海自贸试验区可以着力打造"一带一路"资源配置中心，聚焦资本、战略性大宗商品、技术、数据和信息等核心要素，吸引跨国公司总部、跨国金融机构、全球性生产服务公司、全球研发机构、国际组织等全球要素配置功能性机构集聚，进一步提升人民币国际债券市场和战略性大宗商品人民币国际期货市场的影响力，打造航运要素配置平台，进一步推进资源配置平台的互联互通。上海自贸试验区可以着力打造"一带一路"综合网络枢纽，继续推进上海港国际航运枢纽建设，继续推进上海国际航空枢纽建设，大力推进数据和信息中心建设，继续推进立体网络建设，大力推进网络连接机制创新。上海自贸试验区可以着力打造"一带一路"经贸规则辐射源，在贸易规则、投资规则、纠纷解决规则等方面努力提供制度性公共产品。上海自贸试验区可以着力打造"一带一路"专业服务中心，吸引和培育专业服务业集团，提高公共服务平台的专业水平和公信力，率先建设国家级"一带一路"海外投资风险管理中心。上海自贸试验区可以着力打造"一带一路"创新链枢纽，建设"一带一路"重大原始创新发源地、创新要素配置中心和创新治理制度性公共产品策源地。

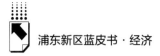

　　长三角一体化已经上升为国家战略。上海自贸试验区的改革开放和制度创新，已经在很大程度上促进了长三角的经济发展。对接长三角一体化国家战略要求，上海自贸试验区应在服务长三角一体化和高质量发展方面发挥更加积极的引领和带动作用。上海自贸试验区应发挥制度创新的优势，在高质量、一体化和系统集成的制度创新领域继续先行先试，将对标国际的制度创新进一步延伸至国内市场一体化的探索中，同时加大复制和推广力度。上海自贸试验区要积极发挥科技创新极核的作用，出台自贸试验区和自主创新示范区叠加的"双自联动"升级版政策和措施，率先探索创新友好型生态系统，率先探索国际化、高水平的知识产权保护与创新激励制度和政策，引领打造长三角科技创新链。上海自贸试验区要积极发挥引领的作用，大力推进创新链和产业链的跨区域协同，培育世界级产业龙头企业，促进产业集群向全球价值链中高端迈进，加快构建长三角世界级产业集群。上海自贸试验区要以金融创新带动长三角要素市场一体化，进一步全面落实全方位、深层次、高水平的金融业对外对内开放，积极为长三角提供跨境金融服务，促进长三角资本市场一体化，促进长三角其他要素市场互联互通，大力推进长三角金融基础设施互联互通，助力加强长三角金融监管协调与合作。上海自贸试验区要促进长三角各类区域的深度融合，促进长三角世界级网络枢纽建设，加快实施长三角多式联运"组合港"战略，加快建设国际信息通信枢纽港，加强与苏浙皖自贸试验区的联动协同。

# B.3
# 上海自贸区助力打造高水平
# 对外开放新高地

李晓静*

**摘 要：** 随着全球化呈现新形势、新特点，世界经济开始深度调整，国际分工模式发生质变，对与之适应的国际经贸规则提出了更高要求，而成立自由贸易试验区是我国主动适应国际规则变迁、有力回应世界经贸秩序改革的重大开放举措。本报告首先剖析了我国实行高水平对外开放的时代背景、内涵要求及自贸区建设对高水平对外开放的促进效应，接着重点从投资和贸易自由化便利化视角探讨了上海自贸区在打造高水平对外开放高地中的进展及当前面临的问题。最后，从扩大投资开放、完善贸易规则、加快要素市场化改革等方面为上海自贸区进一步扩大开放、积极对接国际高标准经贸规则提出了相关对策建议。

**关键词：** 自由贸易试验区 对外开放 国际经贸规则 上海市

　　当前，由 WTO 主导的全球多边贸易体系面临边缘化危机，大国博弈日益表现为规则竞争，我国亟须全面构建开放型经济体制，在更大范围、更宽领域、更深层次上形成更高水平的开放新格局。自由贸易试验区（以下简称"自贸区"）是全面深化改革的试验田，是我国在经济转型时期解决发展矛盾、主动适应国际规则变迁的产物，通过一系列制度创新来对接高标准国际经贸规则、促进贸易投资自由化便利化，为我国新一轮高水平对外开放

---

* 李晓静，经济学博士，中共上海市委员会党校上海发展研究院助理研究员，主要研究方向为数字经济、对外开放。

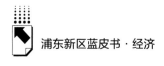

探索路径、积累经验。

作为第一个区域性试验区，10年来，上海自贸区进行了一系列突破性创新实践，相继推出一揽子开创性政策。例如，上海自贸区开设了全国第一个国际贸易"单一窗口"，推出了首份外商投资负面清单，不断完善"负面清单+准入前国民待遇"的外商投资管理模式，在海关监管、跨境资金流通、跨境数据流动等方面均进行了大胆探索和创新尝试，示范引领效应不断凸显。2023年，国务院印发了《关于在有条件的自由贸易试验区和自由贸易港试点对接国际高标准推进制度型开放的若干措施》（以下简称《若干措施》），上海作为试点城市和全国改革开放的高地，有必要也有责任进行更高水平的开放探索，为扩大高水平对外开放破题，为构建新发展格局探路。

# 一　自贸区建设与高水平对外开放

## （一）高水平对外开放的时代背景与要求

### 1.高水平对外开放的时代背景

（1）"逆全球化"思潮兴起

2008年国际金融危机以来，资源环境约束趋紧，世界经济增长动力不足，而以中国为代表的广大发展中国家和新兴经济体的自主创新能力大幅提升，但是，发展中经济体多以"被整合者"的身份融入全球分工体系，即使在全球产业链、价值链关键节点的竞争力日渐增强，也由于缺乏话语权和主导权，在向价值链高端环节攀升的过程中往往受到来自发达国家的技术封锁。例如，发达国家利用自身的技术和制度优势设置一系列壁垒，限制资本、技术等要素的自由流动，干预市场对资源的配置机制。经济全球化是技术进步和生产力发展的必然结果，高水平开放有利于推动全球化向着普惠、共赢的方向发展。

（2）国际经贸规则面临重塑

第一次工业革命为经济全球化拉开了序幕，第二次世界大战后美国主导建立了基于自由贸易理论的国际经贸规则和全球治理体系，极大地推动了商品和要素跨国流动，国际贸易和跨国投资蓬勃发展。从 1990 年至 2008 年，全球货物贸易年均增长率约为 8.9%，对外直接投资存量增速高达 11%。然而，随着时代发展，现有国际经贸规则的弊端日益凸显。一方面，较多发展中国家被锁定在价值链低端环节抑或沦为自然资源出口国，不利于经济可持续发展。另一方面，世界经济现有开放规则明显滞后。国际分工模式从商品主导质变为要素分工主导，不同国家或地区所承担生产环节的顺利对接面临挑战，亟须制定统一的规则和标准；数字技术的发展催生了国际贸易新模式新业态，使得越来越多的服务成为可贸易品，而数字规则在较多领域尚未形成国际共识。

（3）中国推动高水平对外开放挑战与机遇并存

一方面，要素成本上升，资本、劳动力、土地等要素的边际报酬递减，仅凭暂时性优惠政策难以吸引高端要素集聚，亟须改革体制机制，构筑新的国际竞争优势，推动经济实现质的有效提升和量的合理增长。

另一方面，国内大市场和已有开放成就为更高水平对外开放奠定了基础。作为全球第二大消费市场，中国拥有超大规模的市场；作为世界上工业体系最为健全的国家，中国在全球产业链供应链中具有不可比拟的优势。党的十八大以来，中国陆续推出多项开放举措并积累了丰富的开放经验。例如，成立了上海自由贸易试验区并不断增加试验区数量、积极推进高质量共建"一带一路"、连续举办中国国际进口博览会、设立海南自由贸易港、积极参与《区域全面经济伙伴关系协定》（RCEP）机制建设、全面推进加入《数字经济伙伴关系协定》（DEPA）的各项谈判等。作为第一大发展中国家，中国有责任、有能力引领新一轮经济全球化，推动构建可以兼顾发展中国家和发达国家经济利益的国际经贸规则和全球治理体系。

2. 高水平对外开放的要求

（1）更大范围的对外开放

更大范围的开放意味着应进一步优化对外开放的空间格局，促进沿海内陆优势互补、协同发展，以更好地促进高质量发展，推动中国式现代化建设进程。从开放内容看，不仅要扩大对外开放规模，更要实现进口与出口、货物贸易与服务贸易、"走出去"与"引进来"并重发展，通过技术进步带动产品升级和产业转型，提升出口产品质量和出口产品的技术复杂度。从开放举措看，要以高质量共建"一带一路"为重要抓手，加强与沿线各国在多领域的全方位合作，同时利用好进博会平台，进口更多种类、更高质量、更大规模的产品和服务。另外，还要加快构建全国统一大市场，消除区域间市场壁垒，促进各类生产要素和商品服务实现自由流动，畅通国内大循环。

（2）更宽领域的对外开放

更宽领域的对外开放要求中国的开放领域从制造业向服务业延伸，在更多的服务业领域降低市场准入门槛，鼓励外资流向现代服务业。在前一轮对外开放中，中国的外贸和外资发展力量主要集中于制造业领域，实现了货物贸易、吸引外资和对外投资的高速增长。随着经济全球化进入新阶段，数字技术加速创新，服务贸易快速发展，培育服务贸易新优势成为中国扩大对外开放的重要内容。因此，接下来不仅要在制造业领域继续扩大开放步伐，还要有序推动教育、医疗等服务领域开放，逐步降低外资的持股比例限制，并在更多的领域允许外资独资经营。

（3）更深层次的对外开放

加入WTO以来，我国的开放措施多围绕传统的自由贸易协议，集中于降低关税壁垒、放宽市场准入限制等边境措施。然而，当前国际经贸规则越来越倾向于高标准的边境内规则合作，更多地关注环境保护、产业政策、国有企业竞争中立等方面。要想适应当前的国际经贸规则，中国亟须加快构建高水平的市场经济体制，持续推动贸易和投资自由化便利化，降低制度性成本，稳步扩大制度型开放，全面对接高标准的全球经贸规则。

## （二）自贸区对高水平对外开放的促进效应

### 1.促进国内国际市场联动，推动内外贸一体化

内外贸融合发展有助于扩大规模，产生规模经济效应，这也是高水平对外开放的重要特征。自贸区是连接国内和国际市场的重要节点，可通过制度

创新引领构建内外贸一体化的管理体制和经营体系，加快构建新发展格局。其一，自贸区有助于促进内外贸管理体制一体化。形成内外贸一体化的管理体制是构建全国统一大市场的环节，而自贸区有条件试点以政府管理为核心来进行行政体制机制改革，在监管体制、质量标准、经营资质等方面逐一破除内外贸企业面临的制度障碍，为企业营造有利于内外贸融合发展的经营环境。其二，自贸区有助于内外贸企业经营一体化。企业是内外贸一体化的主体，而自贸区作为制度创新的载体，可以率先探索企业一体化经营的新业态新模式，开展一体化人才培养工作，支持有条件的企业"走出去"，帮助企业完善全球生产和销售网络，同时搭建一体化经营平台，为外贸企业拓展国内市场提供渠道。多个自贸区正抢抓数字经济发展机遇，依托人工智能、5G、云计算等数字技术，将数字经济的技术优势和业态优势与传统行业的市场优势相结合，加快线上线下融合和内外贸经营方式融合。

**2. 提升外资规模和质量，吸引全球高端要素集聚**

我国率先在上海自贸区探索外资准入前国民待遇，逐渐完善了负面清单管理模式，开放领域从制造业拓展至服务领域，外资准入门槛显著降低，越来越多的跨国企业进入中国，带来了高质量的人才、资本、技术等各类要素。作为制度创新的高地，自贸区不断创新吸引外资的方式，吸引外资从最初的"引资"向当前的"引智"转变，并根据国内产业布局和发展要求来吸引优质外资，以补齐国内产业链短板，推动中国成为吸引外资的"沃土"和集聚全球高端要素的"引力场"。经过多次缩减自贸试验区外资准入负面清单，我国实现了制造业条目清零、服务业持续扩大开放。2022年，21家自贸试验区实际利用外资金额超过2000亿元，占全国利用外资的比例约为18%，其中高技术产业实际利用外资863.4亿元，同比增速超过50%，日益成为培育新的经济增长点的重要平台。21家自贸区占国土面积的比例不足千分之四，对引进外资的贡献度却超过了1/6，为中国经济尤其是高端制造业发展提供了强劲动能。

**3. 提升产品附加值，助力外贸转型升级**

自贸区推出了多项贸易便利化举措，积极推动贸易发展模式转变，有利于增加外贸产品附加值，增强企业在全球价值链上的议价能力和竞争优势，提升对外开放质量。其一，自贸区有效减少了贸易壁垒，降低了贸易成本，促进商品和服务在国际市场实现自由流动，通过要素配置效应促进资源从低效率部门向高效率部门转移，最终促进外贸产品和产业升级。来自国际市场的商品与国内商品形成替代，残酷的优胜劣汰机制激励本土企业加快技术创新，优化资源配置，不断提升生产效率和产品质量，增强其在全球生产网络中的竞争优势。已有研究亦表明，对外开放有利于企业从全球分工中获得技术溢出，实现从价值链低端向高端环节的攀升。其二，服务贸易领域不断扩大对外开放步伐，促进服务贸易扩大规模、提升服务质量。服务贸易是对外开放的重要组成部门，在全球多边贸易遭遇挑战的背景下，扩大服务领域开放有助于我国形成新的竞争优势。相较于货物贸易，我国服务贸易起步较晚，服务贸易虽然规模大，但产品质量有待提升。由于服务贸易现行统计规则、管理体制等均存在一定问题，而自贸区可以通过先行先试来健全管理体制，并建立一套通用的服务质量评估体系，在扩大服务贸易规模的同时提升服务产品质量。

### 4.推动制度型开放，助力中国更好地对接高标准经贸规则

高水平对外开放的核心在于规则、规制、管理和标准等方面的制度型开放，各自贸区对照高标准的国际经贸规则，不断加大测试压力，推出了一批高水平制度创新成果，扩大了我国在新一轮经贸规则调整中的影响力。例如，在国际贸易领域，国家赋予了自贸区改革自主权，在自贸区设立了全国第一个国际贸易"单一窗口"和第一个自由贸易账户，支持自贸区培育进口促进示范区，发展离岸贸易，并在有条件的自贸区试点提升医药产品进口便利度。上海、广东、福建等较早设立的自贸区积极探索"通关、监管、决策"三位一体的贸易便利化举措，在检验检疫、通关程序、监管技术革新、货物分类监管等方面形成了多项制度创新成果。对于服务贸易，各自贸区积极探索跨境服务贸易负面清单管理模式，上海自贸区于2018年发布了全国首份以负面清单模式管理服务贸易的地方文件，依据国际通行规则明确了跨境服务贸易的定义，并建立了与之对应的开放原则、部门监管职责和风

险防范制度。在此基础上，2021年，海南自贸港跨境服务贸易负面清单正式发布，这是我国首张跨境服务贸易负面清单，清单所代表的开放程度超过了我国的入世承诺，甚至与RCEP相比，有100多个服务部门的开放水平更高。

国际投资领域，自贸区依据国际化、市场化、法治化的要求形成与全球高标准投资环境相适应的投资管理制度，并完善了配套的事中事后监管体系。投资制度方面，自贸区积极探索并不断完善准入前国民待遇加负面清单管理模式，大力推进"证照分离""多证合一"等商事改革试点，极大地提升了投资便利化水平。投资监管方面，自贸区借鉴国际先进经验，合理运用外商投资安全审查、反垄断审查等管理措施，有效统筹了开放与安全。不仅如此，为服务实体经济发展，自贸区还积极探索金融创新制度，进行了本外币合一跨境资金池、境内贸易融资资产跨境转让等多项试点，有效缓解了企业的融资约束问题。

## 二　上海自贸区打造高水平对外开放高地的实践及问题

### （一）典型实践

当前，上海自贸区涵盖了保税区、陆家嘴、金桥、张江和世博五大片区和临港新片区。10年来，上海自贸区主动对标国际高标准经贸规则，推进制度型开放，将一系列高水平的贸易和投资自由化便利化制度和政策在这里先行先试，为全国探索高水平对外开放经验。总体来说，上海自贸区打造高水平对外开放高地的典型实践主要体现为以下三个方面。

1. 形成以负面清单为核心的投资管理制度

负面清单管理模式是指，政府规定投资"禁区"或"黑名单"，列示出外资禁入或者严格限定外资比例的领域，以便于外商针对清单进行整改，提升投资效率。这一模式是国际通行的外商投资管理模式，而中国则长期实行"正面清单+准入后国民待遇"管理模式，上海自贸区在挂牌成立的第二天就推出了全国首份外商投资负面清单，对外资实行"负面清单+准入前国民待遇"管理，标志着我国市场准入制度实现了革命性变革。随后，负面清单进行了 7 次修订，条目数量从最初的 190 条缩减至 27 条。多年来，上海围绕国际通行规则不断完善负面清单管理模式，将改革经验向全国推广，部分经验被收入《外商投资法》，对推动新一轮高水平对外开放意义重大。在最新的清单中，制造业领域实现全部清零，服务业领域的覆盖率呈下降趋势，投资自由化水平大幅提升。例如，在金融领域，多家外商独资的公募基金管理公司落户陆家嘴，全国首家外商独资或全资控股的证券公司、保险公司等纷纷选择在上海自贸区落户。

随着投资领域扩大、投资空间扩展，外商在中国市场的投资积极性不断增加，使得自贸区的产业链、供应链体系更加完善，促进了企业良性竞争和自主创新能力提升，加快了区内企业实现价值链升级。十年来，上海自贸区外资累计新设项目 1.4 万个，外资累计注册资本超过 1862 亿美元，带动浦东新区累计外资注册资本超过 2000 亿美元，是自贸区设立前的 2 倍多。根据图 1，2016~2022 年，上海自贸区实际利用外资金额从 61.79 亿美元上升至 96.72 亿美元，2021 年超过 100 亿美元，约占上海同期（225.51 亿美元）的 46%。

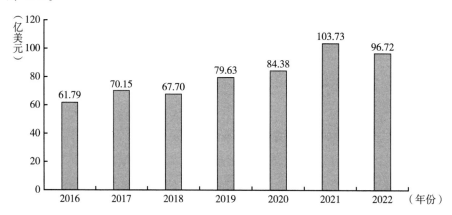

图 1　2016~2022 年上海自贸区外商直接投资实际到位金额

资料来源：《上海市国民经济和社会发展统计公报》，2016~2022 年。

**2. 建设国际贸易"单一窗口"，创新监管制度**

国际贸易"单一窗口"是为了提升贸易便利化水平而设立的一站式平台，参与国际贸易和运输的各方无须在海关、税务、商检等职能部门进行分别申报，监管机构可以通过平台进行信息共享，大大提升了贸易效率，降低了贸易成本。2014 年，上海自贸区率先推出了我国第一个国际贸易"单一窗口"，最初的业务主要为货物申报、查验和联网核放。2017 年，国务院印发《全面深化中国（上海）自由贸易试验区改革开放方案》，要求上海对照联合国"单一窗口"标准，同时借鉴国际高标准自贸区经验来完善"单一窗口"建设。通过不断摸索与创新，上海自贸区于 2019 年实现了"一网通办"，进一步缩短了业务办理时长。自成立以来，上海国际贸易"单一窗口"的企业申报项大大缩减，服务企业超过 60 万家，支撑全国 25% 以上的货物贸易数据处理。在贸易监管方面，上海一直以贸易便利化为目标来优化监管制度，先后推出了"先进区、后报关"、区间"自行运输"、"批次进出、集中申报"、"十检十放"等多项创新举措。在洋山特殊综合保税区，构建了"六特"海关监管模式，首创了一线径予放行、二线单侧申报、区内不设账册等监管措施。

得益于上海自贸区在贸易自由化便利化方面的持续探索，根据中山大学自贸区综合研究院测算的 2022～2023 年度中国自贸区制度创新指数，上海自贸区全国排名第一，上海（浦东）和上海（临港）的贸易便利化指数分别位居第一和第四。近年来，上海自贸区进出口额增长明显（见图 2）。设立之初，上海自贸区的进出口额仅为 0.7 万亿元，2022 年达到 2.1 万亿元，扩容三倍之大。2022 年，洋山特殊综合保税区货物贸易总额超过 2000 亿元，同比增速高达 61.4%，在全国综合保税区排名第七，2023 年上半年排名上升至第五，成为上海经济发展的"发动机"。

**3. 推进资本、人才和数据等要素市场化改革**

资本流动方面，上海自贸区参照国际标准，于 2014 年启动了自由贸易账户制度，允许区内企业和境外机构根据需要开立内外币一体化的自由贸易账户，为跨境投资、跨境融资等业务提供了便利。据统计，上海自贸区累计

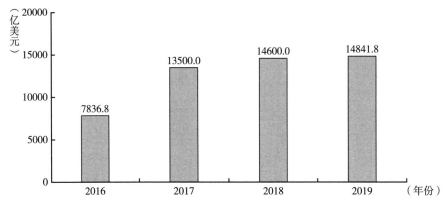

图 2    2016~2019 年上海自贸区进出口额

说明：2020 年起，《上海市国民经济和社会发展统计公报》不再公布自贸区进出口金额，因此图中数据仅更新至 2019 年。

资料来源：《上海市国民经济和社会发展统计公报》，2016~2022 年。

开设自由贸易账户 14 万个，本外币跨境收支折合人民币累计超过 140 万亿元。为进一步促进要素市场化改革，国家金融监督管理总局上海监管局还创设了"创新监管互动机制"、"一事一议"评估方式等，大大促进自贸区投融资便利。

吸引国际人才方面，自贸区针对外籍高层次人才推出了永居推荐"直通车"制度，并开设了外国人来华工作居留审批"单一窗口"。对于符合条件的人才，经自贸区管委会推荐，可申请在华永久居留，其配偶和子女亦可以一同申请，申请流程和时长都大大缩短。在自贸区一系列国际人才政策激励下，浦东新区重点产业国际化人才占比超过了 4%。

跨境数据流通方面，张江片区成立了上海数据交易所，以探索数据定价、流通、交易等制度，所内挂牌产品 1300 多个，应用板块涵盖了金融、航运、贸易、先进制造等领域。临港新片区正加快建设"国际数据港"，对照国际先进水平来完善基础设施建设，进行跨境数据流通规则与服务探索。

另外，上海自贸区还启动了全球营运商计划（Global Operation Programme，GOP）并在保税区域率先实施，旨在强化上海全球资源配置和开放枢纽门户功能，着力打造新发展格局下的上海自贸区样板。截至 2022 年底，加入 GOP 的企业数量从 41 家增长至 103 家，涵盖的国家和行业数量亦显著增加，这些企业的业务范围渗透至全球 125 个国家和地区，企业能级和经济贡献度不断提升。

## （二）面临的问题

### 1. 投资管理制度尚需精细化

负面清单精细度不够。与美国、日本等国际主流的负面清单相比，我国的负面清单相对粗糙，措施的精细度不够。2013 年以来，上海自贸区引领发布的负面清单条目数量虽然从最初的 190 条缩减至 27 条，但更多地追求措施数量反而忽视了更精细的行业限制范围设定。

"准入不准营"问题依然存在。准营相对应的是国内监管问题，"证照分离"是破除"准入不准营"问题的有效措施。上海自贸区虽然较早开展了"证照分离"试点，并将这一经验推广至全国，但由于存在管理制度精细化程度不足、落实不到位等问题，外资企业仍面临突出的"准入不准营"问题。例如，负面清单里限制或禁止的领域不够明确，导致外商和基层部门存在"拿不定、吃不准"的问题；负面清单与部分行业政策的衔接度不足，清单允许外资进入，但实际投资过程中依据行业政策往往需要繁杂的审批过程。

对外资的保护力度有待加大。当前，自贸区针对投资便利化的政策举措多侧重于简化流程抑或为外资企业提供更好的服务，而对外资企业的保护多为原则性条款，创新性举措较为缺乏。《外商投资法》对较多事项仅作出了指导性规定，而在实际操作过程中，在落实负面清单、保护外商投资权益、消除内外资区别待遇等方面依然存在诸多问题。高标准的国际投资协定通常会涉及知识产权保护、劳工、环境等方面的具体政策，这也是外资企业重点关注的内容，但上海自贸区在这些方面缺乏相关的制度创新成果。

### 2. 制度创新的协同发展机制有待构建

制度集成创新不足。上海自贸区的制度创新多以程序性和便利性为主，多项贸易和投资自由化便利化举措呈现碎片化特征，集成创新较为缺乏。例如，已有的创新成果多集中于投资自由化、贸易便利化、服务业对外开放等领域，针对税收的相关制度创新不足，政策的协同性不足。

货物贸易与服务贸易协同不足。服务业是上海经济增长的主动力和吸引外资的主磁场，自贸区虽然不断加大服务业开放力度，采取多项举措促进跨境服务贸易发展，但建设过程依然沿袭过去的保税区经验，对货物贸易的重视度高于服务贸易。自贸区成立以来，货物贸易无论是贸易规模还是贸易质量均得到大幅提升，而服务贸易的发展则稍显落后，货物贸易与服务贸易的协同效应尚未得到充分体现。

内外贸协同不足。引领内外贸融合发展是自贸区承担的重要使命，但我国市场机制还不够健全，市场对资源配置的决定性作用发挥不足，加之内外贸发展呈分割态势已久，导致自贸区对内外贸一体化的引领效应明显不足。当前，自贸区内部分政策更多倾向于外贸外资企业，存在"重外轻内"导向，机构设置上仍未彻底摆脱"两张皮"的状态。因此，部分外贸企业在转向国内市场之后，往往无法适应，无法在内贸和外贸业务中自主切换，不利于培育竞争优势。

### 3. 数字贸易领域面临的限制较多

第一，数字贸易限制指数高。当前的区域贸易协定大多涉及数字贸易相关条款，而我国在跨境支付、电子交易、基础设施互联互通等领域存在较多限制和障碍，将会显著降低政策的协同性，制约出口贸易沿着扩展边际增长。经济合作与发展组织（OECD）和欧洲国际政治经济中心（ECIPE）将我国列为数字贸易限制指数比较高的国家。OECD 的测算数据显示，2021年，我国服务贸易限制指数在全球 50 个经济体中排名第九；国务院发展研究中心的报告指出，2022 年中国服务业开放指数（62.3）明显低于 OECD国家服务业平均开放指数（77.6）。

第二，跨境数据流动规则与国际高标准差距较大。在 CPTPP、RCEP、DEPA 等国际高标准经贸规则中，跨境数据流动逐渐成为重要内容并形成了成熟的规则内容，而我国已签署的数据流动协议虽然涉及电子商务规则、数字贸易规则等内容，但有关数据跨境流动的条款与国际高标准还存在较大差距。美欧逐渐形成了"美式模板"和"欧式模板"，并试图在内部构建新的跨境数据流动合作圈，以中国为代表的发展中国家则被排除在外。另外，由于上海自贸区尚未形成清晰细致的数据分级分类清单，《数据出境安全评估办法》在落地实施过程中，还存在细则不明确、评估标准不清晰、流程时间不可控等问题。

4. 风险防范机制不足

第一，缺乏完善的风险预警机制。在上海自贸区运行的 10 年中，未曾出现过系统性风险，未来随着更多领域尤其是服务业准入门槛降低，有必要构建完善的风险预警机制，以预防和应对潜在风险，有效统筹开放与安全问题。在最新的负面清单条目中，禁止类措施有 17 条，限制类措施有 10 条，这 27 个领域均存在需要防范的风险点，但目前尚未根据行业特点逐条梳理出相应的风险并建立对应的预警机制。

第二，数据监管和风险识别能力不足。张江片区成立了上海数据交易所，临港新片区正加快构建国际数据港，但自贸区对数据领域的监管较为分散，不同部门存在一定割裂，导致政策的协同性不足。另外，针对重要数据，由于全国层面尚未形成通用的标准和规范，上海自贸区亦缺乏有效探索，因此对重要数据蕴含的潜在风险因素的识别能力有限。

# 三　上海自贸区进一步扩大高水平对外开放的对策建议

## （一）继续扩大投资开放，加大外资保护力度

### 1. 完善负面清单管理制度

第一，负面清单建设思路从精简数量向提升质量转变。对负面清单的改进不应一味追求减少条目数量，而是应该同时控制所涉及的行业范围，适度

降低核心限制类行业的准入门槛，避免"明降实增""避实就虚"等做法。例如，在现有行业分类标准上，可以尝试根据《国民经济行业分类》将负面清单中的限制措施进一步细化至更具体的行业，并增加行业代码。同时，还要参照国际通行做法，根据《国际标准行业分类》来添加行业代码，以增强负面清单的规范性，提升外资准入效率。

第二，对标国际主流清单，提高外资准入限制的灵活性。国际主流负面清单往往会设置保留措施，即保留修订、增减限制的权利，以灵活应对内外部突发事件的冲击。我国的负面清单仅列出了禁止或者限制类措施，接下来上海自贸区可以探索增加保留措施，特别是对于发展前景不确定或者当前对外资的限制度高但未来需要进一步扩大开放的行业，可以通过保留措施展现中国未来扩大开放的态度，加强外资企业对中国市场的正向预期。

第三，以加入或推进区域自贸协定为契机来推进负面清单建设。根据我国现有的区域自贸协定，上海自贸区可尝试出台多个版本的负面清单，对不同的国家，采取差异化的外资准入限制，并根据上海的产业发展需要来针对性吸引外资。同时，上海自贸区还应联动国家战略，在完善负面清单建设的过程中以中国加入 RCEP 为契机，逐步推动电信、金融、文化等领域的开放。

**2. 加强外资权益保护**

第一，创新知识产权保护机制。上海自贸区可尝试支持知识产权协议入股，促进科技成果转化；探索知识产权、商标和版权"三合一"管理体制改革；建立知识产权侵权的快速反应机制，一旦发生侵权行为，相关部门能快速发现并做出反应。同时，试着搭建针对知识产权侵权的信用平台，探索建立将企业或个人侵权行为与信用挂钩的有效机制，最大限度提升侵权成本。

第二，促进外商投资量质齐升。在促增量方面，要努力拓展外资来源，加大对来自欧洲、日本、韩国等地区和国家的重点产业的引资力度。在提质量方面，将高技术产业作为引资重点，鼓励外商投资更多地流向高端制造业、数字技术行业等领域，同时鼓励外资在自贸区内设立全球研发中心，增强上海的创新策源能力。

## （二）完善贸易规则，促进服务贸易和数字贸易发展

### 1. 实行高标准数字贸易规则试点

第一，战略对接高标准的数字贸易规则。上海自贸区在数字贸易规则领域尚处于摸索阶段，对于 CPTPP、RCEP 和 DEPA 中的数字贸易条款，应根据实际情况进行战略性对接，逐步扩大开放。例如，对于数字知识产权、消费者信息保护等符合我国未来开放方向且当前有能力进一步扩大开放的领域，上海自贸区可以试着进行最大限度开放试点。对于改革难度较大、我国短期内难以达到要求的领域，如禁止数据本地化存储、数字化产品非歧视性待遇，可以先在临港新片区先行先试，然后再推广至其他片区，为上海及全国形成尽可能多的制度创新成果。

第二，实时关注国际数字贸易规则发展动态。上海自贸区的开放度一直处于全国领先水平，未来应实时跟踪数字贸易领域国际高标准规则的变化动态，对数字贸易规则的发展态势进行前瞻性研判，以免与国际数字贸易规则脱节。对于与我国发展阶段和政策环境方向一致但短期可能造成负面冲击的条款内容，在风险可控的范围内进行试点改革；对于与我国发展阶段和政策环境相悖的条款内容，应尽可能做好应对方案。

### 2. 促进服务贸易更加自由便利

继续推动服务贸易领域制度型开放，重视由 OECD 测算的服务贸易限制指数，将总指标和细分指标与标杆国家逐一对照，逐项破除服务贸易领域的体制机制障碍。同时，我国承诺在 RCEP 协定生效 6 年后对服务贸易领域采取负面清单管理，相较于加入 WTO 时承诺的约 100 个部门，我国承诺新增的领域包括管理咨询、制造业研发等，同时承诺将提高金融、法律、建筑、海运等 37 个部门的开放水平。对于新增和扩大开放力度的领域，上海自贸区可以先试着在某一个或几个领域采用负面清单管理模式，逐一完善之后再扩大范围。在探索负面清单开放新模式的同时，

还应健全与之对应的事中事后监管体系，建立完善的风险预警与防范机制。

### 3. 探索"边境后"规则试点

高标准经贸规则的涵盖领域逐渐从减少商品和要素流动障碍向环保、劳工、竞争政策、国有企业等"边境后"规则扩展。对于这些规则，上海自贸区可以率先进行对标，开展高水平对外开放压力测试。另外，CPTPP是当前公认的开放程度较高的协议，其要求的零关税比例达到99%，高于RCEP的90%，更远高于各国的WTO开放承诺。我国虽然还未正式加入CPTPP，但可以依据里面关于货物贸易的国民待遇和市场准入部分条款，在上海自贸区进行产品进口试点，并形成跨部门协调机制，为企业提供优质服务。

## （三）进一步加快要素市场化改革，增强全球资源配置能力

### 1. 探索跨境数据自由流动机制

一是积极争取跨境数据流动特别授权。在完善数据要素确权、定价、交易和利益分配等各项机制的基础上，向中央争取在上海自贸区进行跨境数据管理特别授权，以进行更大范围和更深层次的跨境数据流动机制探索和压力测试。二是加快数据跨境流动制度供给试点，对公共数据和个人数据进行分级分类，先从重要数据着手，形成分级分类清单，对每个类别的数据设置与之对应的开放和管理措施，再将上海标准推广至全国，引导形成"全国一盘棋"。三是对标国际标准，在基础设施和运营模式上加强制度创新，增强上海对国际数据市场的影响力。例如，可以对标新加坡，为国际数据港设计独有的架构体系，并强化基础设施建设和数据规则制定，以提升中国在数字规则制定中的影响力和话语权。四是探索跨境数据"白名单"机制。先将与我国签订多边、双边协议的国家纳入考察范围，充分评估各国的数据管理环境，初步形成跨境数据流动的"白名单"，逐步对标国际高标准跨境数据流动规则。

## 2. 采取多样化的国际人才吸引政策

浦东新区设立了海外人才局，在此基础上可积极争取国家支持，加快体制机制创新，参照国际经验或者其他自贸区经验实行更加完善的人才引进、激励、融入等相关举措。引才方面，不仅要简化人才引入手续，提升人才引入效率，还要建立能够集聚全球高端人才的全球化平台，主动招揽人才。用人方面，要为来沪的国际人才提供配套的设备和科研经费、开放的交流平台等，并为国际人才提供顺畅的专业职称申报通道。例如，在张江科技园区探索首席科学家制度，试点单位不定编制、不受岗位设置限制，并在职称评定、出国审批等方面拥有充分的自主权。还可以借鉴广东自贸区经验，允许具有国际职业资格的会计师、建筑师等在区内直接执业，不用再参加相关考试或者实习。

## 3. 提供更优惠的引资政策

加快推进跨境人民币结算，继续推进利率市场化改革，试点金融机构自主定价，为企业提供更大的税收优惠力度，以吸引全球跨国公司在上海设立亚洲总部。新加坡实行以低税率为核心的政府扶持计划，超过 1/3 的世界500 强企业在新设立亚洲总部。因此，在现有 GOP 的基础上，上海自贸区可以参照新加坡的全球贸易商计划（GTP），进一步通过税收奖励来吸引大型国际贸易公司来这里设立营运中心。根据企业的设立年限、离岸贸易额、营业额等因素进行评估，设立分层奖励具体办法，并对符合绿色低碳要求的企业给予特别税率优惠。

**参考文献**

崔卫杰、马丁、山康宁：《中国自贸试验区促进投资的成效、问题与建议》，《国际贸易》2023 年第 1 期。

江英、隋广军、杨永聪：《自贸试验区建设助推产业链供应链韧性提升的机理及路径——以粤港澳大湾区为例》，《国际贸易》2023 年第 6 期。

郭若楠：《自贸试验区推动制度型开放的实现路径研究》，《齐鲁学刊》2022 年第

5 期。

刘航、孙早、李潇：《自贸试验区制度型开放推动高新技术企业脱虚向实的机制与对策》，《国际贸易》2023 年第 1 期。

聂平香、游佳慧：《中国自贸试验区投资便利化成效、问题及对策》，《国际经济合作》2022 年第 1 期。

谢申祥、王晖、范鹏飞：《自由贸易试验区与企业出口产品质量——基于上海自贸试验区的经验分析》，《中南财经政法大学学报》2022 年第 2 期。

李世杰、赵婷茹：《自贸试验区促进产业结构升级了吗？——基于中国（上海）自贸试验区的实证分析》，《中央财经大学学报》2019 年第 8 期。

陈牡丹、魏鲁霞、申远：《我国自贸试验区制度创新的理论分析与实践路径研究——以上海自贸试验区为例》，《全球科技经济瞭望》2020 年第 12 期。

# B.4
# 上海自贸区打造开放透明的<br>投资管理体制

王　佳*

**摘　要：** 　扩大高水平对外开放，要把吸引外商投资放在更加重要的位置，稳住外贸外资基本盘。作为中国第一个自贸试验区，上海自贸试验区始终把吸引外资作为扩大开放的重要任务。上海自贸试验区在打造开放透明的投资管理体制方面取得了巨大的成绩，如建立"准入前国民待遇+负面清单"管理模式，深化商事登记制度改革，建立商事争议与知识产权纠纷解决机制等。本报告指出，上海自贸试验区依然存在服务业开放水平仍需不断提升，市场化、法治化、国际化营商环境有待改善，企业"走出去"面临诸多困难等问题。面对全球经济增长减速、全球供应链收缩与重构、加快高水平制度型开放等挑战与机遇，未来需要加快服务业扩大开放步伐，营造更加完善的营商环境，进一步提高外商投资的开放度和透明度，实施更高标准的知识产权保护，不断创新对外投资合作方式，推动企业"走出去"。

**关键词：** 　投资开放　负面清单　营商环境　知识产权保护　上海自贸区

## 一　引言

党的二十大报告指出，2012～2022年我国"实行更加积极主动的开放

---

\* 王佳，经济学博士，上海社会科学院经济研究所助理研究员，主要研究方向为制度经济学、国际经贸规则、土地财政制度等研究。

战略，构建面向全球的高标准自由贸易区网络，加快推进自由贸易试验区、海南自由贸易港建设，吸引外资和对外投资居世界前列，形成更大范围、更宽领域、更深层次对外开放格局"。强调未来五年要基本形成更高水平开放型经济新体制，要"推进高水平对外开放。提升贸易投资合作质量和水平。合理缩减外资准入负面清单，依法保护外商投资权益，营造市场化、法治化、国际化一流营商环境。"①

2023 年 4 月的中央政治局会议继续强调要"扩大高水平对外开放。要把吸引外商投资放在更加重要的位置，稳住外贸外资基本盘。要支持有条件的自贸试验区和自由贸易港对接国际高标准经贸规则，开展改革开放先行先试。"②

作为中国第一个自贸试验区，上海自贸试验区自 2013 年 9 月正式成立以来，始终把吸引外资作为扩大开放的重要任务。十年来，上海自贸区全面落实推进《中国（上海）自由贸易试验区总体方案》《进一步深化中国（上海）自由贸易试验区改革开放方案》《全面深化中国（上海）自由贸易试验区改革开放方案》《中国（上海）自由贸易试验区临港新片区总体方案》，扩大投资领域开放，通过完善以负面清单管理为核心的投资管理制度等制度创新，外资不断涌入，经济规模和能级不断提升。十年来，上海自贸区共吸引实到外资 598.4 亿美元，占浦东新区总量的 85.3%，占全市总量的 39.1%。

## 二　上海自贸试验区打造开放透明投资管理体制的主要经验

### （一）上海自贸试验区各方案中外商投资管理体制的改革任务变化

在 2013 年的《中国（上海）自由贸易试验区总体方案》中强调要"扩

---

① 习近平：《高举中国特色社会主义伟大旗帜为全面建设社会主义现代化国家而团结奋斗——在中国共产党第二十次全国代表大会上的报告》，2022 年 10 月 16 日。
② 《中共中央政治局召开会议分析研究当前经济形势和经济工作中共中央总书记习近平主持会议》，https：//www.gov.cn/yaowen/2023-04/28/content_ 5753652.htm。

大投资领域的开放"。包括三个重大任务，即扩大服务业开放，营造有利于各类投资者平等准入的市场环境；探索建立负面清单管理模式，形成与国际接轨的外商投资管理制度；构筑对外投资服务促进体系，提高境外投资便利化程度。①

在 2015 年的《进一步深化中国（上海）自由贸易试验区改革开放方案》中强调要"深化与扩大开放相适应的投资管理制度创新"。包括四个重大任务，即进一步扩大服务业和制造业等领域开放，提高开放度和透明度；推进外商投资和境外投资管理制度改革；深化商事登记制度改革；完善企业准入"单一窗口"制度。②

在 2017 年的《全面深化中国（上海）自由贸易试验区改革开放方案》中强调要"加强改革系统集成，深化投资管理体制改革"。关于投资的自由化便利化，包括四大任务，即建立更加开放透明的市场准入管理模式，实施市场准入负面清单和外商投资负面清单制度；全面深化商事登记制度改革；全面实现"证照分离"；进一步放宽投资准入，最大限度缩减外商投资负面清单。

在 2019 年的《中国（上海）自由贸易试验区临港新片区总体方案》中强调要"建立以投资贸易自由化为核心的制度体系"，推进投资贸易自由化便利化，即实施公平竞争的投资经营便利，包括在电信、保险、证券等重点领域加大对外开放力度，放宽注册资本、投资方式等限制，促进各类市场主体公平竞争；探索试行商事主体登记确认制；深入实施"证照分离"改革；加强国际商事纠纷审判组织建设等。

## （二）投资自由："准入前国民待遇+负面清单管理"模式

2013 年 9 月，上海自贸试验区发布《中国（上海）自由贸易试验区外商投资准入特别管理措施（负面清单）（2013 年）》，以外商投资法律

---

① 《中国（上海）自由贸易试验区总体方案》。
② 《进一步深化中国（上海）自由贸易试验区改革开放方案》。

法规等文件为依据，列明对外商投资项目和设立外商投资企业采取的与国民待遇等不符的准入措施。对负面清单以外的投资领域，规定外商投资项目由核准制变更为备案制。上海自贸试验区全国第一个实施外商投资的"准入前国民待遇+负面清单管理"模式，扩大了中国外资准入的领域，成为复制推广至全国的优秀经验，最终推动我国《外商投资法》出台并实施。

上海自贸试验区先后发布两版的外商投资负面清单，出台两批54项扩大开放措施，其中服务业37项、制造业17项。国家共发布六版负面清单，已经从最初的190条减少到2021版的27条，实现了制造业条目清零，并持续扩大服务业制造业领域开放。上海自贸试验区深化落实《外商投资法》及《上海市外商投资条例》等相关法律法规，对负面清单之外领域项目按照内外资一致原则管理，让自贸试验区内的外资企业简化程序，提升效率。

上海自贸试验区聚焦投资自由，深入落实浦东高水平改革开放、临港新片区总体方案，落实上海服务业扩大开放综合试点，争取更大的改革自主权，全力推进服务业扩大开放，推动电信、科技、物流、教育、金融、卫生、文化旅游等领域开放措施率先落地，在更多领域允许外资控股或独资，创新领域不断突破，服务业聚集发展。

截至2023年3月，服务业扩大开放后累计落地企业4711家，2023年一季度新落地企业91家。截至2023年9月，上海自贸试验区已在60个开放领域实现全国首创项目落地，包括全国首家外商独资医院、首家外商独资非学制类职业技能培训机构、首家外资进出口商品认证公司、首家外商独资券商、首家外商独资保险公司、首家外商独资基金管理公司成立全国首家外资控股的合资理财公司、首家跨国金融集团独资的金融科技公司等，浦东已经成为海外企业进入中国市场的首选地。扩大开放由点到面，如融资租赁、网上零售领域已落地千余个项目，工程设计、摄影服务、房产中介等领域也形成了较为明显的集聚效应。在医疗、电信、国际船舶、职业技能、经纪、旅游、人才等高端服务业行业落地一批领军企业，引领效应凸显。

### （三）投资便利：深化商事登记制度改革

上海自贸试验区改革境外投资管理方式，全面深化商事登记制度改革，深化"先照后证"改革，实现"证照分离"。2013 年出台《中国（上海）自由贸易试验区境外投资项目备案管理办法》和《中国（上海）自由贸易试验区境外投资开办企业备案管理办法》，对上海市权限内的境外投资一般项目，实行备案制管理，对境外投资主体实行诚信管理，备案机构负责事中事后监管，督促企业办理再投资备案，极大提高了外商投资便利化程度。上海自贸试验区积极承接国家下放 3000 万美元以上 3 亿美元以下鼓励类外资项目确认权限，优化办事流程，便利企业享受进口自用设备免关税政策。

先后出台"市场主体准营承诺""商事登记确认"等多部浦东地方规章以及"特色产业园区""商事调解"等管理措施。利用鼓励类外资项目确认办事系统、重大外资项目线上服务系统，调整优化外资项目核准和备案系统，运用数字证书、电子印章、电子证照等信息化手段，打通跨系统数据关联调用，实现企业和市、区管理部门全程网办。加强改革系统集成，市场准入便利化改革持续深化。主动探索，成功打通境外投资者身份认证的关键"堵点"，打造涵盖全类型外资企业，适用设立、变更、注销全周期业务，支持全时段互联网在线申报的登记注册全程网办服务体系，突破性实现外商投资企业设立登记全程网办。

创新机制，首创外籍法定代表人远程下载电子营业执照服务模式，实现远程扫码下载，外籍法定代表人"足不出户"即可申领电子营业执照。保障重大外资项目落地。建立重点外资项目清单，完善重点外资项目专班和专员服务机制，协同做好项目准入、规划等保障，确保每个项目有反馈、有进展。建立"绿色通道"支持重点项目，2019 年 1 月，特斯拉上海超级工厂正式建设，创造了世界闻名的"当年开工、当年竣工、当年投产、当年上市"的上海速度。涉外服务水平持续提高。持续推进"一网通办"建设，加强对外商投资企业的全流程服务，做好外资企业专业、贴心的"店小二"。上线运行"一网通办"国际版，以外资企业和境外人士为服务对象，为外资企业提供办事指南、涉外政策、便民服务等中英文指引服务。

发布"1+1+N"人才政策体系，其中在高度便利的通行居留制度方面，建立浦东新区外籍高层次人才永久居留推荐制度，探索外国高端人才确认函、外籍人才口岸签证等出入境和停居留制度改革试点。实施外籍人才最长5年工作类居留许可，建立推荐国外高端人才办理永久居留机制。放宽服务业国外高级人才的从业限制，建设备案执业与资格考试的正面清单。设立国际人才服务港，为国内外人才提供"一站式"服务。全面承接临港新片区外国人来华工作许可审批事权，实施高层次人才"领航临港"计划，基于国外高端人才个人所得税税负的差额补贴，推进外国人才薪酬购付汇的便利化试点，吸引集聚外国优秀人才。

### （四）投资保护：建立商事争议与知识产权纠纷解决机制

在投资保护方面，落实《上海市外商投资企业投诉工作办法》，按照上海市"六个一"（一个名称、一个机制、一套机构、一个办法、一个系统、一套流程）工作思路和要求，建设外商投资企业投诉中心，初步完成投诉平台与市"一网通办"和"投资促进服务平台"的端口对接。加强与全国外资投诉中心的对接沟通，开展全市外资投诉工作培训。

加速实施强化竞争政策的试点，完善经营者的集中反垄断审查机制，制定首部行业性反垄断合规制度文件。加强知识产权保护，从制度层面加强知识产权纠纷多元解决机制建设，落实《上海市关于加强知识产权纠纷调解工作的实施意见》等政策文件，为培育和发展知识产权调解组织提供政策支撑。2021年正式实施的《上海市浦东新区建立高水平知识产权保护制度若干规定》，强调要完善知识产权统一管理的体制机制和综合服务平台建设，全面推进知识产权领域综合执法。知识产权保护中心建立健全知识产权事务"一站式"保护机制，对接国家知识产权保护平台，推动国家知识产权事务在浦东新区"一网通办"，并可以依托"一网统管"平台协助开展前款规定的相关行政执法工作。[①] 建立关于专利的快速审查机制，促使重点领域的专利授权平均周期从 3 年缩短至 3 个月。

关于商事争议纠纷解决机制，积极利用上海市大调解工作平台，健全各类调解融合发展机制。依托解纷"一件事"在线纠纷解决平台，以数字化提升商事调解服务的可及性、便利度。依托市、区非诉讼争议解决中心，引导优质商事争议解决机构入驻，为企业提供便捷高效服务。加强建设商事调解、诉讼、仲裁的联动机制，解决调解、诉讼时效的衔接问题，畅通司法确认等渠道，提高商事调解的有效性。制定《浦东新区促进商事调解若干规定》，为加快商事调解组织、机制建设提供立法支撑。探索在浦东新区筹备建立涉外商事调解机构，努力打响国际商事调解服务品牌。《关于支持打造面向全球的亚太仲裁中心提升城市软实力的若干措施》提出关于推动建设亚太国际仲裁中心大厦，打造一站式、全链条国际争议解决平台的目标要求，已指导有关仲裁机构选定浦东新区相关目标楼宇用于建设亚太国际仲裁中心大厦，并研究形成大厦建设初步方案。着力吸引境内外知名仲裁及其他争议解决机构、有关国际组织等入驻，强化国际商事纠纷解决功能平台建设，推动上海成为国际商事争议解决高地。

# 三 面临的挑战与机遇

当前，上海外商投资格局变化面临着更加深刻复杂的内外部发展环境，挑战和机遇并存。

## （一）全球经济波动

世界银行 2023 年 6 月的《全球经济展望报告》指出，全球经济增速将从 2022 年的 3.1% 下降至 2023 年的 2.1%。其中，发达经济体经济增速预计将从 2022 年的 2.6% 下降至 2023 年的 0.7%；除中国以外的新兴经济体增速

---

① 《上海市浦东新区建立高水平知识产权保护制度若干规定》。

预计从 2022 年的 4.1%下降至 2023 年的 2.9%。预计 2023 年、2024 年美国经济增速分别为 1.1%、0.8%，2023 年欧元区经济增速将从 2022 年的 3.5%放缓至 0.4%。

国际货币基金组织 2023 年 10 月的《世界经济展望》报告指出，全球复苏依然缓慢，全球经济增速将从 2022 年的 3.5%降至 2023 年的 3.0%和 2024 年的 2.9%，远低于 3.8%的历史（2000~2019 年）平均水平。发达经济体经济增速预计将从 2022 年的 2.6%放缓至 2023 年的 1.5%和 2024 年的 1.4%；新兴经济体 2023 年和 2024 年的经济增速预计将小幅下降，从 2022 年的 4.1%降至 2023 年和 2024 年的 4.0%。

地缘政治的不稳定也会造成严重和持久的社会经济影响，可能削弱长期经济增长前景，投资因不确定性上升而下降。全球经济增长动力不足影响跨国企业的投资意愿，作为上海外商投资的重要来源地，欧、美、日等发达经济体经济增速放缓，将会影响到上海的外商投资。

## （二）全球供应链变化

受美国加征关税和出口管制措施影响，为加强风险防范和成本控制，以及受发达经济体各种单边主义、贸易投资保护主义思潮的影响，外贸企业逐步向东南亚等综合成本相对更低的地区布局供应链，部分跨国企业加快调整在中国与其他地区间的供应链布局。跨国公司纷纷提出"中国+1"或"中国+N"战略，通过分散投资和多元化采购在全球布局平行供应链，来降低风险。

在外资企业方面，2020~2021 年在中国注销的外资企业数量为 1.1 万家左右，其中上海（2649 家）、北京（1369 家）、广东（1274 家）、辽宁（1230 家）和山东（1132 家），上海排在第一位。比如年初美企安靠公司因受芯片市场大环境影响，没有足够的订单，基于管理成本考虑，全厂 4000 人休假一周；比如美光科技解散 150 人左右规模的上海研发中心①。

---

① 李明俊：《2022 年外商投资企业外迁情况分析》，https：//www.qianzhan.com/analyst/detail/220/220701-e7be7a8e.html。

### （三）高水平制度型开放带来新机遇

我国已签署 19 项自贸协定，特别是 RCEP 的签署实施，使区域内部的贸易投资和产业链协同进一步深化。同时，随着上海全面对接 CPTPP、DEPA 等国际高标准经贸规则，加大先行先试和制度集成的力度，将加速推动投资自由化便利化。同时，上海深入推进进博会、浦东高水平对外开放、上海自贸试验区和临港新片区建设、建设"一带一路"桥头堡等一系列重大国家战略，打造高能级双向开放平台，成为吸引外资进入中国的前沿阵地，将进一步引领上海外商投资创新发展。比如依托进博会这一对外开放的重要平台，5 年来上海实际使用外资累计达到约 1030 亿美元，比上个 5 年增长 15.8% 左右。上海连续 4 年在进博会期间举办上海城市推介大会，打响"进博招商"品牌，开展近百场专题投资推介活动，推动更多参展商变投资商。

### （四）市场化、国际化、法治化营商环境持续优化

强化法制保障。法治是最好的营商环境，是更高水平开放的有力保障。上海强调"全流程"国民待遇，加大外商投资企业享受准入后国民待遇的力度，持续加强外资企业合法权益保护。上海市持续落实《上海市外商投资条例》、上海优化营商环境改革措施以及市委市政府重点工作任务关于建立健全本市重大外资项目服务制度的要求，通过制定市重大外资项目清单，实施专员服务制度，推进协调解决清单内项目实施过程中的实际问题。优化办事流程，结合本市外商投资需求实际，帮助在沪外国商协会和外资企业提出建议，如"充电桩制造"等内容已被国家采纳并列入新版鼓励类目录。

提升外商投资项目管理法制化、服务规范化、办事便利化水平。制定《上海市外商投资项目核准和备案管理办法》，全面实施告知性备案，简化项目核准提交材料，强调落实国民待遇。保障外资企业平等享受各类涉企支持政策。比如专项再贷款贴息、新兴产业发展、节能减排、服务业发展引导等专项资金，外资企业均平等享受相关涉企支持政策。搭建各类服务平台。

持续办好政企沟通圆桌会议，倾听企业困难建议，推进问题解决。建立上海投资促进机构联席会议（SIPP）制度，搭建全球投资促进网络。建立上海外商投资促进服务平台，提供全方位投资促进服务。

### （五）上海城市核心功能国际化水平稳步提升

上海国际经济、金融、贸易、航运、科技创新中心建设持续推进，长三角一体化发展走深走实，有力构筑了连接国际国内市场的战略通道，增强了外资企业投资上海的信心和决心。长三角一体化产业协同日趋紧密，深入推进建设以科创为引领的现代化产业体系，形成了具有国际影响力的汽车、生物医药、电子信息、高端装备产业集群。长三角地区拥有全国最完善的工业产业体系和产业链辐射网络，上海三大产业60%~70%的产业配套在长三角，其中集成电路产值规模占全国的近60%，形成了完整产业链。国内统一大市场为外商投资企业提供了更大市场，随着国内消费升级需求持续增长，国内市场基础加速完善，需求将加速释放。国内大市场助力提升进口集散功能，上海作为我国最大进口商品集散地，要素和资源市场进一步畅通，将形成更大的消费规模。国际化程度不断提升，国际经济、金融、贸易、航运中心基本建成，金融市场交易总额近3000万亿元；上海港集装箱吞吐量达到4730万标准箱，连续13年位列全球第一；口岸进出口总额占全球比重达3.6%左右，保持世界城市首位。

## 四 上海自贸试验区打造开放透明的投资管理体制面临的问题

### （一）服务业开放水平仍需不断提升

开放是上海的重要优势，上海自贸试验区作为我国深化改革的试验田、制度型开放的先行者，在对外开放方面仍有进一步提升的空间。与其他主要国际贸易中心城市相比，上海，包括上海自贸试验区在外商投资准入的开放度方面还存在明显的差距，特别是在服务业外资市场准入方面差距更大。上海自贸试验区率先探索了特定区域的服务业自主开放模式，通过服务业扩大开放试点，为中国在局部地区以正面清单试点模式探索服务业开放积累了宝贵的制度型经验。但是，与国际高标准经贸规则中的服务业负面清单模式相比还有很大差距，比如 RCEP 部分成员采用负面清单方式进行市场准入承诺，而包括中国在内的部分国家目前仍采用正面清单模式。同时，落实"准入前国民待遇+负面清单"仍有不足，与负面清单不相符的规定未能及时废止或调整，导致投资者"准入不准营"。

### （二）市场化、法治化、国际化营商环境有待改善

我国仍在投资领域对境内和境外投资进行区分。《外商投资法》并未从根本上消除对外资与内资的区分，比如我国仍因公司的所有权结构或投资者的国籍而对其采用不同的监管措施。虽然《外商投资法》及其实施条例在主要投资领域采用国民待遇原则，但是在实践中，外资企业仍然面临一些不平等待遇，特别是在政府补助、土地供应、融资、政府采购领域。

虽然我国已采用负面清单，外资企业遇到的直接壁垒有所减少，但还是会遇到包括烦琐、耗时的行政审批要求等间接壁垒，在获取经营许可证方面也有不少阻碍。比如，虽然外资银行和保险公司的持股比例上限已于 2018 年被取消，但是，面对复杂、烦冗的各项法规，外资银行和保险公司依然面临重重困难，包括严格的注册牌照要求——金融机构每次仅可在一个省申请牌照，而审批过程耗时可能长达一年。目前我国文件（如授权委托书）合法化流程繁重又耗时，令外资企业在华投资更加困难，境内外并购交易需要太多行政备案和复杂程序，使并购过程产生不必要的不确定性。

关于竞争中性问题，我国国有企业仍然享受优惠待遇。国企在政府采购以及获得融资和许可证等领域拥有明显优势，外资企业与民营企业在实践中

无法有效参与竞争。另外，虽然某些行业已经逐渐向外资企业开放，但我国的部分行业仍然仅允许国有企业进入。

我国的知识产权保护规则虽在完善，也发布了《上海市浦东新区建立高水平知识产权保护制度若干规定》，但是上海自贸试验区的知识产权保护水平与国际高标准的知识产权保护规则，如 CPTPP 中的各项条款相比仍存在显著差距。最主要的问题是我国对知识产权保护实行行政保护和司法保护的理念与国际上把一些侵犯知识产权行为定义为刑事犯罪的做法有冲突。

### （三）企业"走出去"面临诸多困难

国际形势继续复杂深刻变化，上海自贸试验区企业"走出去"业务仍面临相当挑战。境外投资壁垒和权益保护问题不断增加。美国拉拢部分盟友利用外资安审、补贴调查、长臂管辖、舆论抹黑等多重手段，对我国企业"走出去"进行打压和干扰，企业境外权益保护问题凸显。海外地缘政治风险仍在加剧，对在外企业和人员安全带来影响。金融法律等"走出去"配套服务有待优化。国内本土金融保险、法律咨询、财务会计等专业服务机构国际化程度较低、跨境服务网络不健全、国际化高端人才匮乏，为企业"走出去"提供跨境服务的能力和水平有待提高。

## 五 上海自贸试验区打造开放透明的投资管理体制的对策建议

### （一）加快服务业扩大开放步伐

全面对接 CPTPP、DEPA 等国际高标准经贸规则，加大先行先试和制度集成的力度，稳步扩大规则、规制、管理、标准等制度型开放。完善外资"准入前国民待遇+负面清单"管理制度，加快服务业对外开放步伐，引导更多外商投资现代服务业等领域，不断提高利用外资质量。浦东作为外资外贸主体的集聚区，应借助上海建设服务贸易创新示范区契机，深化国家服务业扩大开放综合试点，积极对接世界高标准经贸规则，实行更大程度开放压力测试。在我国 RCEP 服务贸易正面清单基础之上，缩减上海自贸区的服务贸易负面清单内容，扩大跨境服务贸易"非当地存在"的适用范围。采取适当措施承认相关国家机构在教育等领域制定的可接受的标准。积极利用我国在 RCEP 中的服务开放承诺，扩大服务贸易领域开放。加大电信、证券、保险、管理咨询服务、知识产权服务、健康、文化、旅游等领域对外开放，先行先试更加便捷的登记准入方式和更加灵活的监管模式。进一步开放运输服务市场，高标准对接国际多式联运规则，鼓励多式联运企业在国外布局业务网络。在扩大金融开放承诺的基础之上，进一步扩大金融服务的开放领域，允许国外金融机构在区域内开展新金融服务；对不同所有制的企业做到一视同仁的监管，避免歧视性监管，不因公司的所有权结构或投资者的国籍而对其采用不同的监管措施。

## （二）营造更加完善的营商环境

健全高水平开放政策保障机制。加快全面落实《外商投资法》等法律法规，依法全面保护外商投资企业的合法权益，改善区域内的营商环境。完善促进外商投资的政策与服务体系，加快建设解纷"一件事"在线解纷平台 2.0 版。进一步完善平台运行规则，提高商事、知识产权等纠纷化解的便利度。持续打造国际化营商环境，不断提升外籍人士在工作签证、出入境、支付、人才服务等方面的便利度，为高科技领域外国人才、外国技能型人才、符合产业发展方向的外国人才在出入境和外籍人士永久居留等方面实施更开放便利的政策措施，打造宜居、宜业的国际化营商环境。

重点围绕强化沟通交流机制、强化问题协调解决机制、强化信息精准推送机制优化外资企业服务。通过政企沟通圆桌会议、政策宣介会等多种方式，加强与外商投资企业和各外国商协会的常态化交流，听取外资企业意见建议，回应诉求关切。完善跨部门问题协调转办机制，持续缩短处理时间，快速及时解决外商投资企业生产经营过程中遇到的问题。

加快政府职能转变，完善公平竞争的市场规则。对标 CPTPP 标准，提高公共资源分配的透明度与公平性，加快深化"放管服"改革，努力做到对功能类国有企业适用政府采购管理。建立国有企业公共项目资金预算制度以应对 CPTPP 的禁止"非商业援助"条款。完善以信用监管为核心、与负面清单管理方式相匹配的事中事后监管体制。

### （三）进一步提高外商投资的开放度和透明度

对标 CPTPP 的投资规则，在 RCEP 中我国承诺的基础之上，以《外商投资法》和自贸试验区负面清单为基础，探索准入后国民待遇的实施路径。在保留管理措施前提下，继续缩减禁止范围，对征收给予合理补偿，保障外资平等使用各种资源。按照最终实际控制人实施外资管理，对最终实际控制人是我国居民的，不受外商投资负面清单限制，以有利于"走出去"的本国企业返国投资。实施开放的投资管理。继续完善商事主体登记确认制，尊重所有市场主体的权利，实行形式审查，精简审批、评估等事项，下放审批权限。实施企业简易注销共享税务信息，注销时无须提供纸质清税证明。深化行政审批制度改革。更加深入推进"证照分离"改革，对涉企经营事项继续扩大审批改备案及告知承诺制应用范围。推进审批事项受理办理的标准一致，提升政务服务便利化、标准化水平。争取在临港新片区修改限制外商投资的特定法律法规，如《关于外国投资者并购境内企业的规定》、《外国投资者对上市公司战略投资管理办法》以及其他有关外商投资企业外汇经营、融资、投资总额、注册资本的管理规定。

### （四）实施更高标准的知识产权保护

上海自贸试验区在知识产权保护方面应该在我国当前以司法保护为主导、行政保护为支撑的知识产权保护体系的基础之上，努力履行我国在

RCEP 中关于知识产权保护的承诺，建设接近 CPTPP 高标准规则的知识产权保护体系。进一步提高知识产权创造、保护和运用水平。扩大知识产权保护的适用范围，探索实行药品专利补偿机制。实施农药化学品实验数据保护制度。建立商标分类制度，商标注册制度，商标电子申请的处理、注册及维持制度。禁止在相同及类似货物或服务中使用与驰名商标相同或相似的商标，驳回申请或注销根据法律法规属于恶意的商标申请或商标。推进使用非侵权计算机软件，对数字环境中侵犯知识产权的行为可以同时使用民事与刑事救济程序。加快改善边境知识产权保护制度，将海关知识产权保护范围扩展到过境商品。建立互联网版权保护安全港规则。允许境外企业或个人直接办理商标注册。改善知识产权保护机制和纠纷解决机制，加强知识产权行政保护、司法保护与海关保护之间的衔接，健全司法、仲裁、调解等多元化的纠纷解决机制。

## （五）推动企业"走出去"

围绕服务共建"一带一路"等重点工作，不断创新对外投资合作方式，防范和应对境外投资风险。以 RCEP 签署为契机，支持区域内企业"走出去"，调整优化区域内产业链、供应链布局，鼓励在集成电路、人工智能、生物医药等重点产业领域开展投资并购。加快吸引、培育、集聚一批上海市具有较强国际竞争力的高能级本土跨国公司总部，全面助力产业结构转型升级。强化"走出去"与长三角发展联动，鼓励长三角企业相互抱团出海，深入实施区域协同对外开放战略。聚焦金融保险、法律、会计（审计）、咨询、物流等专业服务业重点领域，加快提升本土专业服务机构的国际化能力和水平，培育形成一批具有跨境服务能力、国际竞争力较强、品牌知名度较高的本土专业服务机构，为企业开展跨国经营提供更为优质的专业服务支撑，构筑"走出去"的良性生态圈。强化"走出去"公共服务供给，丰富"走出去"服务港信息来源和内容。支持对外投资合作领域的专家智库建设，依托"走出去"专家库，定期组织开展对外投资圆桌会、"走出去"沙龙等投资促进活动。按照商

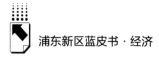
务部相关要求，推动对外投资便利化、规范化、数字化，完成对外投资电子证照应用和推广工作。加强"走出去"监管体系建设，事前对鼓励开展、限制开展和禁止开展的各类境外投资项目，进行分类管理和指导、服务；事中事后做好"双随机，一公开"抽查工作，优化完善抽检内容，着力提升抽检效果。

**参考文献**

《中国（上海）自由贸易试验区总体方案》，2013 年 9 月 18 日。

《进一步深化中国（上海）自由贸易试验区改革开放方案》，2015 年 4 月 8 日。

《全面深化中国（上海）自由贸易试验区改革开放方案》，2017 年 3 月 30 日。

《中国（上海）自由贸易试验区临港新片区总体方案》，2019 年 7 月 27 日。

《上海市浦东新区建立高水平知识产权保护制度若干规定》，2021 年 12 月 1 日。

习近平：《高举中国特色社会主义伟大旗帜为全面建设社会主义现代化国家而团结奋斗——在中国共产党第二十次全国代表大会上的报告》，2022 年 10 月 16 日。

《中共中央政治局召开会议分析研究当前经济形势和经济工作中共中央总书记习近平主持会议》，2023 年 4 月 28 日。

**B.5**

# 上海自贸区优化营商环境的
# 实践探索与改革创新

黎炜祎*

**摘　要：**　营商环境是企业等市场主体在市场经济活动中所涉及的制度要素和社会条件，是国家软实力的综合体现。良好的营商环境有助于释放市场活力、激发企业潜力、增强城市吸引力、提升国际竞争力，进而推动经济社会的高质量发展。上海自贸区作为制度创新高地，在优化营商环境领域充分发挥"排头兵"和"试验田"的重要作用，以更好地服务市场主体为核心目标，以政府职能转变为抓手，不断提高政务服务质量，持续迭代营商环境优化方案，创新体制机制，探索新模式和新路径，为我国优化城市营商环境提供了一系列可推广可复制的经验、路径和政策。未来优化上海自贸区营商环境，可以从进一步完善顶层设计，构建部门间协同与共享机制；积极对接国际经贸新规则，着力推动法治环境建设；推进数字技术深度赋能，整合数字资源，挖掘数据价值；加大人才吸引力度，优化人才发展环境等方面入手。

**关键词：**　营商环境　上海自贸区　政府职能

优化营商环境是构建高水平社会主义市场经济体制、推进高水平对外开放的重要内容，党的二十大报告明确指出，要"营造市场化、法治化、国际化一流营商环境"。2013年，按照党中央、国务院"大胆创、大胆试、自

---

* 黎炜祎，博士，中共上海市委员会党校上海发展研究院助理研究员，主要研究方向为信息服务、数据治理等。

主改"的要求，上海自由贸易试验区（以下简称"自贸区"）正式挂牌成立。十年来，上海自贸区充分发挥作为深化改革试验田、制度型开放先行者和自贸区建设领头雁的功能，以制度创新为核心，在扩大对外开放、推动政府职能转变，促进金融开放创新和增强全球资源要素配置能力等方面持续发挥重要载体作用，形成了一大批可推广、可复制的标志性制度创新成果。上海自贸区作为制度创新高地，通过十年持续的探索与创新，积累了大量优化营商环境的重要经验，为我国营商环境提升贡献了源源不竭的新样本、新路径和新模式。

## 一 上海自贸区优化营商环境的重要意义与目标导向

营商环境是企业等市场主体在市场经济活动中所涉及的体制机制性因素和条件，是贯穿企业全生命周期的综合外部条件。营商环境的优劣直接影响到市场主体能否顺利开展正常的经营活动，优质的营商环境对激发市场主体活力有着重要的推动作用。同时，营商环境会随着社会、经济和科技的发展持续变化，需要不断创新、优化和改进。因此，营商环境成为衡量一个国家或地区国际竞争力的重要指标，是经济软实力的综合体现。

党的十八大以来，习近平总书记对营商环境的持续优化高度重视，发表了一系列重要论述。2018年，习近平总书记在首届中国国际进口博览会开幕式上指出"营商环境只有更好，没有最好"。2019年，在中央全面依法治国委员会第二次会议上，习近平总书记进一步指出："法治是最好的营商环境。"2021年，二十国集团领导人第十六次峰会第一阶段会议上，习近平总书记强调，要"持续打造市场化、法治化、国际化营商环境，为中外企业提供公平公正的市场秩序"。

近年来，《优化营商环境条例》《关于进一步优化营商环境更好服务市场主体的实施意见》《国务院办公厅关于进一步优化营商环境降低市场主体制度性交易成本的意见》等一系列政策法规对我国营商环境优化开展顶层设计、统一部署和创新试点。面对复杂多变的国际经济形势，营商环境优化是党中央促进经济发展的新方略，是"放管服"改革的新目标，是解放提升生产力的新手段，持续优化营商环境成为保障经济高质量发展和推动新一轮改革开放的重要抓手。

## （一）营商环境优化的国际标准与发展趋势

营商环境成为世界经济关注的焦点，始于世界银行 Doing Business 项目（DB 项目）组发布的《营商环境报告》，随后世界其他国家和地区的相关机构也陆续开展评价项目，比如联合国贸易与发展会议发布《世界投资报告》、美国传统基金会发布《全球经济自由度指数》、瑞士洛桑国际管理学院发布《世界竞争力报告》。但综合来看，传播度最广、影响力最大、受认可度最高和相对最权威的评价标准还是世界银行发布的《营商环境报告》。

在世界银行发布的《2020 营商环境报告》中，中国的营商环境在全球190 个经济体中排第 31 位，连续第二年在营商环境改善幅度排名中位列前十。该报告是通过选取各个国家常住人口最多的城市（人口过亿的国家选取两个常住人口最多的城市）在十个评估维度上的表现进行打分的。中国所选取的代表城市是北京和上海，按照 45% 和 55% 的权重进行加权评估，因此上海近年来在优化营商环境领域的持续努力对提升中国营商环境排名起到了重要的作用。

2021 年世界银行决定停发《全球营商报告》，并于 2023 年发布了新构建的营商环境评估项目"B-READY"（营商环境成熟度）。在这个新的评价体系里，报告由专家咨询和企业调查两部分组成，相比过去主要依赖专家咨询的评价方式增强了科学性与客观性。专家咨询部分的样本城市，中国以上海为代表城市，企业调查则会选取全国 30 个省份的具体企业获取一手数据进行评估，从这个角度看，上海营商环境的优化将对中国营商环境的排名起到更加重要的作用。新的评价体系以三年为一个周期，中国作为第二批评测对象，评价结果将于 2025 年发布。虽然目前尚未有完整的评价结果，但 B-READY 已经发布了其具体的评价指标体系，在一定程度上能够反映营商环境评估的侧重点与发展趋势。

**表1 DB 评价体系与 B-READY 评价体系的指标对比**

| 模块 | DB 评价体系 | B-READY 评价体系 | 对比指标类型 |
|---|---|---|---|
| 企业开办 | 开办企业 | 商业准入 | 优化指标 |
| | 办理施工许可证 | 获取经营场所 | 优化指标 |
| 企业运营 | 获得电力 | 公用服务连接 | 优化指标 |
| | 登记财产 | 劳动力 | 新指标 |
| | 获得信贷 | 金融服务 | 优化指标 |
| | 跨境贸易 | 国际贸易 | 优化指标 |
| | 纳税 | 纳税服务 | 优化指标 |
| | 执行合同 | 争端解决 | 优化指标 |
| | 保护中小投资者 | 市场竞争 | 新指标 |
| 企业退出 | 办理破产 | 办理破产 | 原有指标 |
| 交叉主题 | 劳动力市场监管 | 数字技术 | |
| | 政府采购 | 环境可持续发展 | |

由表1可以看出，新老评价体系之间具有一定的继承性与延续性，新的评价指标依然是从市场主体全生命周期的视角展开，通过考察企业开办、企业运营和企业退出三个大模块中的十个一级指标来进行评估，评价指标以可以量化的"硬件标准"为主。相比过去的营商环境评价，新的营商环境成熟度评价也做了一些改进。

第一，评价对象范围扩大，从中小企业个体调整成私营部门整体，并将影响企业发展的法律法规和公共服务也纳入评价范围。比如将原有的获得信贷这一具体信贷服务调整成企业所获得的完整金融服务，又如将纳税指标改成了纳税服务这一综合指标。

第二，评价角度丰富多元，从重点考察制度制定和监管框架，向综合考虑监管与服务两大支柱及其效率转变。这一转变说明世行对营商环境考察的底层逻辑逐步转向公共服务理论，与我国推动"简政放权、放管结合、优化服务"的"放管服"改革总体思路不谋而合。

第三，评价指标交叉化，在过去单一评价指标的基础上引入新的交叉主题指标，即数字技术和环境可持续发展。这两个指标充分体现了数字化时代营商环境建设的新需求与新特点。

第四，数据采集全面均衡，从选择1~2个代表性城市进行评估，转向扩大数据采集覆盖面，既考虑重点城市，又关注不同区域的具体企业，利用专家咨询和企业层面调查进一步增强数据获取的客观性。数据采集覆盖面的扩大一方面对重点城市的营商环境制度创新提出了更高的要求，另一方面也对促进全国整体营商环境综合发展提升起到推动作用。

### （二）上海自贸区优化营商环境的重要意义

营商环境就是生产力。二十大报告把优化营商环境放在构建高水平社会主义市场经济体制、推进高水平对外开放的篇章里，说明优化营商环境就是解放生产力，是我国实现制度创新，推动新一轮高水平对外开放、促进高质量发展的重要抓手。自由贸易试验区是我国深化改革、扩大开放、鼓励创新的试验田，上海自贸区作为我国自贸区总体布局中的领头雁，是面对新问题、解决新矛盾、探索新路径的引领者和探路人，因此，上海自贸区营商环境的持续优化具有重要的意义。

第一，上海自贸区优化营商环境为全面深化改革开放提供了"上海经验"。上海自贸区设立十年，有302项制度创新成果从自贸区走向全国，其中近一半都源自上海的先行先试，其中包括推出全国第一张外商投资准入负面清单和上线全国第一个国际贸易"单一窗口"等一系列率先探索。上海自贸区肩负开放试点的重任，以营商环境优化为抓手，在政府职能转变、对外贸易、对外金融服务等多领域进行首创性改革，成为新时代制度型开放新高地。

第二，上海自贸区优化营商环境对提升中国国际形象起到重要的促进作用。营商环境是吸引外资的重要因素之一，上海作为中国对外开放的标杆性城市，是全国跨国企业总部入驻最多的城市。同时世界银行的B-READY项目作为全球范围内最有影响力的营商环境评估项目，专家咨询报告选择将上海作为中国的城市代表，使上海营商环境的建设水平对中国营商环境的国际排名具有较大影响。

第三，上海自贸区优化营商环境为推动政府职能转变提供了创新性模板。为人民服务的根本宗旨与治理现代化的现实要求，促使传统管制型政府向服务型政府转变。新形势下的自贸区建设要求通过制度创新打造国际化市场经济体，发挥市场在资源配置中的决定性作用。政府需要在职能方向、重心、责权范围等方面进行调整。比如，上海自贸区在国家已有支持性文件的基础上，加强地方立法，对涉外投资备案等企业行为制定配套的规范性文件，打造"法治政府"；推动"放管服"改革，提高办事效率，设立"单一窗口"，力争打造"一表申请，并联办事"的服务模式；以提升市场主体满意度为抓手，构建"服务政府"；从事前审批转向事中事后监管，审慎控制风险，推动"监管政府"落地；突破时间空间限制，利用电子信息技术实现线上线下融合，让数据跑而不是让公民跑，优化"电子政府"。可以说，上海自贸区优化营商环境的实践和创新，都体现出政府职能转变的新观念、新目标、新重点和新机制，为国内其他自贸区和地方政府推动政府职能转变提供了一个生动的"上海案例"。

### （三）上海自贸区优化营商环境的目标导向

2023年国务院政府工作报告中指出，要"加快建设全国统一大市场，建设高标准市场体系，营造市场化、法治化、国际化营商环境"，明确了上海自贸区优化营商环境的根本目标。

#### 1. 市场化是鲜明主线

市场化是指坚持公平公正原则，破除市场准入壁垒和妨碍市场公平竞争的各种规定，保障各类市场主体享有公平待遇，发挥市场在资源配置中的决定性作用，持续激发市场主体的活力。上海自贸区营商环境的优化始终对标高标准的国际经贸规则，从制度层面进行不断探索，坚持构建公平和效率并存的市场环境，深入推动市场化改革。比如完善负面清单制度，破除市场准入壁垒，又如实施"证照分离"改革，精简办事流程。

#### 2. 法治化是基础保障

法治化是营商环境优化的保障，习近平总书记指出"法治是最好的营商环境"。近年来我国加快对《反垄断法》《专利法》《审计法》进行修订，出台《知识产权强国建设纲要（2021～2035年）》，积极参与国际知识产权领域的多边合作，旨在完善市场领域的法律制度，进一步以公正监管促进公平竞争，加大知识产权保护力度，健全现代产权制度，力争以法治化建设推动一流营商环境落地。

3. 国际化是重要标准

国际化既包括"引进来"，也包括"走出去"，既要积极对接国际高标准和通行规则，也要通过"一带一路"倡议等多种渠道传播中国方案。上海自贸区的设立就是以更高水平的改革开放推动体制机制改革，以开放包容的全球化视角和高水平的制度供给促进营商环境的持续优化。比如通过引入负面清单制度，并不断给清单做减法，促进跨境贸易便利化，打破国际贸易壁垒。

## 二  上海自贸区优化营商环境的具体实践与探索创新

上海自贸区是中国营商环境建设的排头兵，通过持续的创新与实践为中国营商环境建设提供了一系列"上海样本"。2017年召开的优化营商环境推进大会拉开了上海探索营商环境优化的序幕。2018年3月发布的《上海市着力优化营商环境加快构建开放型经济新体制行动方案》即营商环境1.0版，以"放管服"改革为核心，着重提升政府和市场的效率，有效提高了上海营商环境的整体建设水平，为中国在世行次年发布的《营商环境报告》中排名显著提升32位贡献了"上海力量"。

随后，上海市2019年3月出台的营商环境2.0版《上海市进一步优化营商环境实施计划》，在1.0版本精准突破的基础上实现全面提升，注重政策的系统性。2020年2月实施的营商环境3.0版《上海市全面深化国际一流营商环境建设实施方案》，将工作重点放在了打通数据壁垒上，实现了业务流程的优化升级。2021年3月制定的营商环境4.0版《上海市加强改革系统集成持续深化国际一流营商环境建设行动方案》，是对前三版的持续深化,加强对营商环境建设的宣传,落实常态化评价机制。这一阶段,上海市结合世界银行和市发改委对营商环境的评价指标,借鉴国际先进经验,对标国家特色指标,在具体的专项指标领域持续加大改革力度,促进政府职能转变,再造政务服务流程,打响"一网通办"政务服务品牌。整体改革措施重点突出"减法",以减时间、减材料、减环节、减成本、减跑动为目标,以服务企业为核心,不断推动改革的深化与细化。

2021年12月,上海市成为全国营商环境创新试点城市,并发布了营商环境5.0版《上海市营商环境创新试点实施方案》,对优化营商环境开展攻坚突破,以高标准完成《国务院关于开展营商环境创新试点工作的意见》中的"规定动作"和落实推动建设高效便捷政务环境、自主便利投资环境与公平审慎监管环境的"自选动作"相结合的方式,进一步探索建设营商环境的"上海模式"。

2023年1月,对标世界银行新评估体系的《上海市加强集成创新持续优化营商环境行动方案》出台,标志着上海营商环境建设进入6.0时代。从1.0版到6.0版的五次迭代升级,上海始终坚持因地制宜,充分发挥上海的城市特点,为打造法治体系完善、贸易投资便利、行政效率高效、政府服务规范的标杆型一流营商环境持续发力。

## (一)上海自贸区优化营商环境的主要经验

上海自贸区在营商环境的优化过程中,始终以政府职能转型为抓手,以提升企业满意度为标准,在形成可复制、可推广的改革举措过程中,走在了全国前列。总体来看,上海自贸区优化营商环境的具体经验主要有以下四点。

一是对标国际标准,重视实际需求。上海自贸区作为先行先试的营商环境建设高地,始终坚持对标世界最高标准,借鉴国际成功经验,提升自身营商环境的竞争力,推进高水平制度型开放。同时上海自贸区也注重发挥自身区域特色,重视市场主体的实际需要,在制造业、金融业和服务业等开放领域落地一大批全国"首创"外资项目。

二是突出服务导向,建立调研机制。上海自贸区在营商环境优化的过程中着力突出"服务型政府"打造,力争做到"有求必应,无事不扰",提升服务的主动性、时效性和质量水平,比如上海自贸区推行的"服务可靠性管制计划"会定期对公用事业服务质量进行评估。同时上海自贸区还建立了常态化的调研机制,定期对任务清单的落实情况进行监督,助推改革措施有效落地,并对出现的新问题及时进行反馈和调整。

三是聚焦重点地区,推进任务落实。上海自贸区在新一轮的营商环境优化提升中,进一步聚焦重点地区,发挥其独具特色的引领带动作用。比如临港新片区要着力打造"营商环境制度创新高地",张江科学城、虹桥中央商务区和长三角一体化示范区则分别聚焦科创、国际商贸、长三角一体化特色营商环境的构建。按照重点区域新的部署,各个地区均结合自身工作重点,对任务进行细化与拆解,有针对性地制定本区域的营商环境优化实施方案,促进相关工作扎实推进。

四是强化数字赋能,构建统一平台。上海自贸区在优化营商环境的过程中十分注重将政务服务数字化转型升级与营商环境改革相结合,"一网通办"、"企业服务云"归集和知识产权保护"一件事"集成服务等一系列数字化统一平台的构建,提升了政府事务处理的响应速度,提高了事务精准解决率,有效推动了线上线下全面融合服务体系的落地。

## (二)上海自贸区优化营商环境的政策体系

上海自贸区在上海市和浦东新区优化营商环境政策标准的基础上,结合区域实际需求,高规格推进优化营商环境措施落地,取得了阶段性成果,积累了多项可供复制推广的新路径与新经验。其中,自贸区临港新片区作为党中央交付给上海的三项最新重大任务之一,战略定位更高、改革任务更艰巨,既是深化改革开放的再升级,也是上海推动营商环境制度创新的新高地。

### 1.上海优化营商环境6.0版:《上海市加强集成创新持续优化营商环境行动方案》

2023年1月发布的《上海市加强集成创新持续优化营商环境行动方

案》也被称为上海优化营商环境6.0版行动方案。6.0版在前五版的基础上，坚持以市场主体满意度和获得感作为评价标准的原则，践行"有求必应，无事不扰"的服务理念，进一步深化重点领域的对标改革，与世界银行新的B-READY评价项目深度对接。6.0版行动方案从深化重点领域对标改革，提升营商环境竞争力；优化企业全生命周期服务和监管，提升市场主体满意度；支持重点区域创新引领，提升营商环境影响力；加强协调配合、督查考核、宣传推介这四个方面，提出了27大项195小项的具体任务措施。

（1）对标世界银行新标准，推进政务服务系统集成

针对世界银行的十项新标准，上海优化营商环境6.0版从市场主体的全生命周期视角，对企业开办、企业运营和企业退出三个环节提出了诸多提升措施。比如在市场准入和退出方面，对企业登记数字化服务平台进行完善，将全程电子化登记的覆盖范围扩展至设立、变更和注销的全过程。在经营场所管理方面，推动区级审批"不出中心"的一站式服务，优化土地审批管理流程。在跨境贸易方面，推出"单一窗口"特色服务，完善查询系统，推出专享金融产品，规范全链条流程收费，打造"航港站一体化"的联运创新模式。

（2）注重服务体系整体性，探索数字赋能政府服务

强化数字赋能政府服务的作用，利用数字化转型推动政务服务的升级。上海优化营商环境6.0版提出"AI+政务服务"的建设新思路，构建线上线下融合的"泛在可及"服务体系。在知识产权保护和运用方面，强调可以在知识产权治理方面运用数字技术，实现知识产权"一件事"集成服务的改革。在政务服务环节，利用数字技术实现"一网通办"的进一步升级和"企业服务云"归集。在纳税服务方面，全面推广数字化电子发票，推行"集中部署+智能应答+全程互动+送问办询评一体化"征纳互动服务模式。

（3）跨前服务提升市场主体满意度，落实精准监管

强调政府职能转化，推动服务型政府构建，以提升市场主体满意度为

总体工作目标。在企业服务方面，全面推行体系化服务企业模式，推进"领导干部帮办+工作人员帮办"机制，对重点企业和专精特新企业实行全方位帮办服务，深化窗口"智能帮办"+远程"直达帮办"的一体化服务模式。在公共基础设施服务方面，推行水电煤及互联服务可靠性管制计划，建立健全服务中断或供给不及时的补偿和惩罚制度。在精准监管方面，推动信息共享互认，强调非现场监管，尽量减少对市场主体不必要的干扰。

（4）鼓励重点区域创新先行，关注长三角一体化开放

上海优化营商环境6.0版对浦东新区、临港新片区、张江科学城、虹桥国际中央商务区和长三角一体化示范区进行了有针对性的定位和部署。比如浦东新区的定位是"营商环境综合示范区"，要求是进一步深化"一业一证"改革，健全行业综合许可和监管制度。临港新片区的定位是"营商环境制度创新高地"，鼓励临港新片区探索外商准入准营承诺即入制，实施跨境人民币结算，推行"两头在外"的保税维修制度。张江科学城要打造科创特色营商环境，强化以企业为核心的产学研合作体系，创新开展移民融入服务。

2.浦东新区"1+1+10"体系：《浦东新区加强集成创新打造营商环境综合示范区行动方案》

在上海市营商环境6.0版行动方案的基础上，浦东新区出台了《浦东新区加强集成创新打造营商环境综合示范区行动方案》，从全面推进、重点突破、聚焦提升三个层面，以更高标准和更大力度推动浦东新区营商环境综合示范区建设。

（1）围绕"1+1+10"深入推进系统性集成化改革

第一个数字"1"是指落实一张任务分解表。按照6.0版行动方案，确定各项改革措施落实的具体路线、时间和负责人。

第二个数字"1"是指重点突破一批任务目标，即打造营商环境综合示范区重点工作"20条"。对标世界银行评价体系的指标和按照6.0版行动方案中打造营商环境综合示范区的要求，明确20项具体任务。其中前10项是

对标世行评价标准,后 10 项则是浦东的特色举措。通过持续提升监管服务效能、优化科技创新服务、用好立法授权、强化法治保障等手段持续优化营商环境。

第三个数字"10"是指浦东新区要聚焦重点区域和领域,开展打造营商环境综合示范区的十项提升行动(见表2)。

表 2　浦东新区打造营商环境综合示范区的十项行动

| 聚焦亮点 | 特色举措 |
| --- | --- |
| 开放创新 | 开展张江科学城打造科创特色营商环境行动 |
| 守信激励 | 开展保税区域诚信建设示范区提质升级行动 |
| 深化扩围 | 开展市场准营承诺即入制改革扩围行动 |
| 集成增效 | 开展建设项目审批集成提升行动 |
| 和谐赋能 | 开展"信易+和谐"领跑行动 |
| 揭榜挂帅 | 开展新型研发机构培育行动 |
| 提质升级 | 开展建设国际消费中心环境升级行动 |
| 创新执业 | 开展法律服务业促进行动 |
| 智能精准 | 开展政务服务提级行动 |
| 以法兴业 | 开展营商环境法治保障专项行动 |

(2)结合浦东新区发展实际需求推出新政策

在推动高效监管方面,将要素监管、日常监管、服务监管、执法监管和熔断监管与"文体旅一证通"相配套。在优化政务服务方面,严格执行首问负责制和一次性告知制度。在科技研发方面,鼓励企业发榜,支持新型研发机构集聚发展,对符合条件的外资研发中心采取税收优惠政策。在人才停居留方面,建立浦东新区外籍高层次人才永久居留直通车制度,为认定的"高精尖缺"海外人才提供多项便利化保障。

3.临港新片区打造"营商环境制度创新高地":临港新片区2023年优化营商环境十大重点任务

临港新片区作为"营商环境制度创新高地",肩负国家赋予的重大使命,在推动高水平制度型开放中主动加大压力测试力度。临港新片区通过

"以评促建"的方式,将工作重点放在激发市场主体活力、降低制度性交易成本上,围绕做好服务市场主体"店小二"的核心思路,聚焦"4+2+2"重点产业发展的实际需求,推动"三全三极三最"(最大幅度放权、最小幅度监管、最有温度服务)系统集成改革。

在2023年优化营商环境十大重点任务中,临港新片区也做了许多创新的工作部署。比如,在市场准入准营改革方面,拓展"市场主体身份码"的应用场景,推出一批"准营承诺即入制"试点行业。在工程建设领域,提高无纸化办理率,实施"市政管线铺设"一件事并联审批,利用电力大数据分析结果提高企业金融贷款便利度。在人才服务方面,实施"人才筑巢"工程,优化涉外劳动人事争议仲裁服务机制,争取率先实现人才签证、居留许可和工作许可的三证合一。在金融服务方面,实施跨境人民币结算和外汇收支便利化政策,同时根据最新的《上海市落实〈关于在有条件的自由贸易试验区和自由贸易港试点对接国际高标准推进制度型开放的若干措施〉实施方案》,临港新片区将允许真实合规、与外国投资者投资相关的所有转移自由汇入、汇出且无迟延。在企业服务方面,发挥"1+1+1+1+N"专业服务体系作用,建立营商环境政策发布、解读和宣传三同步的工作机制。

### (三)上海自贸区优化营商环境的典型案例

上海自贸区在持续优化营商环境的十年里,积累了许多首创首试、可复制可推广的措施。选取具有代表性的典型实践探索进行回顾,将有助于进一步理解上海自贸区是如何以市场主体需求为导向,以转变政府职能为核心,强化协同机制,完善法治保障,推动公平、稳定、可预期的良好营商环境落地的。

#### 1. 负面清单管理制度

2013年,《中国(上海)自由贸易试验区外商投资准入特别管理措施(负面清单)(2013年)》公布,按照国民经济及行业分类,共列出18个门类89个大类1069个小类和190条管理措施。

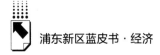

上海自贸区在全国率先实施外商投资准入管理措施的制度试点，按照部署，遵循"不列入即开放"的理念，缩小政府审批范围，简化审批流程，对列入清单的外商投资按原有办法进行管理，而对未列入清单的一般项目则按照内外资一致的原则从项目核准制改为备案制，外商投资企业最快4天即可拿到营业执照、机构代码和税务登记证。负面清单制度不仅能以优惠政策吸引外资企业，还能利用公开透明的管理制度吸引内资企业入驻，进一步释放市场活力。

十年来，上海自贸区的负面清单修改了7次，从最初的190条措施缩减至2021年版的27条，在压力测试中抗住了各种挑战，为我国高水平对外开放探索出了一条新路。2019年全国人大通过《外商投资法》，正式在全国范围内推广负面清单管理模式。

上海自贸区对负面清单管理模式的实践，是政府职能转变的体现，从对投资项目的事前审批转向事中事后的监管，这对于进一步健全外商投资管理制度、建立制度性开放的新体制具有重要的推动作用。

2. 海关监管制度

2019年8月上海自贸区临港新片区揭牌成立，上海海关以洋山特殊综合保税区为抓手开展了一系列先行先试，比如一线"先进区、后报关"、区间"自行运输"、二线"批次进出、集中申报"、货物状态分类监管等措施，还率先建立了全新的"六特"监管模式。同时，临港新片区依托一体化信息服务平台在全国首创"一司两地"的一体化监管模式。

为了拓展洋山港全球枢纽港的功能，上海自贸区海关建成运营国际贸易"单一窗口"，集成服务功能，提高办事效率，支撑起超过全国25%的货物贸易量数据处理；同时还建立了国际船舶登记制度，开办外资班轮公司沿海捎带、国际航行船舶保税天然气加注、长三角港口"联动接卸"等创新业务。

上海海关、浦东新区政府和上海自贸区临港新片区管委会还探索出了合作备忘录的工作模式，三方共同推进海关特殊监管区的建设，发挥联动效应，进一步支持临港新片区一体化信息管理服务平台向上海自贸区的特定区域复制推广，支持洋山特殊综合保税区的相关政策在浦东新区具备条件的特定区域推广应用。

### 3.知识产权法庭

对标国际高标准的经贸规则，还需要以与国际接轨的法治环境作保障。2015 年，上海自贸区设立全国首个自贸区法庭和自贸区知识产权法庭，引进世界知识产权组织仲裁与调解上海中心，设立仲裁院，在涉外上市纠纷问题上，积极探索新的一站式解决机制。

在自贸区知识产权法庭成立以前，为了满足日益增长的知识产权司法保护需求，上海于 2014 年率先成立了知识产权法院，对培育上海自贸区法治化营商环境起到重要的推动作用。上海自贸区知识产权法庭通过专业化、集约化的案件审判和不断推进的制度改革，为优化自贸区营商环境提供了有力的司法服务和保障。

## 三　上海自贸区持续优化营商环境的路径建议

上海自贸区成立十年来，在优化营商环境领域，坚持以服务市场主体为核心理念，以转变政府职能为有效抓手，推动"放管服"改革持续深入，实现了从优惠政策高地向制度创新高地的转变。上海自贸区作为先行先试的试验田，为全国营商环境的优化提供了一大批可复制、可推广的有效措施。

营商环境建设的出发点在于提升市场主体的满意度，进而通过服务企业全生命周期，激发市场主体活力，推进高质量发展。但市场主体的需求会随着全球经济形势和技术变革不断变化，因此营商环境优化是一个动态的持续过程，优化营商环境的未来路径仍需进一步的思考和探索。

### （一）现阶段上海自贸区营商环境建设面临的主要问题

习近平总书记指出："营商环境只有更好，没有最好。"[1] 上海自贸区在推进营商环境优化方面成绩斐然，但随着改革的持续深化，也不断有新的问

---

[1] 《习言道丨营商环境只有更好，没有最好》，光明网，2023 年 3 月 1 日。

题和困境出现，亟待改革破解。

第一，政府跨层级跨部门管理中的协同性有待进一步提升。营商环境建设需要不同层级和不同部门协同发力，动态归集需要解决的事项清单。自贸区在优化营商环境方面，未来还需要进一步破除数据壁垒，实现信息共享，加强协同联动，充分发挥积极主动的创新精神，探索出一条从顶层共识转化为基层实践的新路径。

第二，营商环境法治化建设过程中的灵活性需要不断优化。营商环境的建设标准持续变化，新兴技术不断涌现，新的问题也随之而来，因此营商环境法治化建设不仅需要稳定性，也需要兼顾灵活性。为了更好地服务各类市场主体，自贸区不断优化政策标准，但面临预料之外的新问题时，应当考虑行业和企业实际情况，不搞"一刀切"，进一步扩大在贸易投资便利化领域的改革自主权。

第三，政府服务意识和服务水平需要持续增强。企业的需求复杂多样，因此不同企业对营商环境改善的感知也存在差异，从优惠政策中获取的便利也各不相同，这就要求政府在向服务型政府转变的过程中，不仅要进一步提高自身的服务意识，还要提升服务水平。比如现有的调研制度，要有针对性和计划性地考察走访，避免影响企业正常运转或增加企业负担，又如在服务企业的过程中，既要通过数字化手段提升效率，也要适度保留人工引导通道，建立专人联系机制，搭建线上线下结合的沟通平台。

第四，人才培育和吸引能力亟待提升。自贸区在优化营商环境的过程中，始终高度关注人才问题，在优化人才引进、实施高层次人才培养、吸引青年人才聚集、加强人才安居保障等方面持续发力，出台了海外回流紧缺高端人才个税差额补贴、优秀人才梯度化落户、人才优先购房选房等政策。但目前仍然存在企业实际需求人才与当前人才政策及评价体系不匹配的现象，真正符合企业需求的人才可能受制于年龄、学历、履历等问题，无法享受相关政策优惠。同时，许多在政策落地前落户上海的高端人才和上海本土培养的优秀人才，可能会因无法享受到优惠政策而被其他地区或企业吸引走，造成人才流失的问题。

### （二）上海自贸区优化营商环境的对策建议

营商环境的建设与优化是一个复杂且系统的工程，本文在对上海自贸区营商环境建设具体实践展开回顾的基础上，结合当前的实际需求，建议未来上海自贸区在优化营商环境方面可以从以下四个方面入手。

**1. 进一步完善顶层设计，构建部门间协同与共享机制**

营商环境的优化是一项复杂的系统性工程，不仅涉及市场主体在经济活动中的诸多环节，也涉及各级政府主体和具体管理部门，还涉及国内国外两个市场，因此在营商环境的建设过程中，需要考虑多元主体的利益，统筹推进。

目前，虽然上海自贸区的各级部门在对营商环境优化的重要性上已达成共识，但营商环境的优化还涉及法律法规的制定与各部门权责关系的界定。因此一方面必须进一步完善顶层设计，推进部门间协同与共享机制的构建，厘清部门之间的责任，避免空白区间，对企业全生命周期均提供精准、智能、有效的监管与服务，力争构建"政府+企业+社会"三方共同体，实现平台窗口联动、线上线下联动、跨地区跨部门联动；另一方面也需要争取更多的自主权和政策支持，鼓励上海自贸区在新的发展阶段发挥首创首试的重要作用，加大压力测试，打造更多的"上海样板"，积累更有效的"上海经验"。

**2. 积极对接国际经贸新规则，着力推动法治环境建设**

上海自贸区是我国制度型开放的高地，是对外开放的桥头堡。目前国际经贸规则正在发生深刻复杂的变化，与 CPTPP、DEPA 等国际经贸规则条款相比，我国在数字贸易和金融服务等多个领域仍然存在一定的差距。目前上海自贸区对照世界银行最新的营商环境标准持续推动政策优化与迭代，取得了显著的成绩，未来可以进一步积极对接国际经贸新规则，在重点领域和行业，以及面对特殊应用场景的特殊需求，都先行先试，做好压力测试。

法治是最好的营商环境，上海自贸区应该继续加强知识产权保护，推动跨部门综合执法，构建商事纠纷化解机制，并通过完善组织保障机制推进营商环境法治共同体建设。同时，在法治环境建设的过程中，协调利用资源，推动政务服务数据平台的拓展应用，进一步激发优化上海自贸区营商环境的内在创造力和外在活力，在政策稳定性的基础上不断迭代，提高政策质量。

**3. 推进数字技术深度赋能，整合数字资源，挖掘数据价值**

"一网通办"和"一网通管"都是上海优化营商环境的金字招牌，也是上海政务服务数字化转型的最佳实践案例。但是随着"放管服"改革的持续推进、负面清单制度措施的不断减少、政务服务数字化水平的全面提升，改革的增量空间也在不断缩小，如果继续按照减流程、减时间、减环节、减跑动的减法思维，将无法有效地在已有基础上继续完善营商环境。

因此需要进一步推进数字技术对营商环境的深度赋能，为营商环境的应用场景提供智慧决策和智慧支持，通过大数据智能决策感知体系进一步挖掘市场主体在准入、经营和退出等各个阶段的堵点难点，更加精准地把握市场主体的真实需求。

现阶段各类营商政务数据已经呈现指数级增长的趋势，但受制于现阶段的技术水平与制度规范，许多数据仍处于沉睡状态，同样的，许多市场主体的经营信息，比如用水用电量等，在一定程度上也能反映市场主体的运营状态。以上这些数据资源中蕴含着大量价值，如果能通过利用新一代信息技术精准匹配营商政策和企业需求，有针对性地为目标企业提供定制化、高效便捷的服务，将极大地提升上海自贸区的营商环境水平。

**4. 加大人才吸引力度，优化人才发展环境**

人才是促进发展的内在动力源。如何将企业的人才需求与人才引进相匹配；如何完善人才评价体系，避免出现优秀人才不符合评价要求、难以享受配套优惠政策；如何培养本土人才，并为海内外人才提供上升和发展空间等，都是现阶段亟待破解的难题。

一方面要加大人才吸引力度，改进人才评价体系，建立以市场需求为导向的人才引进机制，针对外籍人才开展相关审批流程简化和金融服务创新，推动在优秀人才落户、教育、医疗、养老等多个关联性问题上的制度创新。另一方面也可以通过区域品牌建设，打造富有吸引力的城市形象；推动建设高科技产业园区，通过产业聚集效应吸引高精尖人才聚集，进而打造产业和人才新高地；为人才提供发展和上升的空间，优化人才发展内外部环境，进一步吸引海内外优秀人才入驻上海自贸区。

## 参考文献

李文钊、翟文康、刘文璋：《"放管服"改革何以优化营商环境？——基于治理结构视角》，《管理世界》2023年第9期。

中国社会科学院财经战略研究院课题组、何德旭：《优化营商环境与扩大国内需求》，《财贸经济》2023年第8期。

杨开峰、王璐璐、仇纳青：《营商环境建设、主观治理绩效评价与溢出效应——来自中国29省的经验证据》，《公共管理学报》2023年第1期。

程云斌：《进一步优化营商环境推进高水平对外开放》，《中国行政管理》2022年第12期。

王婷婷、马佳艺、王泓喻：《从营商环境到宜商环境：世行纳税指标体系的新变化及中国的应对之策》，《财政科学》2022年第10期。

上海市审改办：《上海市一体推进"放管服"改革打造市场化法治化国际化一流营商环境》，《中国行政管理》2022年第7期。

俞四海：《相对集中行政许可权模式革新与立法进路——以浦东新区"一业一证"改革为例》，《东方法学》2022年第5期。

韩春晖：《优化营商环境与数字政府建设》，《上海交通大学学报（哲学社会科学版）》2021年第6期。

蒋硕亮：《加快政府职能转变：上海自贸区的探索与创新》，《苏州大学学报（哲学社会科学版）》2021年第6期。

高进、刘聪：《"小步快跑"：城市优化营商环境的政策迭代及其动力机制——基于"上海样板"的案例》，《甘肃行政学院学报》2021年第5期。

唐天伟：《我国政府效率与营商环境的趋同性及作用机理》，《中国高校社会科学》2021年第1期。

《上海市加强集成创新持续优化营商环境行动方案》，2023年1月4日。

# B.6
# 上海自贸区债券市场发展的
# 现状、问题与展望

吴　友[*]

**摘　要：** 自贸区债券市场是支持上海发展海外融资服务、构建离岸金融体系的重要突破口，对国家开发离岸金融市场融资功能、推动人民币国际化有着积极作用。首先，本文从发行规模、发行主体、信用评级、发行期限和发行成本等方面来梳理自贸区债券市场的发展现状，整理发现自贸区债券市场呈现发行期限、发行货币以及发行主体聚焦，信用评级下调，发行成本优势不明显等特征。其次，基于上述特征，本文从融资主体增量来源单一、投资主体动力不足、二级市场活跃度缺失三个方面梳理自贸区债券市场发展中存在的主要问题。最后，本文从自贸区债券的相关法律制度、信息披露标准和评级机构选择、发行优势宣传和业务便利宣讲、二级市场交易平台建立等方面提出促进自贸区债券市场快速发展的政策建议，以期为将自贸区债券市场打造成与国际接轨的成熟离岸债券市场，推动金融市场全球化、人民币国际化发展贡献力量。

**关键词：** 自贸区　债券市场　离岸金融　金融开放

## 一　引言

国家在 2013 年 9 月 29 日宣布设立中国（上海）自由贸易试验区，拉开

---
[*] 吴友，经济学博士，上海社会科学院经济研究所助理研究员，主要研究方向为区域经济发展与创新创业。

了我国实施新一轮积极主动对外开放战略的帷幕。截至 2023 年上半年，国家先后设立了 21 个自由贸易试验区（港），初步形成了东西南北中协调、陆海统筹开放的新格局。① 10 年来，上海浦东作为全国第一家挂牌的自贸区，承载着新时期探索全面深化改革、扩大创新开放新路径的重任，为金融领域持续深化改革开放创新、促进上海国际金融中心建设、构建国内国际双循环格局提供了重要支撑。

从上海自由贸易试验区成立十周年的改革历程来看，自贸区的发展经历了从 1.0 版本到 4.0 版本的升级，上海自贸区作为金融改革开放高地和人民币国际化桥头堡的作用日渐凸显。2013 年 7 月，《中国（上海）自由贸易试验区总体方案》（简称《总体方案》）的下发标志着上海自贸区建设 1.0 版本的正式启动，自贸区开始在负面清单、服务业开放领域、准入前国民待遇、自由贸易账户等方面进行了大胆创新，并取得了一定成效。2015 年 4 月，《进一步深化中国（上海）自由贸易试验区改革开放方案》（简称《深改方案》）的出台推动了自贸区改革进入 2.0 版本，在政府职能转变、贸易便利化以及金融支持科技创新等方面做了进一步深入与拓展。2017 年 3 月，《全面深化中国（上海）自由贸易试验区方案的通知》（简称《全改方案》）揭开了自贸区改革开放的 3.0 版本，提到在 2020 年建设与国际投资和贸易通行规则相衔接的制度体系，将自贸区打造成投资贸易自由、规则开放透明、监管公平高效、营商环境便利的国际高标准自由贸易园区。2019 年 8 月，《中国（上海）自由贸易试验区临港新片区总体方案》（简称《临港方案》）推动自贸区改革进入 4.0 版本，强调要在外资持股、资本利润自由出入境、货币自由兑换、税收优惠和人才流动等方面对标国际公认的一流自由贸易园区，提高自贸区的国际影响力和竞争力。

上海自贸区的金融改革开放主要体现在资本项目可兑换、人民币跨境结算、投融资便利化等方面，而金融创新则集中在金融制度的创新、自由贸易账户体系的建立、贸易便利化措施的创新、负面清单管理模式创新等方面。

---

① 商务部国际贸易经济合作研究院：《中国自由贸易试验区发展报告 2021》。

《总体方案》强调金融领域要积极探索人民币资本项目可兑换、金融市场利率市场化和人民币跨境使用、便利化外汇管理和外债及跨境融资管理、探索跨国公司总部外汇资金集中运营管理。《总体方案》提出后，2013 年 12 月，央行出台的"金改 30 条"① 又明确了金融服务实体经济、投融资汇兑便利、人民币国际化和利率市场化等举措。《深改方案》强调要加强金融对科技创新企业的支持，建设具有全球影响力的科创中心，建设市场导向的科技成果转化机制，推动创新要素自由流动、开放合作，积极探索投贷联动、技术类无形资产入股等金融服务模式创新。《全改方案》提出在金融领域要积极有序实施"金改 40 条"② 中的方案细则，并提出设立自由贸易港和建设"一带一路"重要枢纽。《临港方案》提出了更高的改革开放要求，金融领域主要有首次明确提出"探索资本自由流入流出和自由兑换"，研究试点自由贸易账户本外币一体化功能，支持金融机构开展跨境证券投资、跨境保险资产管理等。

随后，相关部门就临港新片区在金融领域改革开放创新陆续出台了多项政策，如 2020 年 2 月出台的"新片区 30 条"、2020 年 5 月出台的"新片区 50 条"、2021 年 1 月出台的《中国（上海）自由贸易试验区临港新片区支持总部经济发展若干措施》，均强调了积极推进临港新片区金融先行先试，提出了在更高水平加快金融业对外开放的指导思想和具体举措。2021 年 4 月，《中共中央　国务院关于支持浦东新区高水平改革开放打造社会主义现代化建设引领区的意见》强调要发挥上海自贸区全球高端要素资源配置能力，先行试点更加开放的金融政策和创新措施。2022 年初，为助力上海国际金融中心建设，凸显临港新片区离岸金融的发展定位，市金融局牵头，与临港集团联合市银保监局、市证监局、市财政局、临港新片区管委会等政府部门，以及中央结算公司、海通证券等专业机构成立"上海自贸区离岸人民币债发行"专项课题组，就发挥临港新片区先行先试创新机制、深化上

---

① 《关于金融支持中国（上海）自由贸易试验区建设的意见》，又被称为"金改 30 条"。
② 《进一步推进中国（上海）自贸区金融开放创新试点　加快上海国际金融中心建设方案》，又被称为"金改 40 条"。

海自贸区离岸债券市场建设开展专项研究。自贸区债券作为一项创新型的离岸金融产品，是支持上海发展海外融资服务、构建离岸金融体系的重要突破口。基于此，本文将系统评估上海自贸区债券市场的现状与特征，总结自贸区债券市场发展过程中存在的主要问题，尝试性地提出促进自贸区债券市场长远发展的一些举措建议。

## 二　上海自贸区债券市场的发展现状

自贸区债券是面向在上海自贸区内开立自由贸易账户的区内外机构投资者发行的债券种类，一般也被称为"明珠债"。自贸区内外的金融机构或企业均可作为债券发行人，发行币种为人民币和外币。我国自贸区债券的发展经历了停滞探索期和快速增长期。自贸区债券在离岸金融发展的基础上，推进了在岸市场的对外开放和制度创新，有助于人民币国际化和跨境业务的开展。本节将从自贸区债券发展历程、发行期限、发行货币、发行主体、信用评级、发行主体区域分布、发行成本等方面全面评估自贸区债券市场发展的现状与特征。

### （一）自贸区债券发展历程

2016年是上海自贸区债券诞生元年。2016年5月，银行间市场清算所下发文件，公布了跨境债券业务发行、登记、托管、清算和结算的实施细则，提出了在自由贸易账户体系平台发行自贸区债券的实施方案。同年9月，中债登下发业务指引，规范了自贸区债券业务具体操作流程，对账户开立、债券发行、债券分销和确权、上市流通与交易结算等环节提出了具体的要求。同年12月8日，上海市财政局通过财政部政府债券系统面向区内和QFII发行了3年期30亿元政府债券，投标倍数达2.78倍，中标利率为2.85%。上海地方政府债的发行，也标志着上海自贸区债券的诞生，标志着中国债券市场与自贸区金融制度开放创新的深度融合。2016年上海自贸区债券实现首发后，一直到2018年都无新发行债券，自贸区债券市场陷入一片沉寂。2019 年 1 月，中国人民银行、国家发改委等八部门联合印发的《上海国际金融中心建设行动计划（2018～2020 年）》（简称《行动计划》）中明确提出要扩大上海金融市场对外开放，开展跨境投融资业务，显著扩大国际债券规模。随着政策出台与贯彻执行，2019 年 11 月离岸人民币债券中实现了自贸区企业债首发。11 月 8 日，南京东南投资集团（东南国资）为了响应国家自贸区战略，发行全球首单自贸区人民币债券，发行规模为 10 亿元，发行票面利率为 4.6%，期限为 10 年，主体评级 AAA 级，搭建了中国企业主动联通国际资本市场的桥梁。

随后自贸区债券市场发行规模呈现逐年扩大趋势，明珠债的规模进入快速扩张时期。2022 年下半年以来，债券市场的火热程度更是前所未有。据统计，截至 2023 年上半年，离岸人民币债券市场新发行自贸区债共计 184 只，其中 1 只赎回，存续债为 183 只，发行规模共计 1355.74 亿元，涉及 136 家发行主体。从历年自贸区债券发行基本情况来看（见图 1），自 2016 年底第一只地方政府自贸区债和 2019 年底第一只企业债发行后，一直到 2021 年上半年，上海地产集团才发行了第二只自贸区企业债，发行规模为 30 亿元，票面利率为 3.8%，期限为 3 年。2021 年下半年，上海地产集团、湖州新型城市投资集团和苏州国资控股陆续发行了 4 只自贸区债①，融资总规模为 24.2 亿元。2022 年上半年，自贸区债券的发行规模和发行只数与 2021 年下半年基本持平，发行规模保持在 24 亿元左右，发行家数同样为 4 家，全部为城投债。2022 年下半年开始，自贸区债券的发行规模和发行只数均实现了快速增长，仅 2022 年下半年自贸区债券新发行 52 只，相当于自贸区债券发行以来累计发行量的 5.2 倍，发行规模为 335.75 亿元，是前期累计发行规模的 3.78 倍。2023 年上半年自贸区债券的发行规模和发行只数更是创历史新高，上半年共计发行了 121 只自贸区债券，环比增长 148%，发行规模为 831.14 亿元，环比增长 133%，发行规模和发行只数为前期累计数据的 1.95 倍之多。从上述分析发现，我国自贸区债券的发展经历了停滞

---

① 湖州新型城市投资集团发行了 2 只。

探索期和快速增长期，2016 年首发之后到 2022 年上半年处于停滞探索期，2022 年下半年开始到 2023 年上半年一直处于快速增长期，这一时期内自贸区债券的发行规模更大、融资主体和债券计价方式都更加开放多元。

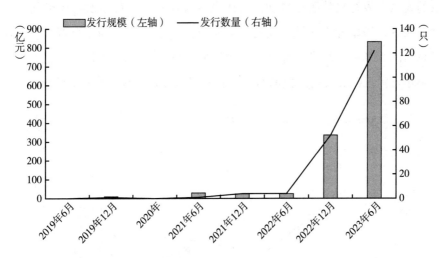

**图 1　2019 年 6 月~2023 年 6 月自贸区债券发行规模和发行数量**

注：统计频率为半年，考虑到 2020 年全年新发自贸区债券数为 0，图上对这一年的统计数字做合并处理。

资料来源：Wind，笔者整理绘制。

## （二）自贸区债券基本情况

本部分主要从上海自贸区债券的发行主体、城投债占比与区域分布、发行主体信用评级、发行期限和发行币种、发行方式、发行成本等方面进行梳理。目前上海自贸区债券呈现发行主体聚焦城投企业且城投企业区域分化明显、发行主体信用评级下调、发行期限和发行币种集中、发行成本优势不明显等特征。

### 1. 发行主体

从自贸区债券发行主体来看，城投债基本上占据了自贸区债券的半壁江山。从 Wind 的统计数据来看（见图 2），截至 2023 年上半年，自贸区城投债累计发行了 102 只，占整个自贸区债券发行数的 55.74%；城投债累计发行规模为 616.94 亿元，占整个自贸区债券发行规模的 49.13%。从每年发行只数的具体情况来看，2022 年自贸区城投债共发行了 30 只，占全年发行只数的 54%；2023 年仅上半年自贸区城投债就发行了 69 只，占上半年发行只数的 57%，发行只数明显增加，占比也显著提高。从每年发行规模的具体情况来看，2022 年全年城投债发行金额 184.63 亿元，占当年自贸区债券发行总额的 52%；2023 年上半年，自贸区城投债发行金额为 415.61 亿元，占上半年自贸区债券发行总额的 50%，自贸区城投债市场升温趋势明显。

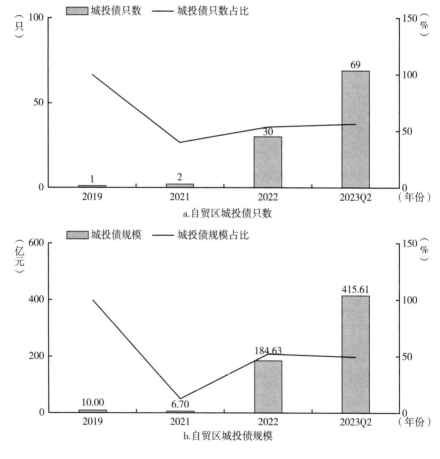

图 2　自贸区城投债基本情况

资料来源：Wind，笔者整理所得。

### 2. 城投债区域分布

从城投类企业的区域分布来看，主要集中在东部地区的浙江、江苏和山东三省，中部地区的湖南和四川次之，西部地区债券发行量相对较少。其中，浙江省的城投债发行规模最大，达 357 亿元；江苏省次之，为 124 亿元；山东、湖南和四川的发行规模均在百亿元以下，山东发行规模为 90 亿元，湖南和四川发行规模均为 66 亿元。从各区域债券发行平台等级来看，区县级平台发行的自贸区城投债规模要远大于地级市和国家级园区平台，三类平台发行规模占比分别为 52%、27% 和 19%。自贸区城投债市场的火热有两点原因。一是监管部门对于境内城投债企业的监管政策日渐严格，融资政策从以往"满足城投在建项目合理融资需求"转变为现在"坚决遏制新增地方政府隐性债务、严压债务增长"[①]，这一政策导致大部分城投企业在境内发债融资难度明显加大；同时为了满足监管机构的要求，近几年发行的城投债均是为了偿还前期债务进行的再融资项目。二是相比于城投企业境内融资监管政策的全面收紧，自贸区债券作为推广阶段的新兴债务融资产品，在监管要求和发行难度层面更加宽松，相比中资美元债、点心债等离岸债券也更加便捷，可同时满足本外币融资需求，对于城投企业而言，自贸区债券的融资替代功能日益明显。

除了城投企业，房地产企业和金融企业近两年也逐渐加入自贸区债券发行群体。2023 年上半年，房地产企业共发行了 4 只自贸区债券，其中越秀地产发行了 3 只，共募集金额 48.96 亿元；上海金茂发行 1 只，募集金额为 20.5 亿元。金融企业发行了 2 只自贸区债券，其中海通证券募集资金 40 亿元，交银租赁募集资金 24 亿元，房地产企业和金融企业发行的单只债券募集金额要大于城投债的发行金额。

### 3. 发行主体信用评级

从自贸区债券发行主体的信用评级来看，发行的 184 只自贸区债券中，无信用评级结果的自贸区债为 37 只，约 80% 的发债主体都有信用评级，其中，有 4 只债券附外资信用评级结果，143 只附境内主体信用评级结果。从

---

① 联合咨询研报：《揭秘自贸区债券》，https://business.sohu.com/a/681562720_121123798。

评级结果来看，境内信用评级为 AAA 级和 AA+级的债券共有 93 只，占全部自贸区债券只数的比重为 50.54%。从时间维度来看，2023 年评级结果为 AA+级及以上的债券发行主体融资规模占比为 61.86%，比 2022 年下滑了 2.46 个百分点，比 2011 年下滑了 5.13 个百分点，自贸区债券评级结果略有下降趋势。从不同发债主体的信用评级结果对比来看，城投类自贸区债的评级结果中 AA 级的债券占比较高，说明城投债的信用评级结果相比其余自贸区债评级略低，城投债的信用评级下降。

从自贸区债券与其余的中资离岸债券的信用评级对比来看，自贸区债券的信用评级透明度显著低于其他的中资离岸债券。从新发行自贸区债券的统计数据来看，约 20% 的自贸区债券缺失信用评级，主要是由于自贸区债券市场发展时间短、监管机构对自贸区债券的信用评级并未有强制要求和具体步骤，发行人主动进行信用评级的动力较弱，同时中介机构在自贸区债券业务操作层面也不够熟悉。另外，虽然自贸区债券发行的根本目的在于融通全球资本市场，吸引境外机构投资者，但由于离岸债券的发行立足于上海自贸区，实际交易中仍以境内中资机构为主，且多数发行主体在发行自贸区债券之前已经具备丰富的境内债券发行经验，发行人的信用评级和经营绩效早已被境内机构投资者熟知，因此，对这类优秀企业来说，发行自贸区债券无须通过评级来证明其信用资质，进而也降低了发行主体的信用评级动力。在自贸区城投债具体发行举措中，要求区县级发行主体必须提供国际信用资质评级结果才允许发行境外债券，2023 年以后越来越多的城投债发行主体选择信用评级，推动了自贸区债券信用评级的实施。发行人主动地披露国际信用级别对于提高投资市场信息的透明度与可信度起到重要作用。

**4. 发行期限和发行币种**

从自贸区债券的发行期限来看，主要为 3 年期，在存续的 183 只自贸区债券中[①]，发行期限为 2.5~3 年期的明珠债共有 179 只，174 只为 3 年期，5 只期限为 2.5 年，10 年长期的仅有 2 只（见图 3）。

---

① 有 1 只到期赎回。

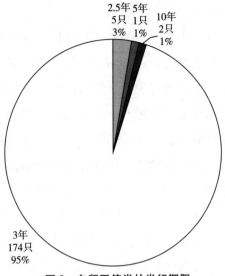

**图3　自贸区债券的发行期限**

资料来源：Wind，作者整理所得。

从自贸区债券的主要发行货币来看，自贸区的大部分债券仍然采用人民币发行。据统计，在存续的 183 只自贸区债券中，有 154 只采用人民币发行，占比为 84%；有 29 只采用外币发行，占比为 16%（见图4）。

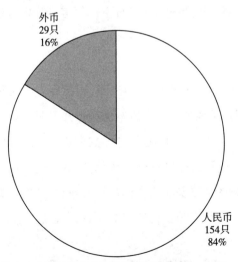

**图4　自贸区债券的发行币种**

资料来源：Wind，作者整理所得。

## 5.发行方式

从自贸区债券发行方式来看，自贸区债券的发行方式与中资美元债发行方式通用，目前主要有四种，分别为直接发行、境内母公司跨境担保、维好协议和SBLC[①]。其中，直接发行一般是资质信用较高发行主体的首选，债券发行不需要任何担保和增信措施，直接申请发行；境内母公司跨境担保的发行主体为境内集团在境外设立的子公司或者为实现某种特殊目的而设立的公司（SPV），境内集团作为担保方；维好协议与境内母公司跨境担保类似，也是由境外子公司作为发债主体，境内母公司出具维好协议，承诺在发行人出现债务本息偿还问题时提供支持，但境内母公司在法律层面并不承担强担保责任，维好协议的增信效力较弱。SBLC是银行为企业提供备用信用证，利用银行信用对发债主体进行信用担保。SBLC属于银行信用，具有强制担保的法律属性，增信效力较强。据华福证券研究所研报，目前自贸区债券多采用直接发行和SBLC发行，其中信用评级较高的发行主体，更多采用直接发行；大部分城投债则更多采用SBLC发行，担保方为当地城农商行、国有银行和股份制银行在当地分行，如上银杭州分行、上银南京分行、上银成都分行、长沙银行和邮政储蓄银行宁夏分行等。这些银行出具的自贸区债券信用证规模均较大，对于资质偏弱的发行主体而言，采用SBLC发行能有效降低融资成本。

## 6.发行成本

从自贸区债券融资成本来看，离岸人民币债券中，自贸区债券融资成本略高于点心债，相比于境内融资，成本优势也并不明显。

从自贸债与点心债的对比来看，在离岸人民币债券市场中，截至2023年6月底，点心债的存量总额大约为5553.83亿元，占离岸债券总额的81.56%；债券数为473只，占离岸债券数量的72%，其融资规模是自贸区债券的4.42倍，发行只数是自贸区债券的2.58倍。点心债与自贸区债同

---

① 固收荷语公众号：《聊聊自贸区债》，http：//www.dgs18.cn/ios/pages/wxshare/news_ detail.html? id=96466&newsType=4。

作为推动人民币国际化的离岸人民币债券，货币结构高度相似，均以人民币计价为主，但点心债中低息金融点心债居多。以 2022 年金融点心债为例，金融点心债占整个点心债的比例为 94.58%，平均成本为 1.6%，低于点心债市场整体发行成本 1.67%，而自贸区债券中城投债居多，整体发行成本约为 4.37%，远高于点心债。

本文通过选取发行时间相近、债权期限一致，且同时发行过境内人民币债券和自贸区债券的发行企业，来对比其境内债券与自贸区债券的利率水平，发现当下自贸区债券的融资成本优势并不明显。从表 1 的结果可以看出，一部分债券表现为自贸区债券与境内债券融资成本相同，一部分表现为自贸区债券融资成本较高，一部分表现为境内债券融资成本高。比如，2022年 1 月，绍兴城投先后发行了 2 只金额和期限完全一致的境内债券和自贸区债券，利率均为 3.65%。2021 年至 2023 年上半年，德清县文化旅游发展集团、桐庐县国有资本投资运营控股集团、郴州市产业投资集团、湖州新型城市投资集团、中航融资租赁国际有限公司均发行了 3 年期的自贸区债券和境内债券，自贸区债券的融资成本显著低于境内债券的成本，优势明显。其中郴州市产业投资集团在 2022 年 11 月 11 日发行了 1 只规模为 0.77 亿美元、期限为 3 年的自贸区债券，融资利率仅为 4.5%；而 2022 年 12 月 9 日发行的 1 只规模为 1.15 亿美元、期限同为 3 年的境内债券，融资利率高达 7%，自贸区债券的融资利率与境内债券融资利率相差 250BPs。湖州市南浔区交通投资集团、郑州地产集团、上海地产（集团）有限公司、青岛西海岸新区海洋控股集团发行的自贸区债券成本明显高于境内债券的融资成本，如青岛西海岸新区海洋控股集团在 2023 年 3 月先后发行金额为 1.96 亿美元和1.45 亿美元的 3 年期境内债券和自贸区债券，境内债券利率仅为 3.72%，自贸区债券利率高达 5.5%，相差 178BPs；郑州地产集团在 2022 年 9 月和2021 年 11 月，分别发行了规模为 10 亿美元、期限为 3 年期的自贸区债券和境内债券，自贸区债券的融资利率为 5%，境内债券的融资利率为 3.77%，二者相差 123BPs。从上述融资企业的性质来看，相比于非城投企业而言，城投企业发行自贸区债券的融资成本要比境内债券融资成本低。

表 1　部分境内债券与自贸区债券发行成本对比

| 发行主体 | 自贸区债券 | | | | 境内债券 | | | |
|---|---|---|---|---|---|---|---|---|
| | 日期 | 金额（亿美元） | 利息（%） | 期限（年） | 日期 | 金额（亿美元） | 利息（%） | 期限（年） |
| 绍兴市城市建设投资集团有限公司 | 2022/1/21 | 1.58 | 3.65 | 5 | 2022/1/13 | 1.58 | 3.65 | 5 |
| 德清县文化旅游发展集团有限公司 | 2022/7/6 | 1.95 | 5.37 | 3 | 2021/5/27 | 10 | 5.6 | 3 |
| 湖州市南浔区交通投资集团有限公司 | 2022/8/1 | 4.9 | 5 | 3 | 2022/7/29 | 4 | 4.1 | 3 |
| 郑州地产集团有限公司 | 2022/9/21 | 10 | 5 | 3 | 2021/11/12 | 10 | 3.77 | 3 |
| 桐庐县国有资本投资运营控股集团有限公司 | 2022/10/14 | 9.5 | 4.2 | 3 | 2021/11/2 | 10 | 4.45 | 3 |
| 上海地产（集团）有限公司 | 2021/10/20 | 7.5 | 3.7 | 3 | 2021/9/27 | 20 | 3.2 | 3 |
| 郴州市产业投资集团有限公司 | 2022/11/11 | 0.77 | 4.5 | 3 | 2022/12/9 | 1.15 | 7 | 3 |
| 湖州新型城市投资集团发展有限公司 | 2022/12/21 | 0.31 | 4.5 | 3 | 2021/11/30 | 0.86 | 5 | 3 |
| 青岛西海岸新区海洋控股集团有限公司 | 2023/3/28 | 1.45 | 5.5 | 3 | 2023/3/23 | 1.96 | 3.72 | 3 |
| 中航融资租赁国际有限公司 | 2023/3/31 | 1.6 | 3.75 | 3 | 2023/2/21 | 0.73 | 3.78 | 3 |

注：本部分对比的是发行主体一致、发行期限一致、发行时间相近的自贸区债券和境内债券样本。
资料来源：Wind，笔者整理所得。

## 三　上海自贸区债券市场发展存在的主要问题

建设自贸区离岸债券市场，是支持上海市发展海外融资服务、构建离岸金融体系的重要突破口。目前，上海自贸区离岸债券有较大的市场需求基础，但仍存在融资主体增量来源单一、投资主体动力不足、二级市场活跃度较低等问题。

### （一）上海自贸区债券融资主体增量来源单一

自贸区债券融资主体主要为境内城投企业，境外发行机构较少，融资主体增量来源单一。城投企业更多选择自贸区债券的原因主要有三点。一是监管部门对于境内城投债企业的监管政策日趋严格，相比于境内债券，境内企业在自贸区发债不仅有成本和审批上的优势，更是监管部门收紧城投公司发债额度后的主要选择。二是城投企业尤其是境内信用资质较差的城投企业要发行点心债，会承担比境内发行更高的利率成本，这在一定程度上降低了城投企业境外发点心债的意愿。虽然点心债在离岸人民币债券市场的整体发行总额和占比均远高于自贸区债券，且发行地的金融市场制度更加完善透明，但对国内城投企业的吸引力较弱，因为对于国内城投企业而言，这些境外非中资的投资者对于国内城投企业的信息掌握较少，且对城投企业的市场认可度存在折扣。三是在自贸区债券市场，境内的投资机构占比更大，对政府背书的城投企业有较为清晰的认识，且对债券发行企业背景和信用状况信息掌握较为全面，发行自贸区债券的融资成本相较于点心债要低。除此之外，外资机构在自贸区债券市场融资的规模很小，而纯外资作为发行主体的债券几乎没有。

### （二）上海自贸区债券投资主体投资动力不足

投资者以境内金融机构在自贸区设立的分支机构为主，境外投资者较少，投资主体投资动力不足。虽然境外投资机构和在自贸区内开设账户的境内机构均可参与自贸区债券投资，但目前自贸区债券的投资者主要为中国银行业金融机构在自贸区设立的分支机构，这些机构对地方城投债的投资力度很大，其余投资主体的投资动力明显缺乏。影响投资者积极性的因素很多，比如区内外税制差异、投资者实名制度等。从区内机构与境外机构的税制差异来看，在申报自贸区债券税务时，境外机构和区内机构的增值税（6%）和印花税（0.005%）相同，但所得税差异较大，区内投资机构按照25%的比例申报所得税，境外投资机构按照10%的比例申报所得税，这无疑加大了区内投资机构在交易自贸区债券时要承担的成本，会降低区内机构的投资意愿。从投资者参与自贸区债券投资的账户业务差异来看，境内机构和非法人可通过中债登开通债券账户和自贸区专业账户，或者通过上清所开立自贸区债券托管账户；境外机构可通过结算代理人或者国际债券托管机构来参与。目前，占全球市场份额较大的清算公司和国际合作托管机构均形成了多级托管、允许非实名持有的托管体系，能更好地满足投资人对资产保密性的需求。2019 年，中债登发布的业务指引要求投资者实名持有，并对自贸区债券实施穿透式托管，投资习惯差异也影响了境外投资机构的积极性。

### （三）上海自贸区债券二级市场活跃度较低

自贸区债券市场流动性差，一级市场投资策略也以持有到期为主，二级市场几乎无交易，活跃度较低。中债登 2019 年发布的业务指引中明确规定了自贸区债券投资者的资质：一是已开通 FTU（自贸区分账核算单元）账户并验收的境内机构；二是已开立 FT（自由贸易）账户的境内外机构；三是已开立 NRA（境外机构人民币银行结算）账户的境外机构；四是其余符合条件的境外符合资格机构。其中，境内机构主要包括开发性金融机构、政策性银行、银行业金融机构、证券类金融机构、保险类金融机构、非金融机构和非法人类产品等，境外机构主要包括 QFII（合格境外机构投资者）和 RQFII（人民币合格境外机构投资者）等。自贸区投资机构的准入要求普遍较高，导致具备开具自贸区账户资质的境内机构数量较少。当前自贸区债券的投资者主要为中资银行在区内开设的分支机构，据统计，截至 2023 年 6 月底，自贸区内具备 FT 账户体系的银行业金融机构共有 49 家，FT 账户资产总计 1.06 万亿元，但这些银行类金融机构的投资策略以持有债券到期为主。新投资者账户开立资质门槛高，现有投资者投资策略以获取利息差为主，导致自贸区债券在二级市场交易呈现单边性，投资者趋于同质化，二级市场流动性较弱，市场化程度较低。

# 四　自贸区债券市场加速发展的对策建议

债券市场是金融市场中直接融资的主要渠道，而自贸区债券市场是支持上海市发展海外融资服务、构建离岸金融体系的重要突破口，对国家开发离岸金融市场融资功能、推动人民币国际化有着积极作用。由于其成立时间短，制度体系有待完善，市场上对离岸债券认识不够，上海自贸区债券市场与国际成熟债券市场相比还存在一定差距。未来要借鉴相对成熟的国际债券市场制度，完善上海自贸区债券市场在发行定价、信息披露、托管结算、风险防范等方面的制度与举措。

## （一）加快建设、完善自贸区债券的相关法律制度，创造更加健康、稳定的外部环境，促进上海自贸区债券发行主体多元化发展

自贸区债券创立时间较短，由于其离岸债券的属性定位，适用的法律条文和业务监管机构与其他外债一致，目前除了中债登和上清所发布的业务指引之外，政府层面并没有针对自贸区债券设计的法律条文。另外，在部分关于离岸债券的监管条文中，对于自贸区债券的发行规则和实际操作并未进行明确说明，导致自贸区债券在发行过程中面临不确定性较大、模糊不清问题较多的情况，如在申请资格、发行额度和期限等方面还需要发行人与国家发改委、国家外管局等部门进行单独沟通，无疑增加了自贸区债券发行人的时间和精力成本，影响了债券发行的意愿与效率。从国际上成熟的债券市场发展经验来看，完善的规章制度和规范健全的法律体系是债券市场积极、健康、高效发展的基础保障。未来需要进一步完善自贸区债券发行的基础规章制度和具体的法律条文，降低自贸区债券发行过程中的不确定性，如在业务操作层面丰富产品和发行人类型、推出期限多元化产品、明确募集资金回流机制等，为自贸区债券多元化发行主体创造更加健康稳定的外部环境。

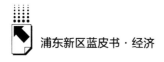

（二）在鼓励发行人提供评级结果的基础上，制定统一的标准化信息披露制度，提高境内外投资主体的认可度与投资动力

离岸债券的发行立足于上海自贸区，实际交易中仍以境内中资机构为主，且多数发行主体在发行自贸区债券之前已经具备丰富的境内债券发行经验，发行人的信用评级和经营绩效早已被境内机构投资者熟知，因此，对于这类优秀企业来说，发行自贸区债券无须通过评级来证明其信用资质，但这也降低了发行主体的信用评级动力。实际上，发行人提供信用评级结果能够有效减少融资市场的信息不确定性，能更好地吸引投资者尤其是境外投资者投资标的，因此鼓励自贸区债券发行人在发行债券时附加信用评级证明有利于自贸区债券市场健康快速发展。自贸区债券作为创新型的离岸债券，目前发行主体尤其是城投债的发行主体资质下沉，这些地市级及区县级城投企业要想获得三大国际评级机构的投资评级结果成本高、难度大，应鼓励发行主体境外融资使用本土评级机构提供的相关评级服务。如鼓励自贸区发行人至少选聘一家中资评级机构，一方面可以提升中资信用评级机构在国际资本市场的话语权，另一方面也能提高自贸区债券信用评级的覆盖率，不仅有利于防范自贸区债券发行主体的信用风险，也有利于促进自贸区债券在国际市场的融通。在鼓励发行人提供评级结果的基础上，制定统一的标准化信息披露制度，减少债券市场的信息不对称，比如提供标准化的信息要求索引、建立统一的数字化平台，在提高发行人信息披露便利性的同时，提高不同债券产品信息披露的一致性和可对比性，降低境内外投资人由于信息不对称面临的信用风险，提高境内外投资主体的认可度与投资动力。

（三）加大对自贸区债券优势宣传和业务便利宣讲，引进自贸区债券二级市场交易平台，提升市场活跃度

自贸区债券是一种新型的兼具离岸与在岸金融功能的融资产品。境内大部分投资机构对自贸区债券及其业务操作缺乏全面深刻的认识，同时自贸区债券对于投资机构设定的准入门槛较高、市场流动中的信用衍生品和风险缓

释工具缺失，也导致很多投资机构不能或者不愿意进行自贸区债券的交易。目前缺乏自贸区债券的统一交易平台，也导致了自贸区债券的市场流动性较差。本文针对以上问题，提出以下建议。一是通过上海自贸区相关单位继续加强对自贸区债券的宣传工作，比如开展线上线下宣讲会和业务培训。二是丰富自贸区衍生品类型，如参考借鉴国际比较成熟的信用衍生品和风险缓释工具，提供信用违约互换等工具，鼓励和吸引更多境内、境外的企业和投资机构加入自贸区平台。三是借鉴国际债券市场的经验，搭建自贸区债券二级电子交易平台，引入自贸区债券的做市商制度，提升二级市场自贸区债券交易的活跃度，增强自贸区债券的流动性。

**参考文献**

联合咨询研报：《揭秘自贸区债券》。

远东咨询研报：《自贸区债券初探：发行市场与案例分析》。

鹏元资信研报：《自贸区债券市场供需特征分析及发展建议——自贸区债券系列》。

鹏元资信研报：《人民币国际化进程中，离岸债券市场的发展与分析——自贸区债券系列》。

殷凤、陈允宏：《浦东构建离岸金融体系的重点举措与风险防范策略》，《科学发展》2021 年第 11 期。

# B.7
# 上海自贸区：制度创新
# 与复制推广的"试验田"

张伯超*

**摘　要：** 　上海自贸试验区历经十年发展，通过"大胆试、大胆闯、自主改"，形成了一大批在全国范围内可复制推广的制度创新成果，为全国的改革发展大局做出了卓越贡献。上海自贸区在对标国际高标准经贸规则，加速推进高水平制度型开放；坚持要素市场化改革方向，强化全球资源配置功能；加强政府自身改革，提升治理现代化水平；聚焦产业发展所需创新制度供给，增强高质量发展新动力四方面形成一大批可复制可推广的制度创新成果。与此同时，上海自贸试验区各片区也根据自身特点发挥各自优势，积极开展最新制度创新举措与实践探索。未来上海自贸试验区继续推进制度创新，为中国式现代化探路破局，需要进一步着力提升四大制度创新能力。

**关键词：** 　上海自贸区　制度创新　高水平对外开放

上海自贸试验区自 2013 年 9 月正式挂牌以来，始终秉承"大胆试、大胆闯、自主改"的理念，不负中国经济发展排头兵的重任，以众多首发实践闯出了一片改革"试验田"。在国家层面复制推广的 302 项自贸区制度创新成果中，近一半为上海首创或同步先行先试成果。经过十年的改革发展，上海自贸试验区已经成为我国最重要的制度创新策源地。

---

* 张伯超，经济学博士，上海社会科学院经济研究所助理研究员，主要研究方向为浦东经济与企业创新发展。

# 一 上海自贸试验区制度创新与复制推广的主要成果

作为党的十八大之后中央交给上海的首个重大改革任务，上海自贸区的成立为上海近十年的发展注入了全新动能，以改革促发展，在发展中不断改革，已然成为上海经济社会高质量发展的助推器和新引擎。以自身发展助力上海乃至全国建设发展大局，自贸试验区有力发挥了功能提升的"助推器"作用。10年来，上海自贸试验区新注册企业超 8.4 万家，新设外资项目超1.4 万个，实到外资 586 亿美元。自贸试验区所在的浦东新区 2022 年实现地区生产总值 1.6 万亿元、商品销售总额 5.9 万亿元、社会消费品零售总额3600 亿元、财政总收入 5201 亿元，分别是 2013 年的 2.3 倍、2.5 倍、2.3倍、1.9 倍。临港新片区自成立以来，地区生产总值年均增长 21.2%，规上工业总产值年均增长 37.8%。这些都为上海经济高质量发展提供了有力支撑。

回首这不平凡的十年，上海自贸试验区坚持把扩大开放同改革体制相结合，把培育功能同政策创新相结合，聚焦重点领域和关键环节大胆试、大胆闯、自主改，一揽子开创性政策相继推出，一系列突破性实践深入开展，一大批标志性成果持续涌现。上海自贸试验区的很多制度创新工作一方面与中央提出的战略任务要求密切相关，另一方面也与上海建设"五个中心"、强化四大功能、发展"五型经济"等密切相关。总结下来，上海自贸试验区及临港新片区的主要制度创新成果体现在以下四个方面。

## （一）对标国际高标准经贸规则，加速推进高水平制度型开放

推动构建外商投资准入前国民待遇加负面清单管理制度，发布中国首份外资准入负面清单，实施外商投资备案管理，在制造业、金融业等数十个开放领域落地一批全国首创外资项目。深化海关监管制度创新，率先推出一线"先进区、后报关"、区间"自行运输"、二线"批次进出、集中申报"以及货物状态分类监管等措施，在全国唯一的洋山特殊综合保税区构建全新

"六特"海关监管模式。建成运营上海国际贸易"单一窗口",服务企业超过60万家,支撑超全国1/4货物贸易量的数据处理。拓展洋山港全球枢纽港功能,连接全球200多个重要港口,建立"中国洋山港"籍国际船舶登记制度,外资班轮公司沿海捎带、国际航行船舶保税天然气加注、长三角港口"联动接卸"等创新业务已实现常态化运作。打造接轨国际的法治环境,设立首个自贸区法庭和自贸区知识产权法庭,引进世界知识产权组织仲裁与调解上海中心,设立中国(上海)自由贸易试验区仲裁院,积极探索涉外商事纠纷一站式解决机制。

### (二)坚持要素市场化改革方向,强化全球资源配置功能

开辟资金跨境通道,创设本外币一体化运作的自由贸易账户体系,率先开展跨境贸易投资高水平开放等试点,累计开立自由贸易账户14万个,累计发生本外币跨境收支折合人民币142万亿元。提高金融市场国际化水平,设立上海黄金交易所国际板、上海国际能源交易中心等面向全球的平台,推出原油期货、20号胶等一批创新产品,上市全国超过一半的国际化期货期权品种,全国首单液化天然气跨境人民币结算交易于2023年3月落地。促进数据要素流通,设立上海数据交易所,率先探索数据要素场内交易,累计挂牌数据产品近1500个。高标准建设"国际数据港",启动运营国家(上海)新型互联网交换中心,开展数据跨境流通创新试点。实行更加开放便利的人才政策,建立外籍高层次人才永居推荐"直通车"制度,开设外国人来华工作居留审批"单一窗口",发布境外职业资格证书认可清单和紧缺清单。目前浦东新区人才总量达到170余万人,重点产业国际化人才占比超过4%。

### (三)加强政府自身改革,提升治理现代化水平

上海自贸试验区在制度创新工作推进过程中,十分重视围绕完善政府职能转变与加速推进政府自身改革开展大踏步式制度创新。2013~2023年,主要制度创新与面向全国复制推广的成果如下:围绕企业全生命周期深化商事

制度改革，创新开展"证照分离""照后减证""一业一证"等试点，已在31个行业发放行业综合许可证5000多张，平均审批时限压减近90%，申请材料压减近70%，填表要素压减超60%。率先实施注册资本认缴制、经营主体登记确认制、市场准营承诺即入制，创新简易注销等经营主体退出机制，持续降低制度性交易成本。构建事中事后监管体系，创建"双告知、双反馈、双跟踪"许可办理机制和"双随机、双评估、双公示"监管协同机制，推动政府监管方式向信用、风险、分类、动态"四个监管"转变。打造以"互联网+"为重点的政务服务体系，实施企业市场准入事项"全网通办"、政务信息"全域共享"，全面推行"一网通办"，300余项涉企审批事项实现100%全程网办，实际办理时间比法定时限压缩近90%。实施窗口"智能帮办"和远程"直达帮办"等创新举措，为企业提供"零材料填报"全新体验。

### （四）聚焦产业发展所需创新制度供给，增强高质量发展新动力

率先开展集成电路监管创新试点，推出真空包装等高新技术货物布控查验模式，货物入库时间较以往压缩两个工作日。实施医疗器械注册人和药品上市许可持有人等制度，上市一类新药21种。推出生物医药特殊物品和研发用物品入境便利化试点，实现特定研发用物品高效便捷通关，无须办理《进口药品通关单》。深化智能网联汽车示范应用，区内自动驾驶开放测试道路已超500公里，中国自主研发的东海大桥智能重卡项目开启"真无人"测试，成为全球最长的自动驾驶商业化运营场景。首创"一司两地"一体化监管模式，对位于洋山特殊综合保税区内外的两个国产大飞机生产基地实施"境内区外"一体化监管，助力民用航空产业链集聚发展。围绕贸易高质量发展，上线全国首个辅助离岸贸易真实性审核的"离岸通"平台，落地全国首单"重点行业再制造产品进口试点"，全力培育跨境电商、保税维修等外贸新业态。

总体来看，上海自贸试验区建设有效激发了市场活力动力，示范引领作用不断凸显，区域发展能级全面跃升，服务国家战略能力显著增强。

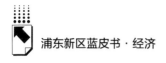

# 二 "十四五"以来上海自贸试验区各片区制度创新探索

党的二十大报告提出实施自由贸易试验区提升战略。站在十周年新起点上，未来推进上海自贸试验区及临港新片区建设，应继续坚持以制度创新为核心，以可复制可推广为根本要求，在更深层次开展更大力度压力测试。"十四五"期间，上海自贸试验区各片区围绕各自角色定位和发展任务要求，积极探索全新制度创新成果，为未来上海自贸试验区形成更多、更丰富的可复制可推广制度创新成果奠定良好基础。

## （一）保税片区：不断塑造制度创新新优势，改革系统集成持续加强

"十四五"以来，上海自贸试验区保税片区不断对标国际最高标准、最好水平，深化自贸试验区制度创新，主动开展先行先试，加强更高水平的贸易自由化便利化政策供给，持续完善准入准营规则体系，率先打造诚信建设示范区，加快落实知识产权保护政策，持续深化建设领域综合改革，努力打造新时代改革开放新高地。

### 1. 强化贸易枢纽功能，贸易自由化便利化水平显著提升

过去两年，保税片区完成保税区域一体化信息管理服务平台总体方案编制，启动项目建设，优先完成外高桥非报关货物进出区功能模块。形成在外高桥港综保区和浦东机场综保区分阶段逐步适用洋山特综区政策试点方案，在切实提升"一线"通关效率的同时增强"二线"出区的便利度，打造辐射全球的国际分拨中心和临空经济高地。推动外高桥港综保区内货物状态分类监管、加工贸易账册、进口汽车保税存储等政策陆续落地，其中奔驰、玛莎拉蒂、保时捷、劳斯莱斯等品牌进口汽车保税存储业务已实现规模化运作。推动浦东机场综保区拓展研发生产功能，区内第一家生产类企业华模科技顺利完成国内首台自主知识产权的 D 类全动波音 737MAX 模拟机组装。

### 2. 探索扩大准入准营范围，准入准营规则体系持续完善

外资文物拍卖取得个案突破，允许外资拍卖境外征集的 1949 年以后去世的部分外国艺术家作品；医疗器械注册人制度、医疗器械 104 号文件陆续落地，生物医药特殊物品入境、研发用物品进口"白名单"等试点开展。成功试点融资租赁退租改装"形式进口、境内直航"、"创新进口涂料检验管理模式"，全国首架退租飞机实现异地委托监管。

### 3. 完善信息公开共享机制，诚信建设示范区率先打造

依托保税区片区信息共享和服务机制，在一体化平台中启动诚信模块开发，构建企业信用画像指标体系，实现与法人库、项目库、信用库等市级信息平台以及海关（检验检疫）、海事、金融等中央垂直部门信息系统互联互通。加快建设信用子平台，完善企业信用档案，完成年度信用"三清单"编制，完成双公示信息报送数据对接；及时、全量向浦东新区报送审批替代型、容缺受理型、证明事项型、行业自律型、信用修复型和自主公示型等信用承诺及履约践诺事项信息。加强信用综合查询窗口建设，近三年（2020~2023 年）窗口年均提供查询近万次。2022 年，会同各相关部门形成诚信示范区建设试点方案、合作协议及"四张清单"等材料，在此基础上保税区管理局与 6 家驻区职能部门共同签署了《上海自贸区保税区域实施信用协同监管和联合奖惩的合作协议》及试点方案，并正式发布，率先探索建立以信用为基础的新型监管机制，切实做到"让诚信企业畅通无阻，让违法企业寸步难行"，为探索在诚信的基础上实施更多"放得开"的创新政策举措提供了重要保障。

### 4. 优化知识产权一站式服务，知识产权保护政策加快落实

发挥浦东新区良好的知识产权公共服务供给资源优势，为区域内有需求的市场主体提供专业化政策咨询及服务。2021 年，版权服务中心探索实施以"著作权行为发生地"为原则的跨地域作品登记，形成确权—用权—维权的一站式服务。充分利用区域信息共享优势，完成自贸区成立以来区域企业专利授权数据导入，实现系统比对、数据查询、统计等功能。截至 2022 年底，保税区片区有效发明专利授权量 1063 件，同比增长 11.4%；有效实

用新型专利授权量 4136 件，同比增长 28.1%；有效外观设计专利授权量 1445 件，同比增长 19.2%。区域企业拥有的有效专利规模稳步扩大。国家版权贸易基地能级不断提高，聚集 1200 多家各类文化文创企业入驻，累计吸引注册资本达 500 多亿元，年贸易规模达 350 亿元。

**5. 落实"高效办成一件事"，建设领域综合改革不断深化**

根据"高效办成一件事"的改革目标，聚焦前期审批、建设施工、综合验收等阶段，着力优化简化流程，全球最大山姆店项目从签约到开工仅用 78 天，从开工到落成使用仅用 16 个月。2022 年，将安靠新建厂房审改服务综合集成项目纳入浦东新区重大产业项目案例，累计压缩审批用时（含施工图审查）约 85%。推进保税区片区内首个建设工程总承包项目"源健优科"落地实施，开辟招投标"绿色通道"，较设计、施工分阶段招标减少时间近一个月。率先对区内项目招投标书面情况备案全覆盖实施"一步提交、即刻办结"。对照世行标准，积极培育审改案例 5 项，落实对社会投资低风险产业项目取消施工图审查，取消地质勘查、减免勘察、监理费用等审改举措，切实减轻企业负担。累计核发 8 张"桩基先行"许可证，涉及总投资约 141 亿元，相较整体开工平均提前约 80 天开工建设。推动基础保障制度创新，取消规模以下装饰装修工程过程监督，统一区域新改扩建项目二次装修施工许可申报操作口径等。加快运用建设工程履约评价体系，发布《上海自贸区保税区域建设工程项目施工履约评价实施标准（试行）》［中（沪）自保管〔2021〕170 号］，投用建设工程项目履约评价管理信息系统。

**（二）临港新片区：全方位高水平开放取得新进展，"五自由一便利"制度型开放体系初步建立**

《中国（上海）自由贸易试验区临港新片区总体方案》78 项任务已完成 73 项，国家、上海、临港新片区管委会出台各类政策 280 余项，高水平国际投资贸易自由化便利化政策制度体系初步形成。

**1. 在若干重点领域率先实现政策与制度突破**

投资自由方面，成立全国首家外资控股的合资理财公司、首家跨国金融集团独资的金融科技公司。开展强化竞争政策实施试点，建立经营者集中反垄断审查机制，出台首批行业性反垄断合规制度文件。建立专利快速审查衔接机制，设立首个市场化运作的知识产权维权互助基金，设立国家知识产权局知识产权综合业务受理窗口。贸易自由方面，对上海飞机制造有限公司实施"一司两地"一体化监管。实施洋山特殊综合保税区内交通运输、装卸搬运和仓储服务免征增值税政策。资金自由方面，率先开展跨境贸易投资高水平开放外汇管理改革试点，放宽跨境投融资币种匹配要求和非金融企业境外放款规模，允许融资租赁母子公司共享外债额度，试点一次性外债登记，取消外商直接投资人民币资本金专户，实施外商投资企业境内再投资免登记，建立跨境结算便利化"白名单"制度，开展本外币合一跨境资金池试点，开展银行贸易融资资产、不良贷款等信贷资产跨境转让，落地人民币可持续发展挂钩国际银团贷款。启动建设国际再保险业务平台，建设跨境资产管理示范区，深化合格境外有限合伙人试点和合格境内有限合伙人试点，研究试点依托特定账户开展人民币离岸交易。成立中国集成电路共保体，建立"科技金融联盟"，发起成立政府引导基金。成立政府性融资担保机构，设立中小企业信贷风险补偿资金。运输自由方面，率先开展外资集装箱班轮公司非五星旗国际航行船舶沿海捎带业务，建设洋山国际中转集拼公共服务中心，设立东北亚空箱交换中心。建设"中国洋山港"船籍港，建立国际航行船舶登记制度，放开外籍船级社法定检验。开展沪浙跨港区跨关区国际航行船舶供油试点。人员从业自由方面，率先探索建立电子口岸签证机制，实施外籍人才最长5年工作类居留许可，建立直接推荐外籍高层次人才办理永久居留机制和"绿色通道"，完善外国人才引进政策。放宽现代服务业境外高端人才从业限制，形成备案执业和资格考试正面清单。设立国际人才服务港，建设移民政策实践基地和移民事务服务中心。全面承接新片区外国人来华工作许可审批事权，开设外籍人才来华工作和居留许可"单一窗口"，实现两证并联办理。实施高层次人才"领航临港"计划，开展境外人才个人所得税税负差额补贴，推进外籍人才薪酬购付汇便利化试点。信息快捷联通方面，完成全国首家车企数据跨境流动安全评估，探索建立数据跨境流动正面清单、分类分级和存证传输管理制度，建立数据跨境流动公共服务管理系统。开通国际互联网数据专用通道，设立国家（上海）新型互联网交换中心。建设"信息飞鱼"全球数字经济创新岛。

**2. 建立健全风险防范和安全监管制度体系**

全面提升风险防范实战化能力。探索"央地协同"的监管样板，依托一体化信息管理服务平台，推进与国家行业主管部门建立便捷联通的数据共享通道，完成中国银保监、国家外汇管理局、海关总署等12个单位共22个业务系统的数据对接。上线一体化信息管理服务平台3.0版，深化11个特色场景建设，及时对风险进行识别研判，实现全流程风险防范与实时动态预警，提升平台实战化水平。

**3. 洋山特殊综合保税区国际竞争力进一步提升**

洋山特殊综合保税区完成两期封关运作，推进三期扩区，培育保税研发、保税维修、保税制造、保税展示交易等创新业态。推动政策和监管制度持续创新。制定出台洋山特殊综合保税区监管办法，构建以"一线放行、二线单侧申报、区内不设海关账册"为核心的全新监管模式。推动管理模式数字化转型，构建全新的海关与地方信息化协同监管机制。探索发展海关主分区模式，针对大飞机企业两个生产基地分别位于洋山特殊综合保税区内外的特殊情况，实施"一司两地"的一体化监管方案。持续推动在岸离岸业务联动发展。深化政策制度优势，制定《临港新片区加快洋山特殊综合保税区高质量发展的行动方案（2022~2025年）》《关于促进洋山特殊综合保税区高能级航运服务产业发展的实施意见》《关于促进洋山特殊综合保税区新业态创新发展的实施意见》等政策文件。加速提升公共服务能级，设立国际中转集拼公共服务平台，规划建设14.2万平方米的国际中转集拼中心、45万平方米的东北亚空箱调运中心。

**（三）陆家嘴片区：加快金融要素市场创新，强化金融资源配置功能**

陆家嘴片区的金融市场国际化水平快速提升，依托各大要素市场，推出一批开放创新举措。上海证券交易所推出股票"沪港通""沪伦通"，开通中日 ETF 互通，实现内地资本市场与国际资本市场交易联通；设立科创板、试点注册制，成为资本市场全面改革的试验田。上海期货交易所努力打造国际大宗商品定价中心，推出国际化品种原油期货、20 号胶期货、低硫燃料油期货、国际铜期货、原油期权，国际投资者参与度不断提升，中国价格开始在国际舞台"发声"。全力配合上海市建设场内全国性大宗商品仓单注册登记中心。打造标准仓单交易平台，增强标准仓单线上质押业务服务实体经济功能。中国金融期货交易所已推出 7 个金融期货、期权品种，并探索以特定品种、QFII、RQFII 等多条路径实现金融期货市场高水平开放。上海国际黄金交易中心启动"黄金国际板"，依托自由贸易账户体系引进离岸资金参与人民币报价的贵金属交易，实现了境内外黄金市场的有效联通。上海保险交易所上线国际再保险平台，满足市场对再保险基础设施服务的需求，是多层次再保险市场建设的新尝试。中央结算公司上海总部支持首只上海自贸试验区债券及首只自贸试验区境外债券落地。编制发布上海关键收益率（SKY）、中债 iBoxx 指数、中债长三角系列债券指数和中资美元债系列产品。

### （四）金桥片区：自贸区制度创新不断深化，综保区功能不断提升

金桥自贸区"十个首次"改革试点加快形成制度化方案并逐步铺开推广。结合上海海关"六个专班"试点政策要求，推进六项可复制政策在金桥综保区落地，试点优化电子账册、单侧申报、径予放行等政策。保税研发加快集聚，成功设立保税研发核销账册，安集微电子、费斯托两家企业成为首批开通业务企业，吸纳睿智医疗、澎立生技等研发企业入驻。推进锐珂医疗等综保区外企业开展医疗领域跨境维修业务。推进各项审批改革，实施环评与排污许可证"两证合一"，三井高科第四期项目成为新区首个案例。广泛应用"云审批"服务方式，推行企业登记事项全程网办和快递收寄服务，实现"不见面审批"。

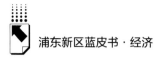

**（五）张江片区：高质量人才队伍加快建设，海外人才服务能级显著提升**

高质量人才队伍加快建设。2021 年张江科学城人才引进落户新政落地实施，形成"01235"人才落户政策体系。2022 年实现人才落户政策 220 平方公里全覆盖。新政实施以来，新增人才落户 2 万余人，惠及企业 2200 余家。高端人才加速集聚，科学城集聚了硕士、博士 10 万余人，其中，2022 年新增硕士超万人、博士超千人。作为全国首批试点区域，实施国家工程硕博士培养改革专项试点任务，中芯国际、紫光展锐、云从科技等一批领军企业与复旦、上海交大、浙大等开展联合培养。

海外人才服务能级显著提升。国家移民政策实践基地加快建设，在全国率先实施外籍人才永久居留推荐"直通车"和工作许可、居留许可"两证合一"试点；持续实施外籍人才出入境、科创人才通关、留学生就业等便利化措施。2022 年率先实施持居住证 B 证外籍人才单独参加医保试点、海外高端紧缺人才个人所得税优惠等政策。

**（六）世博片区：制度创新深入践行，"世博案例"持续涌现**

**1. 总部型企业多个金融、贸易创新"首案"落地**

"十四五"时期，世博片区发挥国内首个自贸试验区央地融合发展平台作用，形成跨市区、跨部门、跨区域、跨事权的问题解决机制，推动跨境人民币结算、原产地信用签证制度等金融创新和贸易便利化，为央企在海外布局工厂和生产线提供金融支持。如路易达孚在芝加哥期货交易所成功开展大豆期货交易套保试点，由工商银行总行提供金融服务，成为全国首单；力拓矿业走通"美元签约、人民币结算"路径，成为上海自贸试验区首例；宝武跨境金融平台首次实现全流程电子信用证跨境结算；振华重工成功发行全国首单上市公司蓝色债券。

**2. 文化演艺领域创新市场准入便利化改革**

世博片区在文化演艺服务领域积极推动相关制度创新，提供更加开放和便利的环境，激发新的发展动能。深化"放管服"改革，在设立外商独资演出经纪机构、外商独资娱乐场所、外资文艺表演团体等方面不断创新，成功引入外商独资演出及经纪机构——艾米斯传媒，提供更加开放的准入条件。实施"一业一证"和市场准营承诺即入制改革，大幅缩短内资演出经纪机构和文艺表演团体的设立审批时间。创新推出"文体旅一证通"改革，将文化、体育和旅游领域的 31 个许可事项融合为一，获得广泛好评。积极与市级部门对接，争取将市级审批事项延伸到浦东，进一步提升审批效率和服务质量。

**3. 国际医疗服务创新成果加速落地**

世博片区着力探索国际医疗服务的相关制度创新，以加快医疗服务领域的开放和发展。国际医院经营业务开展方面，新加坡莱佛士医疗集团旗下公司独资建立的莱佛士医院于 2021 年正式营业。生物医药企业招引方面，前滩已集聚 137 家相关企业，其中全球排名前十的医疗器械企业中有 4 家落户前滩，形成了行业号召力。企业创新服务方面，围绕临床用药进口、医疗器械监管等召开专题研讨会，听取龙头企业诉求，做好与市、区食药监部门对接。

**4. 国际组织（机构）落户创新成果显著**

一是落户改革取得新进展。将自贸试验区管委会正式纳入本市经济和科技领域境外非政府组织业务主管单位名录，解决了部分国际经济组织因不能落实业务主管单位而无法注册的问题。二是配合推进管理措施制定。会同区人大、区商务委等相关部门，针对国际经济组织不具备独立法人地位不能开展实际业务、中国籍工作人员不能办理社保、资金取得及税收优惠等政策不够明确、不能在中国境内发展会员等问题提供相关需求样本，形成《浦东新区促进国际经济组织发展若干规定》初步建议稿。三是与智库机构创新合作，与上海国际问题研究院在前滩设立研究基地，发挥研究院的智库优势，吸引更多国际经济组织在世博落户。

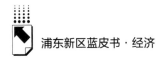

## 三 上海自贸试验区制度创新与复制推广未来展望

党的二十大报告提出实施自由贸易试验区提升战略。实施这一战略，关键词是"提升"。结合上海实际，上海自贸试验区要继续强化制度创新供给，进一步提升自身制度创新成果对全国的可行性与适用性。对此，上海自贸试验区未来要着重考虑要提升四个方面能力。

### （一）着力提升国际规则衔接能力，全面引领高水平标准制度型开放

上海自贸区在未来应当继续秉承对高水平标准制度型开放的引领作用，在多个领域全面对标国际最高标准，强化与国际规则的衔接协同，从制度创新领域打造国内国际双循环的关键链接。一是加快对标 CPTPP（跨太平洋伙伴关系协定）、RCEP（东盟全面经济伙伴关系协定）乃至北美自由贸易协议等国际贸易规则和市场治理体系，结合市场监管部门相关工作职能，在上海自贸区和浦东引领区、临港新片区等加快探索更加具有前瞻性的市场准入、竞争监管和技术性贸易壁垒应对政策。灵活运用公平竞争审查、经营者集中审查、反垄断与反不正当竞争以及技术性贸易措施，提高本市参与全球市场治理的能力和水平，祭出竞争监管利器，以积极对等姿态争取在国际上公平竞争的主动权。二是全面对接 CPTPP、DEPA 等国际高标准经贸规则，聚焦贸易自由便利、扩大外资市场准入、数据跨境流动、"边境后"规则贯通等重点领域先行先试，不断丰富测试样本和试验内容，为各类经营主体投资创业营造良好环境。如率先对接 CPTPP 关于货物的国民待遇和市场准入部分条款，制定上海市再制造产品进口试点方案，积极争取开展高技术含量、高附加值、符合环保要求的再制造业务。

### （二）着力提升全球要素资源配置功能，壮大高能级发展要素流量规模

一是以进一步促进全球高端和新型要素在自贸试验区安全畅通流动为

改革方向，围绕推进服务业高水平开放、提升经营主体全球运作水平、实施开放便利的人才政策等方面进行整体设计，更好利用国内国际两个市场两种资源。如加快推进上海石油天然气交易中心建设，完善交易中心系统功能、规则制度和配套政策，引进更多高能级油气贸易主体，持续扩大油气贸易人民币结算规模。二是进一步深化在临港自贸区新片区开展的数据跨境流动创新试点探索，加快建立多层级管理体制机制，制定数据跨境流动管理办法，针对不同规模的企业建立不同的数据跨境流动评估管理手段，通过搭建跨境云平台、建立试点园区等方式为企业数据安全跨境流动提供便利，并针对不同行业数据建立数据分类监管模式，构建完整协同的综合数据跨境流动解决方案。开展跨境供应链智能管理、工业互联网、跨境研发协同等领域数据跨境流动试点探索。以上海为试点，建立与主要贸易伙伴之间的数据跨境流动双边协议，实现与这些国家的数据跨境自由流动。

### （三）着力提升高端产业引领能力，以制度创新壮大产业主体力量

一是瞄准集成电路、生物医药、人工智能、民用航空等重点产业发展的堵点、难点问题，在支持全产业链融合升级、强化科技创新支撑保障、应用测试场景开放等领域加强制度集成创新，助力打造多个世界级前沿产业集群。如扩大生物医药特殊物品通关便利化改革的试点范围，建立进出境全流程联合监管机制，进一步提升特定血液制品、动物源性产品等特殊物品的审批验放效率。推动时尚消费品领域的进口便利化。推动进口化妆品个性化定制项目落地实施。二是针对化妆品跨境电商零售进口商品单次交易不能超过 5000 元的限制等体制机制方面的障碍，加大调研力度，在进行政策分析和研判的基础上逐步放宽限制。三是培育医疗器械内外贸一体化主体，推动该领域的进口便利化。加强外高桥保税区与海关总署、国家药品监督管理局的沟通协同，提升进博会医疗器械展品进入注册审批绿色通道的效率，实现医疗器械区内加工和区外委托生产，推动区内维修及装配的医疗器械实现海关和原产地的认可认证。推动以医疗器械为重点的

跨境维修业务的制度创新。争取商务部、海关总署支持，在上海自贸试验区内开展跨境维修业务资质审批权下放试点。力争在"商务部、生态环境部、海关总署公告2020年第16号"和"2021年第45号"文件基础上将医疗器械产品纳入维修产品进口目录等。四是推动汽车整车及零部件进口分拨业态创新发展，加速培育全球市场的国际贸易分拨中心。鼓励国际车企在浦东设立整车及汽车零部件的亚太分拨中心。鼓励国产汽车芯片、材料进入主要汽车厂商零部件企业供应链，通过专业化认证及检测方式提升汽车零部件企业对国产物料的认可。

### （四）着力提升临港新片区差异化探索能力，充分发挥各片区制度创新积极性

鼓励临港新片区围绕深化以"五自由一便利"为核心的制度型开放体系建设，提出一批符合国家战略需要、经营主体需求、区域定位特点的改革创新举措，打造更具国际市场影响力和竞争力的特殊经济功能区。如扎实推进洋山特殊综合保税区扩区区域建设，深化区港一体化运作，推动保税研发设计、保税检测维修、保税展示交易等"保税+"新业态集聚发展。陆家嘴片区需要依托上海自贸区、浦东引领区等国家战略叠加综合优势，不断深化探索制度创新，引领产业能级跃升，进一步通过制度创新吸引来自全球的国际知名高能级金融机构落户陆家嘴金融城。张江片区则需要进一步围绕产业与科技两大关键词，以制度创新促进科技创新，加快打造多层次各具特色的科创集聚区，不断拓展国际国内科技创新协同网络，不断提升全球科技创新资源配置能力。世博片区则需要以国际经济组织集聚区、跨国公司集聚区、央企总部集聚区、世博文化演艺集聚区"四个集聚区"为抓手，深化改革发展工作，全面建设"商务会展功能凸显、总部企业机构集聚、文化休闲空间多样、国际交流丰富多元"的世界级中央公共活动区。

未来，上海自贸试验区将坚持按照党中央、国务院决策部署，以实施自由贸易试验区提升战略为契机，持续推进制度创新以及在全国的复制推广工

作，推动上海自贸试验区及临港新片区建设再上新台阶，为中国式现代化探路破局，继续当好改革开放的"排头兵"和"风向标"。

## 参考文献

陈雨康：《上海自贸区十周年：制度创新"头雁"任重道远》，《证券时报》2023 年 9 月 29 日。

缪晓琴：《上海自贸区十周年：从当好改革开放"试验田"到争做中国式现代化"高产田"》，《中国经济导报》2023 年 9 月 19 日。

丁梁、陈加辉：《上海自由贸易试验区金融开放创新举措及其可复制性研究》，《时代经贸》2022 年第 3 期。

陈燕和、王江：《上海自贸区制度创新成效与问题分析》，《上海商学院学报》2017 年第 6 期。

# 创 新 浦 东

## B.8
## 浦东新区创新发展路径研究：以科创
## 企业为枢纽促进创新生产要素协同

韩定夺*

**摘　要：**　"自主创新发展的时代标杆"是浦东新区"社会主义现代化建设引领区"的五大战略定位之一，创新发展需要创新生产要素的高度协同。创新生产要素的协同包括将不同种类创新生产要素纳入同一个企业的互补型协同，以及同类创新生产要素之间通过市场竞争实现适度配置的替代型协同。本文分析了创新生产要素协同的三种模式：中关村模式，通过政府补贴已存在科技企业，可称为"补贴模式"；合肥模式，通过国有资本投资战略性新兴产业链龙头企业，可称为"产投模式"，硅谷模式，通过风险投资基金投资科技创业型企业，可称为"创投模式"。本文比较分析了三种模式的适用性，为浦东新区以科创企业为枢纽促进创新生产要素协同提供了相关路径建议。

**关键词：**　科创企业　要素协同　自主创新　创新发展路径　浦东新区

＊ 韩定夺，上海社会科学院经济研究所博士研究生，研究方向为经济增长与高质量发展。

党的十八大以来，习近平总书记一直强调"发展是第一要务，创新是第一动力，是建设现代化经济体系的战略支撑"。这是对创新重要地位和作用的深刻认识和把握。"自主创新发展的时代标杆"是党中央、国家对浦东社会主义现代化建设引领区的五大战略定位之一，创新发展是浦东新区建成现代化经济体系，实现高质量发展必须实现的目标。

熊彼特在《经济发展理论》中认为，创新的本质是执行新的生产要素组合，推进经济内涵式发展。创新是一种特殊的生产活动，因此，一方面，创新具备生产活动的一般特性，需要生产要素的投入；另一方面，创新生产具有自身的特殊性，需要创新生产要素的高度协同。

# 一　浦东新区创新发展的背景

2013 年 9 月，习近平总书记在十八届中央政治局第九次集体学习时指出："创新驱动是形势所迫。我国经济总量已跃居世界第二位，社会生产力、综合国力、科技实力迈上了一个新的大台阶。同时，我国发展中不平衡、不协调、不可持续问题依然突出，人口、资源、环境压力越来越大。我国现代化涉及十几亿人，走全靠要素驱动的老路难以为继。物质资源必然越用越少，而科技和人才却会越用越多，因此我们必须及早转入创新驱动发展轨道，把科技创新潜力更好释放出来。"2015 年 10 月，习近平总书记在党的十八届五中全会第二次全体会议上指出："新一轮科技革命带来的是更加激烈的科技竞争，如果科技创新搞不上去，发展动力就不可能实现转换，我们在全球经济竞争中就会处于下风。为此，我们必须把创新作为引领发展的第一动力。"

改革开放以来，中国曾探索出并有效地运行了以地方政府竞争为主要动力、基础设施投资与产业园区建设为主要途径、劳动力转移和技术引进为支撑、出口导向以及城镇化建设为最终需求的要素推动型经济增长模式，实现了四十余年的经济高速增长。但是，我国也面临一些问题与挑战。

第一，随着资本积累，资本边际报酬递减，我国基础设施投资带来的经济效益逐渐减少，产业园区建设也出现产能过剩问题。第二，随着"刘易斯拐点"的到来，农业部门劳动力向非农部门转移逐渐变得困难，且人口增长速度下降，导致劳动力投入的增加受到了现实的强约束。第三，随着我国科技水平的提高，以及国际竞争的加剧，我国向国外进行技术引进也受到越来越多的约束。第四，国际竞争导致逆全球化趋势，贸易保护主义盛行，我国出口需求面临较大下行压力。第五，随着城镇化水平的提高，我国以房地产业为代表的传统内需也面临增长瓶颈。

世界经济论坛构建全球竞争力指数评价世界各国全球竞争力时，将各国划分为要素驱动、效率驱动和创新驱动三个发展类型，我国处在由效率驱动向创新驱动类型转变的阶段。如今，我国经济增长模式处于转型换挡期，自主创新的需求越来越迫切，但尚未探索出成熟完善的创新发展模式。

浦东新区作为社会主义现代化建设引领区，承担着为全国探索创新发展模式的重任。党和国家赋予浦东新区社会主义现代化建设引领区的地位，其战略定位就包括了"自主创新发展的时代标杆"，希望浦东"充分发挥新型举国体制的制度优势和超大规模市场优势，找准政府和市场在推动科技创新、提升产业链水平中的着力点，建设国际科技创新中心核心区，增强自主创新能力，强化高端产业引领功能，带动全国产业链升级，提升全球影响力"。这就是交付给浦东新区为创新发展进行探索试验，寻找出成熟完善可靠的创新发展路径的重任，要求浦东新区为我国经济发展方式由要素驱动向创新驱动转变提供可供全国推广的经验，树立新时代的标杆。

## 二 创新生产要素协同的内涵

创新生产要素协同具有深刻的经济学内涵。传统意义上的协同创新，首先具有管理学与组织理论内涵。内部协同创新是在企业等单一产业主体内部，技术、市场、战略、文化、制度、组织、管理等不同的企业内部资源之间，相互协同，提高资源互动效率，促进单一主体内部创新的活动。外部协同创新是在不同产业主体之间相互协同，促进整个产业的创新活动。外部协同创新又可以根据协同媒介的不同，分为横向协同创新和纵向协同创新。横向协同创新是指以单一产品为媒介，同一大类产业中不同细分产业主体间依据自身资源禀赋优势，相互协同，实现产品创新的活动。纵向协同创新是指以复合型产品为媒介，同一产业链上的不同企业相互协同，创新各自子产品或改变子产品成为最终复合产品、实现复合产品创新的活动。但是，当将创新发展作为一种经济发展方式时，创新在本质上是一种经济生产活动，就具有了经济学内涵。创新生产活动所需要的生产要素，既有一般生产活动所需的资本、土地等传统生产要素，还有人力资本、数据、技术等新型生产要素。在创新生产中，不同生产要素之间，尤其是人力资本、数据、技术等新型生产要素与资本、土地等传统生产要素之间具有较强的互补性，而同种类型生产要素自身之间存在替代性。只有根据生产要素之间的互补性与替代性，合理配置生产要素，使生产要素在创新生产中相互协调，才能实现有效率的创新生产，这就使得协同创新发展具有了创新生产要素协同的内涵。可以称新型生产要素与传统生产要素之间互补性的协调为互补型协同，同种类型生产要素之间替代性的协调为替代型协同。

创新生产要素互补型协同实现的一种重要路径是通过企业实现不同类型创新生产要素的结合。科斯定理表明，在产权完全明晰、交易中无摩擦存在、交易成本为零的理想情况下，市场均衡一定能够实现怕累托最优。但现实中，上述理想状态是不存在的。在存在交易成本的情况下，将生产要素纳入一个经济主体内组成企业，是现代社会中组织社会生产的有效方式。一定条件下，在企业内部进行资源配置可以降低交易成本，提高效率。不同于常规的生产活动，创新是一种特殊类型的生产活动，创新的特殊之处在于创新是生产要素新的组合方式，创新所需要的新型生产要素与传统生产要素往往天然地从属于不同的经济主体，如在大多数情况下，新知识、新技术由学术机构、科研机构等创造，而资本、土地等由传统要素所有者所有。不同经济主体所面临的约束不同，导致其利益取向也有所不同，这就要求不同要素所有者之间通过交易来协调其利益取向，实现生产要素的协同。创新生产具有知识、资本的密集性，因此，在创新过程中，不同生产要素之间的协同互动是高强度的，也就导致不同要素所有者之间的利益协调是密集的，这进而导致如果通过市场实现这些交易，交易摩擦将会很多，交易成本将会很大。将这些交易纳入一个企业内部，将会有效降低交易成本，从而实现创新生产要素的互补型协同。

创新生产要素替代型协同实现的重要路径是通过市场竞争实现同种类型创新生产要素的适度配置。同种类型的生产要素之间有较强的同质性，因此具有较强的替代性。当存在较多具有较强互补性的交易对象时，市场交易的摩擦将会减少，交易成本将会降低。同时，市场将通过价格机制，指示同种生产要素的市场均衡位置，为生产要素的适度配置提供信号，避免同种类型生产要素过度配置或过度短缺状况的出现，并且筛选出同种类型生产要素中具有差异性、竞争力较强的生产要素。这种市场竞争，是生产要素市场的竞争。创新生产中，新知识、新技术、人力资本等新型生产要素互相竞争与传统型生产要素结合的机会，资本等传统生产要素竞争与新型生产要素结合的机会，从而实现创新生产要素的替代型协同。

通过企业实现创新生产要素互补型协同与通过市场竞争实现创新型生产要素替代型协同有机结合的一种路径是以新设立的科技型创业企业为枢纽。首先，新设立科技型创业企业的过程可以将不同类型生产要素纳入同一家企业内部进行配置，实现不同类型生产要素的互补型协同。可以采用的方式是，一种生产要素的所有者向另一种生产要素所有者购买其生产要素，如雇佣劳动力或借贷资本。由于创新活动面临更大的不确定性，在不同生产要素通过交易实现协同的过程中，需要价格机制发挥关键作用，但这一过程因为定价不确定性的存在而变得困难，因此使得一种要素所有者购买另一种要素所有者提供的要素服务的交易难以发生。这时，就需要一种新的机制来实现创新生产中的生产要素协同，新设立创业企业就是这样一种有效的机制。新知识、新技术、人力资本的所有者与资本、土地的所有者，以股份制的形式，共同出资设立创业企业，共同承担企业发展的不确定性与未来收益索取权，从而将各自拥有的生产要素进行组合，实现创新生产要素的高效配置。新型生产要素和传统生产要素所有者共同设立创业企业，以股权的方式将企业未来的剩余索取权进行分配，以企业的未来价值为协调枢纽，实现生产要素之间的协同，从而规避了必须通过定价交易来实现要素协同。其次，新设立众多科技型创业企业的过程，可以建立有效的创新生产要素市场，实现同种类型生产要素的替代型协同。在创业科技型企业融资和再融资等过程中，众多新设立的科技型创业企业之间将会互相竞争同种类型的生产要素，从而建立起生产要素市场，实现替代型协同。

因此，总的来说，创新生产要素协同的内涵，是以新设立科技型创业企业为枢纽，突破创新发展的瓶颈，赋予其协同创新的强劲动力。通过新设立科技型创业企业，实现技术、数据、人力资本等新型生产要素与资本、劳动力、土地等传统生产要素的高强度互补型协同，在科创企业内，降低不同生产要素间的交易成本。同时，通过新设立科技型创业企业的形式，在创业企业的融资过程中，建立同种类型生产要素之间的市场竞争机制，实现同种创新生产要素的替代型协同，从而实现创新资源的高效配置，提高创新生产的效率，促进经济发展模式向可持续的创新发展模式转变。

# 三 创新生产要素协同促进协同创新发展经验分析

## （一）中关村模式

中关村是中国第一个国家级高新技术产业开发区、第一个国家自主创新示范区、第一个国家级人才特区，也是京津石高新技术产业带的核心园区。中关村科技园是我国体制机制创新的试验田，被誉为"中国硅谷"。经过20多年的发展建设，已经聚集以联想、百度、京东为代表的高新技术企业近2万家，形成了下一代互联网、移动互联网和新一代移动通信、卫星应用、生物和健康、节能环保、轨道交通等六大优势产业集群，集成电路、新材料、高端装备与通用航空、新能源和新能源汽车等四大潜力产业集群以及高端发展的现代服务业，构建了"一区多园"各具特色的发展格局，成为首都跨行政区的高端产业功能区。

中关村也拥有丰富的人力资本、新知识、新技术等新型生产要素资源。中关村科技园区是我国科教智力和人才资源最为密集的区域，拥有以北京大学、清华大学为代表的高等院校近 41 所，以中国科学院为代表的国家（北京市）级科研院所 206 家；拥有国家重点实验室 67 个、国家工程研究中心 27 个、国家工程技术研究中心 28 个、国家重点实验室 42 个、国家级企业技术中心 10 个、大学科技园 26 家、留学人员创业园 34 家。

中关村也拥有丰富的资本等传统生产要素资源，尤其是拥有大量的政府公共资本。据统计，2022 年，中关村推出了"1+5"系列资金支持政策，以"中关村国家自主创新示范区"为引领，包括了"提升企业创新能力支持资金""促进科技金融深度融合发展支持资金""促进园区高质量发展支持资金""优化创业生态环境支持资金""提升国际化发展水平支持资金"等 5 项补贴资金，有 14 个支持方向，包含 59 项支持内容，补贴金额从 20 万元到 5000 万元不等。2019 年中关村财政补贴支出资金 23 亿元，占当年财政拨款支出的 98%；2020 年中关村财政补贴支出资金 18 亿元，占当年财政拨款支出的 97%；2021 年中关村财政补贴支出资金 11 亿元，占当年财政拨款支出的 96%；2022 年中关村财政补贴支出资金 23 亿元，占当年财政拨款支出的 98%。

中关村以财政补贴科技型创业企业的模式，进行创新生产要素的协同。中关村丰富的人力资本、新知识、新技术等新型生产要素与丰富的政府公共资本等传统生产要素，也通过大量的创业企业实现了互补型协同。但政府补贴往往是一次性的，一家创业企业的某项创新获得过一次政府补贴后，就失去了再次获得补贴的机会，这就使得新型生产要素所有者与传统生产要素所有者之间的博弈变成了单次博弈，导致博弈中容易出现道德风险与隐藏行动，陷入"囚徒困境"，同种类型的生产要素之间失去了有效竞争的市场机制。章元等的研究表明，政府补贴被企业更多地用于购买技术，而不是进行自主创新，政府补贴仅对企业有短期的创新激励作用，长期激励作用不显著[①]。因此，财政补贴科技型创业企业的模式，不能很好地实现创新生产要素的替代型协同。

## （二）合肥模式

从 2012 年到 2022 年，一度被视为发展相对滞后的合肥市 GDP 平均每年增长超过 8%，成为近十年我国主要经济强市中 GDP 增幅最大的城市，目前合肥城镇居民人均可支配收入已超过全国平均水平。20 年间，合肥从一个三线城市跃升为城市发展的新标杆。合肥培育出了高端制造、电动汽车、生物技术和半导体等产业，相关战略性新兴产业目前占据合肥市工业总产值的 56% 以上，对全市工业增长贡献率达 78%。受益于京东方、长鑫存储、蔚来汽车等重大项目带动，合肥逐步形成 3 个国家级、7 个省级、10 个市级战略性新兴产业集群，其中，新型显示器件、集成电路、人工智能三大产业已于 2020 年入选首批国家战略性新兴产业集群名单。

合肥同样首先拥有丰富的人力资本、新知识、新技术等新型生产要素禀赋。合肥是综合性国家科学中心，有中科大和 12 个中国科学院研究所。全国已经建成和正在建设的 38 个大科学装置当中，有 8 个在合肥，这是一个科学家云集的城市。作为国家科技创新型试点城市以及综合性国家科学中心，合肥的科教资源十分丰富，于是拥有那么多的世界级科创企业。合肥最持久的投资是中国科学技术大学，以中国科学技术大学为核心，合肥拥有 7 个国家级研究所，建设了 30 多个设备优良的重点实验室、研究中心以及 10 多个大型技术物理实验平台。

合肥市国资委下属合肥兴泰金融控股（集团）有限公司、合肥产业投资控股（集团）有限公司、合肥建设投资控股（集团）有限公司三大国资平台，为合肥提供了丰富的资本等传统生产要素。截至"十三五"时期末，

---

① 章元、程郁、佘国满：《政府补贴能否促进高新技术企业的自主创新？——来自中关村的证据》，《金融研究》2018 年第 10 期，第 123~140 页。

合肥国资累计向战略性新兴产业项目投资超 1200 亿元，带动项目总投资超 4500 亿元，带动上下游产业链总投资近 5000 亿元。

合肥通过战略性新兴产业的产业链头部企业，实现了创新生产要素的协同。首先，合肥通过中国科学技术大学等研究型高校与科研机构丰富的人力资本要素的支持，进行科学判断，掌握了战略性新兴产业的发展规律，找准了产业方向。这同时意味着排除了很多非战略性新兴产业的方向，这是对新技术、新知识等新型生产要素的一种理性配置。如果没有大量科学家的智力支持，合肥很难如此精准且领先地找到战略性新兴产业发展的方向。在战略性新兴产业已经于国际上有迹可循的前提之下，合肥通过其丰富的科学家资源，实现了新型生产要素的替代型协同。而中国地方政府之间的竞争机制①，实现了资本、土地等传统生产要素的替代型协同。其次，合肥着力于战略性新兴产业链的头部企业，围绕产业链进行大手笔的国有资本产业投入。根据资本等传统生产要素的分布情况，合肥合理地将丰富的国有资本与新型生产要素相互结合，实现了传统生产要素与新型生产要素的互补型协同。

### （三）硅谷模式

硅谷是全球科技创新创业的代表性地区，是美国乃至全球的科技创新中心。半导体、计算机、互联网等信息技术及应用在硅谷从实验室走向社会。硅谷所进行的产业创新引领了全球信息技术革命浪潮，半导体集成电路产业的英特尔、AMD，计算机产业的苹果公司、惠普公司，数据库产业的甲骨文公司，网络通信设备产业的思科公司、3Com，互联网应用产业的谷歌、脸书、雅虎等高科技公司均诞生于硅谷。硅谷的这些科创型创业企业，不仅使美国在全球技术革命浪潮中获得领先地位，极大地增强了美国的国家竞争力，使得信息技术产业成为美国的支柱产业，有力地推动了美国的经济发展，而且为全球的经济社会发展做出了巨大贡献，改变了人类的工作和生活

---

① 周黎安：《中国地方官员的晋升锦标赛模式研究》，《经济研究》2007 年第 7 期，第 36~50 页。

方式。

硅谷具有丰富的人力资本、新知识、新技术等新型生产要素资源。硅谷是美国高科技人才的集中地，更是美国信息产业人才的集中地。硅谷集中的科技人员达 100 万人以上，美国科学院院士在硅谷任职的有近千人。硅谷拥有丰富的新型生产要素的最重要原因，是拥有高水平的研究型大学斯坦福大学和加州大学伯克利分校。斯坦福大学和加州大学伯克利分校都拥有诺贝尔奖得主、美国科学院院士、美国国家工程院院士、美国文理科学院院士、美国国家科学奖章得主、图灵奖得主及菲尔兹奖得主等科研人员。斯坦福大学和加州大学伯克利分校的科学家和工程技术人员创造了硅谷，从而被誉为"硅谷的心脏"。没有斯坦福大学和加州大学伯克利分校就没有硅谷，或者更确切地说，没有丰富的人力资本、新知识、新技术，就没有硅谷。

硅谷拥有丰富的资本等传统生产要素资源，尤其是拥有大量的风险投资资本。硅谷聚集了全球最大、最多的风险投资公司，红杉资本、凯鹏华盈、IDG 资本、经纬创投和高盛等金融公司都位于硅谷。硅谷是全美国风险投资最集中的地区，占了美国风险投资金额的四成左右，从 2002 年到 2013 年，每年投到硅谷的风险投资资金都为 100 亿美元以上。2014 年之后，全球风险投资升温，每年投到硅谷的资金接近 200 亿美元。2020 年，硅谷风险投资金额突破了 200 亿美元，2021 年更是突破了 400 亿美元。

硅谷以投资科技型创业企业的模式，进行创新生产要素的协同。拥有丰富的人力资本、新知识、新技术以及丰富的风险投资资本等创新生产要素，并不一定就能实现创新发展，更为关键的是硅谷以风险投资科技型创业公司为主要机制实现了创新生产要素的高效协同。政府、企业、大学、研究机构、培训机构、风险投资中心、银行与非银行金融机构、资本市场等都是硅谷创新网络的重要组成要素。科技型创业公司为这些要素之间的协同提供了链接纽带，使硅谷成为试验新想法、打造新产品最肥沃的土壤。硅谷不仅仅是惠普、苹果、雅虎、英特尔公司等几十家成功公司的诞生地，还孕育了成千上万家创业公司。这些创业公司，首先通过股权融资的方式，将斯坦福大学与加州大学伯克利分校里的科学家、工程师等掌握的新知识、新技术等新型生产要素与风险投资机构里的风险投资资本等传统生产要素结合在一起，共同承担创新的不确定性风险，实现了传统生产要素与新型生产要素的互补型协同。其次通过再融资这一激励机制，使得传统要素所有者与新型要素所有者之间展开多次博弈，有效地避免了单次博弈的"囚徒困境"问题。为获取风险投资者的再投资，科研人员之间会出现互相竞争，而为获取科研人员的再融资，风险投资者之间也会相互竞争，因此同种生产要素内部会出现激烈的相互竞争，从而实现同种生产要素内部的替代型协同。通过以上的互补型协同和替代型协同，风险投资型创业公司实现了创新生产中传统生产要素与新型生产要素的高效率协同，大大提高了创新生产的效率。

### （四）三种模式的比较

通过对中关村、合肥、硅谷的分析，可以发现，三者都拥有丰富的人力资本、新知识、新技术等新型生产要素以及传统资本、土地等传统生产要素，这些共同组成了丰富的创新生产要素。由此可以知道，丰富的创新生产要素，是实现创新发展的必要条件。

而三者的传统资本具有不同的形式，中关村的传统资本为政府补贴资金，合肥的传统资本为政府产业投资基金，硅谷的传统资本为风险投资资本。

中关村模式以已设立的科技型创业企业为枢纽，通过政府对科技型企业进行创新补贴的机制，实现了创新生产要素的互补型协同，但因缺乏有效的市场竞争机制，创新生产要素的替代型协同效率较低，可以将中关村模式概括为"补贴模式"。

合肥模式以战略性新兴产业链的头部企业为枢纽，在有效获取产业发展规律的基础上，通过地方国有资本围绕产业链头部企业进行股权投资的机制，实现了创新型生产要素的互补型协同与替代型协同，可以将合肥模式概括为"产投模式"。

硅谷模式以科技型创业企业为枢纽。创业企业的风险融资机制有效地配置了丰富的新型生产要素与传统生产要素，实现了创新生产要素的互补型协同与替代型协同，可以将硅谷模式概括为"创投模式"。

中关村的"补贴模式"比较适用于创新生产要素非常稀缺之时。此时，稀缺性导致创新生产要素的替代型协同需求不太迫切，因此通过政府补贴的模式，缓解创新生产要素的稀缺性，实现其互补型协同，就能使创新生产效率得到有效提高。合肥的"产投模式"比较适用于产业发展前景比较明确，进行追赶式创新的情况。此时，创新生产要素尽管已不那么稀缺，但由于前沿技术的存在，创新生产要素的替代型协同可以通过已有的非市场来源信息实现，因此也能实现创新生产要素的有效协同。硅谷的"创投模式"是进行前沿式创新的有效模式。前沿式创新是无路可循的，只有经历大量的试错，才能实现创新突破，因此只有通过风险投资机制，激发大量原创性创新型创业企业的设立以及大量创业企业通过融资市场的竞争，才能实现创新生产要素的协同。

## 四　以提升浦东新区创新生产要素协同促进浦东新区创新发展的政策建议

### （一）增加新型生产要素供给，丰富新型生产要素禀赋

浦东新区应通过引进或创办高水平研究型大学、科研机构，以及扩大现有高水平研究型大学的招生规模，实现人力资本、新技术、新知识等新型生产要素集聚。

浦东新区缺乏高水平研究型大学，科研机构较少，导致新技术、新知识、人力资本等新型生产要素供给不足。截至2022年底，浦东新区聚集了上海科技大学、上海海洋大学、上海中医药大学、复旦大学张江校区、中国科学院上海高等研究院、张江实验室等研究机构。但相比建设"自主创新时代标杆"所需的新型生产要素，还有很大的差距。浦东新区应引进成

建制的高水平研究型大学作为建设"自主创新时代标杆"的创新要素支撑。同时应在现有基础上扩大上海科技大学、复旦大学张江校区等高水平研究型高校招生规模，吸纳海外研究型人才，提高高等教育水平。

## （二）激发国有资本活力，转变国有资本运作机制

浦东新区拥有丰富的国有资本，但浦东国有资本运作机制仍偏重于传统的公用型国有企业或基建型产业园区开发集团等。浦东新区应激发国有资本活力，将更多国有资本投入创新发展之中。通过设立国资创投基金的模式，将国有资本引入科技创新生产之中。

## （三）以科技创业型企业为枢纽，实现创新生产要素的高效协同

浦东新区应同时借鉴吸收硅谷的"创投模式"与合肥的"产投模式"，立体式地实现创新生产要素的高效协同。一方面，学习硅谷的"创投模式"，建立完善成熟的风险投资市场机制，通过科技型创业企业实现向前沿式创新发展方式的探索；另一方面，借鉴合肥的"产投模式"，利用国有资本的体量优势，聚焦战略性创新产业链的头部企业，实现战略性创新产业的追赶式创新。

**参考文献**

习近平：《高举中国特色社会主义伟大旗帜　为全面建设社会主义现代化国家而团结奋斗》，人民出版社，2022。

习近平：《习近平关于科技创新论述摘编》，中央文献出版社，2016。

陈劲、阳银娟：《协同创新的理论基础与内涵》，《科学学研究》2012年第2期。

熊励、孙友霞、蒋定福等：《协同创新研究综述——基于实现途径视角》，《科技管理研究》2011年第14期。

章元、程郁、佘国满：《政府补贴能否促进高新技术企业的自主创新？——来自中关村的证据》，《金融研究》2018年第10期。

周黎安：《中国地方官员的晋升锦标赛模式研究》，《经济研究》2007年第7期。

Coase R. H. , "The Problem of Social Cost", *Journal of Law and Economics*, 1960.

Coase R. H. , "The Nature of the Firm", *Economica*, 1937.

Schumpeter J. A. , "The Theory of Economic Development: An Inquiry into Profits", *Capita I, Credit, Interest, and the Business Cycle*, 2017.

# B.9
# 浦东人工智能产业发展的
# 现状、经验和建议

谢婼青*

**摘　要：**　随着通用图像生成技术和 ChatGPT 的出现，2023 年通用人工智能发展迅猛。人工智能是新一轮科技革命和产业变革的重要驱动力量，浦东新区是全国首个人工智能创新应用先导区。本文首先梳理浦东人工智能产业发展的现状，认为浦东在人工智能技术突破、制度创新、产业发展、生态建设等领域取得一系列成效。浦东人工智能产业正呈现集聚和引领发展的态势，以人工智能技术驱动社会经济高质量发展变革的效应逐步显现。其次，本文从前沿技术引领、产业集聚高地、创新应用示范、体制机制探索等四个方面展开，讨论国家级人工智能先导区的建设情况。浦东利用国家战略赋予的政策优势，加快推进人工智能应用创新和产业发展，形成可复制可推广的经验和做法。最后，本文针对浦东人工智能产业的未来发展提出相应的政策建议和展望，为打造具有示范引领效应的人工智能创新发展"上海·浦东方案"提供研究支持。

**关键词：**　浦东新区　人工智能　产业发展

　　近年来，人工智能发展迅猛，被誉为人类的第四次工业革命，尤其是当前以通用人工智能（Artificial General Intelligence，AGI）为代表的人工智能技术变革进入加速发展的快车道，成为新时代推动经济社会发展的新引擎。

---

　　＊　谢婼青，经济学博士，上海社会科学院经济研究所、数量经济研究中心助理研究员，主要研究方向为经济统计与综合评价、数字金融与科技创新。

习近平总书记在党的二十大报告中指出，要推动战略性新兴产业融合集群发展，构建人工智能等一批新的增长引擎。浦东新区作为全国首个人工智能创新应用先导区，利用国家战略赋予的政策优势，打造上海人工智能产业发展高地，引领人工智能世界级产业集群建设。

2021 年 7 月，《中共中央 国务院关于支持浦东新区高水平改革开放打造社会主义现代化建设引领区的意见》指出，加快建设张江综合性国家科学中心，聚焦人工智能等领域，加快推进国家实验室建设，推动超大规模开放算力、智能汽车研发应用创新平台落户。上海以浦东新区为基础，创建国家级人工智能先导区，加快推进人工智能应用创新和产业发展，加快形成可复制可推广的案例、经验与行业标准，打造具有示范引领效应的人工智能创新发展"上海·浦东方案"。本文旨在梳理浦东人工智能产业发展的现状，尤其是国家级人工智能先导区的建设情况，总结可复制可推广的经验，并提出相应的政策建议。

## 一 浦东人工智能产业发展现状和政策推动

随着通用图像生成技术和通用 NLP（ChatGPT）的横空出世，通用人工智能在 2023 年上半年发展迅猛。我国人工智能产业发展以 2017 年国务院发布《关于印发新一代人工智能发展规划的通知》为标志，发展至今，人工智能产业"上海高地"逐渐形成。2022 年 9 月，《上海市促进人工智能产业发展条例》发布，成为全国首部促进人工智能产业发展的省级地方性法规。浦东新区作为人工智能产业发展的创新应用先导者，为推进上海人工智能产业的发展贡献了重要力量。

2019 年，浦东新区全国首个人工智能创新应用先导区揭牌。四年来，浦东新区在人工智能技术突破、制度创新、产业发展、生态建设等领域取得了一系列成效，围绕基础支撑、科技创新、前瞻布局等方面积极推动人工智能产业的发展。截至 2022 年底，全区人工智能重点企业超 600 家，规模以上人工智能企业规模超 1200 亿元，浦东人工智能产业正呈现集聚和引领发展的态势，以人工智能技术驱动社会经济高质量发展变革的效应逐步显现。

**（一）发展现状**

人工智能产业链是典型的分层结构，一般分为基础设施层、技术创新层和应用场景层。在基础设施层面，浦东落地建设了上海数据交易所。上海数据交易所于2021年11月25日揭牌，2023年1月3日正式运营，已在制度体系、系统支持、交易服务等方面取得阶段性成果。截至2023年6月，上海数据交易所内累计挂牌数据产品数量超1200个，交易额超2.7亿元。上海数据交易所作为一家国家级数据交易机构，构建起数据产业链生态，培育了数据经纪、合规审核、资产评估、数据交付等"数商体系"，为人工智能产业发展提供了"大算力+大数据+强算法"的底层支撑。算力方面，浦东已建成亚洲最大的AI超算中心，可输出总算力能力5000P，累计建成5G室外基站超19000个，已建和在建互联网数据中心机架数达30万架，算力数据"新供给"国内领先。

在技术创新层面，浦东前沿科技的新成果不断涌现。芯片领域，浦东新区在智能芯片设计与研发领域表现突出，人工智能芯片产业蓬勃发展。浦东拥有完整的半导体产业链，从芯片设计到芯片制造、封装、测试，在硬件端拥有完整且成熟的生态体系。浦东高性能云端训练芯片等16种"智能芯"实现流片量产，占全市比重约70%。2020年，紫光展锐正式发布旗下新一代5G SoC移动平台——虎贲T7520，该产品不仅采用6nm EUV制程工艺，还集成了新一代NPU，拥有业界领先的移动端AI商用成熟度。上海平头哥半导体有限公司发布的全球最高性能AI芯片——含光800，在业界标准的ResNet-50测试中，推理性能比目前业界最好的AI芯片性能高4倍，能效比是第二名的3.3倍；新发布的"玄铁910"是全球首个采用RISC-V架构的64位AI处理器内核。大模型领域，达观数据研发的垂直、专用、自主可控的国产版GPT"曹植"大语言模型系统，结合先进的自然语言处理（NLP）、智能文档处理（IDP）、光学字符识别（OCR）、机器人流程自动化（RPA）、知识图谱等技术，不仅能实现专业领域的AIGC智能化应用，还可以内置在客户各类业务系统中提供专用服务，在垂直领域内的理解和生成的任务上都达到了很好的效果。云从科技的"云从从容大模型"已经经过多次迭代和优化，成为一个可高度定制的大模型底座。

在应用场景层面，浦东推动建设张江人工智能岛、张江机器人谷、张江数链、金桥5G产业生态园、"张江在线"在线新经济生态园、上海集成电路设计产业园、东方芯港等人工智能特色产业集群示范区。张江人工智能岛于2020年正式入选上海首批人工智能示范应用场景。作为人工智能产业生态的聚集地，张江人工智能岛鼓励企业上岛"试验"，把最具代表性的AI企业核心技术和产品与园区的安防、保洁、监测、绿化养护等结合。张江人工智能岛不仅是国内首个"5G+AI"全场景商用示范园区，也是上海市首批"AI+园区"试点应用场景，为浦东人工智能产业高质量发展提供空间保障。张江机器人谷是上海重要的机器人产业集聚地，集合了全球领先的机器人。目前，谷内已入驻ABB微创手术机器人、傅利叶康复机器人、钛米消毒机器人、擎刚特种机器人、拓攻无人机等国内外150家机器人细分领域头部企业，并与上海交通大学、哈尔滨工业大学、华东理工大学等打造联合实验室，将建成全国乃至全球机器人领域技术创新能极强、产业链完整的区域。在浦东金桥，智能网联汽车开放测试道路获批，是国内首条中心城区自动驾驶开放测试道路。2020年4月，上海集成电路设计产业园在张江正式开园，实现覆盖设计、制造、封测、材料的全产业链布局，以强大算力驱动AI赋能产业，推动AI产业化加速向产业AI化迈进。

## （二）政策推动

浦东率先推动数据要素、元宇宙、智能网联汽车、机器人等前沿领域和未来产业"新赛道"布局，培育发展动能。2022年2月，浦东推出人工智能赋能经济数字化转型三年行动方案，提出了5大工程23项任务，聚焦人工智能、大数据、云计算、5G、区块链等新一代信息技术与实体经济的深度融合，面向智能制造、智慧医疗、智能交通、智慧商业、智慧航运、金融科技、智慧农业、赋能平台等领域，强调推动人工智能等数字技术在全行业的应用。同年 9 月，浦东新区开展 2022 年度人工智能赋能经济数字化转型高质量发展专项支持工作，推进建设人工智能世界级产业集群。2023 年 3 月，浦东正式发布国内首部针对无人驾驶智能网联汽车创新应用的地方性法规《上海市浦东新区促进无驾驶人智能网联汽车创新应用规定实施细则》，为无人驾驶智能网联汽车在临港新片区开展道路测试、示范应用、示范运营和商业化运营提供法律依据，使得无人驾驶智能网联汽车有法可依。2023 年 5 月，浦东发布《张江数据要素产业集聚区建设三年行动方案（2023～2025 年）》，打造国内首个数据要素产业集聚区，构建"一核三园两港"数据要素产业发展空间布局，这是完善数据要素市场体系、活跃数据要素产业生态的重要一环。2023 年 7 月，在 2023 世界人工智能大会浦东论坛上浦东新区发布了 2023 年浦东人工智能十大创新技术等阶段性成果，同时针对产业未来发展发布产业数字化跃升（GID）三年行动计划及首批链主企业。表 1 梳理了近年来浦东在人工智能产业发展方面的政策支持。

**表 1　浦东人工智能产业发展方面的支持政策**

| 时间 | 政策 | 核心内容 |
| --- | --- | --- |
| 2021 年 2 月 | 《浦东新区机器人产业高质量发展三年行动计划(2021～2023 年)》 | 到 2023 年,将浦东建设成为具有全球影响力、国内顶级的机器人产业发展高地,在技术创新、产业空间、企业集聚、应用赋能、生态环境等方面形成竞争优势,总体产业规模达到 500 亿元 |
| 2022 年 2 月 | 《浦东新区人工智能赋能经济数字化转型三年行动方案(2021～2023)》 | 明确到 2023 年,集中突破 50 项关键技术,形成 10 个标志性科技成果,打造 10 个开放创新平台,形成 300 个典型数字化转型应用场景,建成国际领先的人工智能技术创新引领地、经济数字化转型发展示范区 |
| 2022 年 9 月 | 《浦东新区人工智能赋能经济数字化转型高质量发展专项操作细则》 | 支持数字化转型标杆项目,支持数据要素流通,支持服务型制造,加强数据要素市场培育,推进建设人工智能世界级产业集群,进一步促进数字经济和实体经济深度融合 |
| 2023 年 3 月 | 《上海市浦东新区促进无驾驶人智能网联汽车创新应用规定实施细则》 | 明确浦东新区将加快 L4 级别全无人驾驶的商业化落地,为无人驾驶智能网联汽车在临港新片区开展道路测试、示范应用、示范运营和商业化运营等创新应用活动提供法律依据和制度保障 |

续表

| 时间 | 政策 | 核心内容 |
|---|---|---|
| 2023 年 5 月 | 《张江数据要素产业集聚区建设三年行动方案（2023~2025 年）》 | 浦东将构建"一核三园两港"数据要素产业发展空间布局,2025 年,张江要成为全国数据流通交易最活跃、数商企业集中度最高、数据产业发展生态最优的数据要素产业集聚区,数据要素核心产业规模达到 1000 亿元 |
| 2023 年 7 月 | 《浦东新区产业数字化跃升计划（GID）三年行动方案（2023~2025 年）》 | 到 2025 年,浦东将重点聚焦制造、金融、航运、商贸、农业等产业领域培育 30 家 GID 链主企业,打造 10 个数字化平台,建设 100 家智能工厂,汇聚 100 家有影响力数字化服务商,带动 1000 家企业数字化转型 |

## 二 浦东人工智能创新应用先导区建设

人工智能是上海重点发展的三大先导产业之一。为深入贯彻习近平总书记关于建设人工智能创新策源、应用示范、制度供给和人才集聚的"上海高地"指示，引领带动全国人工智能创新发展，上海以浦东新区为基础，创建首个国家级人工智能先导区，加快推进人工智能应用创新和产业发展，加快形成可复制可推广的案例、经验与行业标准，打造具有示范引领效应的人工智能先导区。

上海（浦东新区）人工智能创新应用先导区旨在建成具有国际竞争力的人工智能核心产业集聚区、全国人工智能创新技术和产品应用先行区、人工智能行业标准规范创新策源区，形成全球领先的人工智能创新体系，打造人工智能创新发展"上海·浦东方案"。2022 年 6 月 23 日，工信部下发《关于反馈国家人工智能创新应用先导区建设运行评估结果的通知》，上海（浦东新区）与北京、深圳先导区共同位列评估结果优秀档次，且上海（浦东新区）排名最为靠前。本文从前沿技术引领、产业集聚高地、创新应用示范、体制机制探索等四个方面梳理浦东人工智能创新应用先导区建设的整体情况（见图 1），并总结可复制可推广的经验。

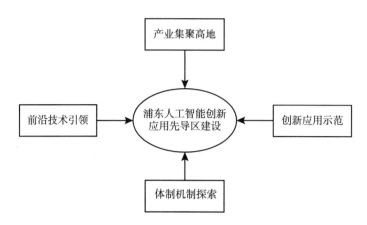

**图1 浦东人工智能创新应用先导区建设的四个方面**

## （一）前沿技术引领

在技术创新上，浦东新区重点推动国产人工智能芯片和集群计算创新，加快人工智能创新产品和技术实现突破。目前，已有一批人工智能企业在关键核心技术上实现阶段性突破。上扬软件（上海）有限公司打造的半导体产线制造执行系统填补了 12 英寸半导体产线 MES 系统国产化空白；曜科智能科技（上海）有限公司"挂帅"项目城市数字孪生一体化基座平台是国内首次融合时空地理信息、三维视觉信息、实时物联感知的数字孪生基座；上海索辰信息科技股份有限公司致力于工业软件，尤其是"卡脖子"的工业仿真软件（CAE）的研发与开发，由其打造的自主工业仿真技术平台在自研工业仿真体系中应用人工智能技术实现数字孪生，处于国内领先地位；燧原科技发布的第二代人工智能训练产品"邃思 2.0"，属于具备完全自主知识产权的 AI 训练芯片之一。

在创新载体方面，浦东高标准建设国家级重点实验室和创新中心载体。目前，已聚集市级以上科技公共服务平台超过 200 个，其中包括建成和在建的 10 个大科学装置项目、4 家研发与转化功能型平台、8 家国家重点实验室、26 家市级重点实验室、9 家国家级工程技术研究中心、80 家市级工程技术研究中心以及 66 家市级专业技术服务平台。国家集成电路创新中心、

IBM Watson Build 创新平台、微软 AI&IoT Insider 实验室、华为 5G 创新中心、百度飞桨人工智能产业赋能中心、默克上海创新基地、红杉数字产业孵化器等全球优质人工智能创新企业和项目在产业前沿和共性关键技术方面加快突破，成为浦东人工智能产业新的增长极。新石器上海研发中心、Realwear 上海总部、富算可信数据开放赋能平台、上海能链众合科技有限公司新设项目等分别与陆家嘴管理局、金桥管理局、张江集团、张江高科等单位签约。在 2023 世界人工智能大会上，上海张江"AI+"超前孵化实验室启动，由百度、张江集团、上海交通大学以及上海科技大学等单位联合发起，是集创新策源、概念验证、技术转化、标杆孵化和战略投资于一体的新型研发机构和高质量硬核技术孵化器。

## （二）产业集聚高地

浦东新区全力推进先导区建设，积极构建协同发展的人工智能创新生态，实现新区人工智能产业突破发展。浦东新区人工智能重点企业超 600 家，约占全市人工智能重点企业数量的 1/3，人工智能相关产业规模超 1200 亿元。浦东人工智能产业基本覆盖人工智能全产业链，正呈现集聚和引领发展的态势。2022 年全年，浦东新区规模以上电子信息制造业产值达到 2736.68 亿元，同比增长 6.0%；规模以上战略性新兴产业（制造业部分）的产值是 6857.57 亿元，同比增长 10.9%，占全区工业总产值比重达 51.2%，比上年提高 2.3 个百分点，其中新一代信息技术产业的产值达 2625.23 亿元，同比增长 10.3%。在规模以上工业企业主要产品中，工业机器人产量达 2.89 万套，同比下降 0.9%，占全市的比重达到 37.6%。

浦东推动张江人工智能岛、张江机器人谷、集成电路设计产业园、金桥 5G 产业生态园、"张江在线"在线新经济生态园、浦东软件园、御桥科创园、东方芯港等特色园区建设，打造人工智能产业大集群。围绕人工智能特色园区，浦东快速形成头部企业、创新企业、创新机构的集聚，有效带动了周边生态的建设和创新载体的转型，从而拉动电子信息制造业、新一代信息技术产业、软件和信息技术服务业的高速增长，实现产、学、研、用、投协调发展和集聚。

张江人工智能岛是上海（浦东新区）人工智能创新应用先导区的核心承载区，不仅是国内首个"5G+AI"全场景商用示范园区，也是上海市首批"AI+园区"试点应用场景，吸引头部企业、创新平台、科研机构以及投融资机构入驻，率先应用最具代表性的人工智能核心技术和代表产品，并与岛上应用场景深度融合。目前，岛上已聚集 IBM 研发总部、微软 AI&IoT Insider 实验室、英飞凌大中华区总部等跨国企业巨头，同济大学上海自主智能无人系统科学中心等科研院所，上海平头哥半导体有限公司、云从科技、黑瞳科技等独角兽企业，张江创业工坊@AIsland、红杉数字智能产业孵化中心、IBM Wastson Build 等人工智能创新中心，实现了人工智能产学研用投等创新链上下游环节的集成。以金桥机器人产业园和张江机器人谷为中心（"一园一谷"），浦东重点建设机器人特色产业园区，辐射周边产业空间，形成承载浦东机器人产业发展的空间载体；建设全球一流的技术创新中心、医疗机器人产业高地、离散智能制造特色产业园区，创新功能服务平台集群，形成跨界融合发展生态。

## （三）创新应用示范

为贯彻落实《关于本市推动新一代人工智能发展的实施意见》，自2019 年至 2021 年，上海市经济和信息化委员会开展了三批上海市人工智能试点应用场景建设工作。浦东新区不断推动人工智能技术赋能工业、交通、金融、医疗等重点行业与领域，成功打造了"AI+制造"、智慧医疗、智慧养老、智慧教育等多个领域的人工智能应用场景。表 2 梳理了浦东新区市级人工智能示范应用场景，覆盖"AI+园区""AI+综合""AI+医疗""AI+交通""AI+制造""AI+商圈""AI+文化旅游""AI+政务"等各领域。

表2　浦东新区人工智能试点应用场景名单

| 序号 | 领域 | 单位名称 | 场景名称 |
|---|---|---|---|
| 上海市第一批人工智能试点应用场景 | | | |
| 1 | "AI+园区" | 张江集团 | 张江人工智能岛 |
| 上海市第二批人工智能试点应用场景 | | | |
| 2 | "AI+综合" | 上海市浦东新区科技和经济委员会 | 浦东新区城市 AI 生活新画卷 |
| 3 | "AI+医疗" | 上海交通大学医学院附属上海儿童医学中心 | 基于人工智能的儿科分级诊疗应用 |
| 4 | "AI+交通" | 上海浦江桥隧运营管理有限公司 | 东海大桥道路运营智能维护 |
| 上海市第三批人工智能试点应用场景 | | | |
| 5 | "AI+制造" | 上海集成电路研发中心有限公司 | 集成电路 AIFab 智能制造与研发优化 |
| 6 | "AI+商圈" | 上海百联商业互联网有限公司 | 世博源人工智能商业应用 |
| 7 | "AI+文化旅游" | 上海滨江森林公园 | AI 智慧公园管理与服务 |
| 8 | "AI+政务" | 上海科创中心海关 | 海关科创智能监管服务 |

资料来源：依据上海市经济和信息化委员会的公开资料整理。

　　张江人工智能岛聚焦构建"园区智脑"，融合 AI、5G、边缘云、物联感知等技术，与园区运行服务深度融合，逐步完善 30 余个人工智能应用场景的部署，为园区管理、园区服务、园区楼宇、园区指挥调度带来了全新的方式。园区构建了"AI+家居""AI+校园""AI+医疗""AI+金融""AI+制造""AI+园区管理" 6 个体验区，通过赋能张江科学城内原有的银行卡产业园、康桥工业园、国际医学园区等，新增"AI+金融科技""AI+精准医学""AI+智能制造"等领域，实现产业之间的跨界融合。

　　"东海大桥道路运营智能维护"项目直面路、桥、隧运营养护痛点，引入 AI 实时感知交通流与设施健康，提升运管效率，降低管控风险。一方面，项目可为传统交通基础设施的智能化升级改造提供指导借鉴，丰富对交通流的感知，有助于优化交通系统，提高交通出行效率；另一方面，实现对东海大桥桥面铺装、路灯状况进行覆盖性周检甚至一天一检，有助于提早发现坑槽等铺装表面病害和损坏路灯，提高东海大桥的服务能力。上述"AI+交通"的试点示范应用，为城市交通智能化提供新的解决方案。

上海滨江森林公园"AI智慧公园管理与服务"场景着力于"AI+文化旅游"，依托5G及政务云，集智慧无人作业、智慧安防、智慧游园、智慧运营的相关应用于一体，建立智慧高效的公园管理及服务应用云平台。通过智慧化的服务、精细化的管理、科学化的决策，从时间、空间、服务形态三个维度提升公园的价值，为公园快速、健康发展提供保障，也为上海智慧文旅提供试点示范作用。

先导区围绕浦东新区产业特色，如工业制造企业、医疗机构、交通行业等，已经在"AI+制造"、智慧医疗、智慧养老、智慧教育等领域打造多个主题人工智能应用场景。在2023世界人工智能大会期间，张江在智慧河上打造了"AI+水面交通"的全新水域交通场景，L4-L5级别的无人船沿着"水上看张江"线路经过张江人工智能岛、张江科学会堂、张江科学之门等，实现码头间的自动驾驶和自主接驳。此外，金桥智能网联汽车城市开放测试道路规划里程30.6公里，成为上海首条中心城区自动驾驶开放测试道路。可以看到，先导区的人工智能应用场景越来越多，未来将不断深入探索，以人工智能技术驱动社会经济高质量发展。

### （四）体制机制探索

在人工智能领域，浦东新区加强制度创新，针对数据确权难、交易合规难、数据资产化难等堵点难点加以研究和突破，加快培育数据要素市场。2021年6月，第十三届全国人大常委会第二十九次会议作出《关于授权上海市人民代表大会及其常务委员会制定浦东新区法规的决定》，为浦东新区高水平改革开放提供法治保障。

浦东在数据资源共享、数据交易、数据开发利用等方面进行立法探索，为人工智能产业的数据要素积累提供强有力支撑。一是数据立法，完善顶层制度设计。立足浦东经济发展、社会治理的需要，充分体现浦东先行先试的特色和高度，2021 年 11 月，《上海市数据条例》通过，其中制定了浦东新区数据改革专章，支持浦东新区高水平改革开放、打造社会主义现代化建设引领区，推进数据权属界定、开放共享、交易流通、监督管理等标准制定和系统建设。支持浦东新区在公共数据深度共享、数据交易所、国际数据港建设、数据跨境流动、产业发展和数字信任体系等方面发挥创新引领作用。二是上海数据交易所落地，提供重要支撑功能。2021 年 11 月，上海数据交易所正式揭牌成立，面向社会提供数据流通，以及合规、高效、透明的数据交易服务。依托上海数据交易所，浦东正加快建设全国首个数据要素产业核心区，积极探索数据资产登记、数据资产入表、"数商培育"等，数据产业发展生态逐步形成。三是数据跨境流通体系引领发展。浦东依托临港新片区打造辐射全球的跨境综合数据枢纽，建设国内首个"跨境数字新型关口"，打造全球数据流通枢纽、新型数据设施、数据流通配置机构、新兴数字产业生态等五层架构，积极开展数据跨境安全有序流动和数字产业有序开放方面的有益探索。

随着浦东新区持续发力人工智能领域，越来越多的浦东人工智能企业积极参与国内各类标准化活动，并活跃在国际舞台上。2021 年落户浦东的上海市人工智能标准化技术委员会，致力于研制新一代人工智能标准体系、元宇宙标准体系，已参与多项国家标准、地方标准、团体标准制定；基于产业应用场景的落地需求，开展人脸识别应用、智能医疗、智能金融、智能制造、智慧城市、智能交通、智能教育等领域的地方标准制定工作；并根据产业发展的需求，开展智能语音处理、自然语言处理、计算机视觉人工智能示范应用技术标准化研究，为人工智能技术的落地应用提供保障。上海燧原科技有限公司围绕人工智能及其应用、安全等，牵头、参与多项国家标准、行业标准以及团体标准的制定。由支付宝（中国）网络技术有限公司、地平线（上海）人工智能技术有限公司等企业牵头、参与制定的多项人工智能领域 ISO、ITU 国际标准，涉及人脸识别、信息安全等各个方面，应用领域不断拓宽。

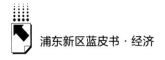

## 三　浦东人工智能产业发展可复制可推广的经验

基于以上研究和分析，本节梳理浦东新区人工智能产业发展可复制可推广的经验和做法。

### （一）打造应用场景，树立示范标杆

浦东建设了一批人工智能示范应用场景。在制造领域，打造了ABB无人工厂数字化制造生态系统，采用数字孪生技术，使管理人员、工程师、操作人员和维护团队都能获得机器学习、人工智能带来的便利，从而提升企业的生产效率。中国联通联合中国商飞打造了"5G智慧工厂"，通过5G高速率、低时延、大连接的网络支撑能力，探索5G技术与民用飞机制造工艺的融合。在医疗领域，以东方医院和上海市第七人民医院为示范，打造智能导诊、医疗机器人、智能药房等应用场景。其中，市第七人民医院的"智慧药房"项目是国内首个以智能机器人为核心的、应用于医疗机构中的"智慧药房"解决方案，将推动浦东医疗健康服务的技术创新和模式创新，实现医疗资源整合和共享，并有力推动"智慧医疗变革"的实现。在养老领域，依托周家渡街道社区综合为老服务中心，以"AI+养老"打造智慧养老示范工程，集成科技设备、配置5G网络环境，构建社区智慧养老数据中心，为社区老人提供生活照料、精神慰藉、健康管理、医疗护理、文教体娱、紧急救助等各类服务，实现老人健康精准管理和个性化服务。在教育领域，以建平中学、新世界实验小学等为场景建设单位，实现智能辅助教学、个性化辅导、学生综合考评等智慧校园建设。在交通领域，通过浦东公交，建设了车辆智慧调度、智能场站等智能化交通运营体系，还在临港新片区启动了东海大桥无人驾驶、道路测试等人工智能技术应用。在临港新片区加快智能网联汽车创新引领区建设，发布《临港新片区智能网联汽车创新引领区总体建设方案》，并向友道智途、图森未来、赛可智能、云骥智行等四家企业的15辆车发放了基于立

法基础的全国首批"无驾驶人路测"牌照和上海首批智能网联公交示范运营牌照。

## （二）推进制度创新，优化行业生态

浦东依托人工智能创新应用先导区建设，推进相关行业的制度创新。开展医疗影像辅助诊断等"揭榜"赛道的工作，依托信通院华东分院、上海市公共卫生中心，推动医疗人工智能产品评价体系构建，在业内取得较大反响，并加快形成相关行业标准。加快人才队伍建设，成立浦东新区人工智能人才联盟，发布了人工智能人才的"浦东标准"，这是全国首个由行业用人单位联合专业机构制定发布的人才评价标准，为人工智能人才分类评价提供依据，引导用人主体和人力资源机构规范行业用人标准，促进人才队伍建设。完善行业组织体系，在上海人工智能发展联盟的基础上，会同浙江、江苏、安徽三省的人工智能联盟、学会和经济信息化研究机构等，组建长三角人工智能发展联盟，联动产业、科技、场景、数据、人才、政策等资源，积极营造长三角人工智能协同发展生态环境。目前，上海人工智能行业协会、全球高校人工智能学术联盟、青年 AI 科学家联盟等行业组织持续运作，为上海人工智能产业发展起到有效支撑。探索知识产权交易创新，设立上海（浦东新区）人工智能知识产权国际交易中心，形成人工智能知识产权交易规则和模式，为建设人工智能高地提供有力支撑。中国（浦东）知识产权保护中心建立优先、专业、高效的专利审查机制，率先开启专利快速审查"绿色通道"，同时，组织专家为生物医药、电力电子、通信科技、人工智能等领域的企业出具海外知识产权纠纷应对指导意见书，为人工智能产业发展提供知识产权保护支撑。

## （三）依托人工智能大会，搭建交流平台

世界人工智能大会以浦东为主要承载区，已成功举办六届，已成为打造链接国际国内开放合作的重要平台，发挥"科技风向标、应用展示台、产业加速器、治理议事厅"的重要作用，为人工智能创新应用先导区建设提

供了有效的动力和支撑。自首届世界人工智能大会以来，每一届大会都着力发挥大会平台功能，以会聚智、以会引才、以会兴业，与上海人工智能发展形成循环联动，加快建设人工智能"上海高地"。上海人工智能的"朋友圈"不断扩大、WAIC 的品牌影响力不断提升。大会已成为引进产业项目的"会客厅"。大会吸引凝聚重量级演讲嘉宾、重要合作伙伴、战略咨询专家委员会委员，已先后为上海带来了数百个重大产业项目，投资总额近千亿元，成为招商引资的重要门户，为上海人工智能发展注入蓬勃动能。红杉资本孵化器签约落户张江人工智能岛，带动入驻 6 家创新企业，覆盖 AI 芯片、信息安全、智能制造、智能销售等多个细分领域。大会已成为展示产业成果的"大舞台"。大会举办论坛、活动数百场，发布报告、倡议和重大政策百余项，引领产业发展前瞻方向。2023 世界人工智能大会上，首发首展新品达 30 余款，还有 20 余款机器人在现场亮相，已成为优化创新生态的"百花园"。大会上有联动投资人的"投资俱乐部"，有集聚创新者的"开发者日"，有吸引海内外人才的 AI 云端招聘，有打造国际合作平台的"国际日"，有汇集全球成果的 SAIL 奖。大会联结技术和产业、支持创业和创新，搭建国际高端交流平台，为上海构建一流创新生态打下了重要基础。

## 四 结论与展望

依托技术能级全面提升、产业人才融合发展、应用场景示范建设、立法保障制度创新、空间载体率先布局等方面的领先优势，浦东人工智能产业链加速集聚，创新生态逐步优化，加快建成国际领先的人工智能技术创新引领地。面向未来，浦东将加快建设更开放创新、更绿色融合、更安全可信、更具有国际影响力和未来感的人工智能产业集聚区。下一步，浦东人工智能产业发展可以在以下几个方面发力。

一是加快推动人工智能赋能城市数字化转型。人工智能是上海重点发展的三大先导产业之一，也是城市数字化转型的重要驱动力量。围绕"AI+制造""AI+医疗""AI+金融""AI+交通""AI+文旅"等领域，组织人工智能专项项目，打造人工智能赋能城市数字化转型的应用场景示范。在传统制造业领域，促进产业数字化深度融合。推动智能工厂建设，加快工业智能技术与解决方案供给生态培育，在高端装备、汽车、航空航天、生物医药、电子信息等行业推进建设示范无人工厂。加快智能网联汽车发展，引导自动驾驶出行服务、智能网联公交车等规模化试运行和商业运营服务。

二是依托上海数据交易所，营造数字产业创新环境。针对数据确权难、交易合规难、数据资产化难等堵点难点加以研究和突破，促进数据流通交易，激发数据价值释放，提升数字产业发展能级。聚焦张江人工智能岛、机器人谷、"信息飞鱼"等新兴数字产业园区，加大数字经济龙头企业的招商培育力度，构建数字产业生态体系。发挥数字化标杆企业的示范带动作用，建设一批数字化服务平台，激发产业链中小企业数字化活力，推动人工智能赋能向更深层次、更宽领域发展。

三是深化创新应用先导区建设，推动人工智能产业集聚。结合浦东传统优势产业，在装备制造、汽车、航空、生物医药等重点产业拓展人工智能应用场景，构建具有"浦东特色"的人工智能应用场景体系。开展示范应用揭榜评选和案例推广工作，支持人工智能企业、系统集成解决方案提供商和行业重点用户联合打造面向特定场景的解决方案。围绕"算法、算力、数据"三个发展要素，推动建设并开放多种类型的人工智能海量训练资源库、标准测试数据集和云服务平台等，推动基础算法和应用软件研究，打造开源共享的生态环境。

**参考文献**

杜晨薇、舒抒：《黄浦江两岸，集聚人工智能新地标》，《解放日报》2023 年 7 月 6 日。

高子平：《上海浦东新区人工智能人才队伍建设现状、问题及优化策略》，《北京教育学院学报》2019 年第 3 期。

林艳玲：《先进国家和城市的数字化转型经验对浦东的启示》，《上海城市管理》

2021 年第 5 期。

缪晓琴：《上海浦东将打造集成电路生物医药人工智能三大产业集群》，《中国经济导报》2021 年 9 月 1 日。

唐坚：《大数据背景下上海浦东新区加强人工智能人才队伍建设策略研究》，《科技经济市场》2019 年第 9 期。

唐玮婕：《场景驱动，浦东为 AI 打造最佳试验场》，《文汇报》2023 年 7 月 3 日。

姚沁宁：《未来已来上海打造全球"AI+"发展高地》，《上海信息化》2020 年第 8 期。

俞灵琦：《从"张江杯"观"科创梦"》，《华东科技》2021 年第 3 期。

# B.10

# C919大型客机成功研制与商业运营：
# 新型举国体制在浦东的实践

南剑飞*

**摘　要：** 本文基于2023年中国乃至世界航空业具有划时代意义的重大事件——C919大型客机成功研制与商业运营案例，诠释了新型举国体制在社会主义现代化建设引领区浦东新区的生动实践，提出了在浦东大飞机事业发展中健全新型举国体制的三大建议，包括更好发挥政府主导作用、更加突出企业主体地位、充分发挥社会参与作用等，以充分发挥新型举国体制优势，提升关键核心技术攻关效能，推动新征程中浦东大飞机事业安全高质量发展，为实现高水平科技自立自强、助推新时代上海和中国现代化高质量发展与可持续发展贡献浦东力量。

**关键词：** C919大型客机　新型举国体制　浦东新区

## 一　C919大型客机成功研制与商业运营概况

大型民用航空飞机（简称"大飞机"）不仅事关航天强国、制造强国及交通强国建设，也检验着质量强国、科技强国以及创新型国家建设成效，更承载着党的主张、国家意志、民族梦想、人民期盼及全人类福祉，考量着

---

* 南剑飞，教授，上海市习近平新时代中国特色社会主义思想研究中心研究员，孙冶方经济科学研究院特邀研究员，西南石油大学硕导，上海交通大学博士后，浦东行政学院党校高层次引进人才，上海商学院兼职教授，上海杉达学院特聘教授，主要研究方向为城市经济管理、科技创新管理。

以新型举国体制助推新时代中国民用航空业高质量发展、满足人民高品质美好生活需要、实现中华民族伟大复兴的能力与水平。

C919 大型客机是我国首次按照国际通行适航标准自行研制、具有自主知识产权的喷气式干线客机，于 2007 年立项，2017 年首飞，2023 年 5 月 28 日完成全球商业首航，目前运营稳步推进。C919 大型客机成功研制与商业运营，标志着我国具备自主研制与运营世界一流大型客机的能力，是我国大飞机事业发展的重要里程碑，是新型举国体制在我国高端制造业领域的成功应用，是浦东打造自主创新发展时代标杆的生动实践，更是浦东"蓝天梦"硬核产业发展的根本依托。

2008 年 5 月，担负"让中国大飞机翱翔蓝天"使命的中国商用飞机有限责任公司（以下简称"中国商飞"，英文名称 Commercial Aircraft Corporation of China Ltd，缩写 COMAC）正式落户浦东。那么，什么是大飞机？如何认识大飞机的重要性？作为新型举国体制在浦东大地的生动实践——C919 大型客机成功研制与商业运营整体概况如何？这是本研究的基础与前提。

## （一）大飞机及其重要性

### 1. 大飞机内涵界定

大飞机一般指最大起飞重量超过 100 吨的运输类飞机，包括军用大型运输机和民用大型运输机，也包括一次航程达到 3000 公里的军用飞机或 100 座以上的民用客机。中国把 150 座以上的客机称为大型客机，而国际航运体系习惯上把 300 座以上的客机称作大型客机，这主要是由各国的航空工业技术水平决定的。本研究中的大飞机特指中国大型民用客机，以 C919 大型客机为主要代表。

### 2. 大飞机的重要性

大飞机作为大国重器、高端装备制造业的代表，技术扩散率高、产品辐射面宽、产业带动性强，是典型的知识高度密集型，高投入、高附加值、高风险的国家战略型产业，是世界强国以科技实力、经济实力为主要内容的综合国力的重要体现与标准配置。大飞机是建设现代化产业体系、推动高端制造业高质量发展的重要产业，具有三个显著特征。一是知识高度密集。民用客机是高度复杂行业，一架民用客机通常由 300 万～500 万个零部件组成，由全球数千家供应商提供支持。民用客机技术要求高，需要多学科交叉、多技术融合再创新，一步步将科学问题转化为技术问题再转化为工程问题加以解决并投入工程应用。二是高投入、高附加值和高风险。飞机研制包括科研、试验、制造、试飞等环节，其经费投入动则达数十亿美元，并且需要长达十多年时间的持续投入。例如，空客 A320 的研制经费是 20 亿美元，波音 777 的研制经费约为 50 亿美元。三是国家战略性产业。航空工业分为民用和军用两类。航空产业是高端制造业的龙头，是建设制造强国的重要支撑。和平年代，可拉动冶金、化工、材料、电子和机械等相关产业发展，推动相关领域技术进步和创新，带动国民经济和科技发展；战争年代，是国防安全的重要基础，直接影响国家军事力量建设。进入新征程，大飞机在国家发展与安全中比以往任何时候都更加重要。

## （二）C919大型客机成功研制与商业运营概况

### 1. C919大型客机产生的主要背景

一是中国综合实力奠定了发展大飞机产业基础，即产业供给优势。改革开放 40 多年来，中国制造业水平不断提升，科创投入和水平不断提高，综合国力不断增强，为研发设计并组装制造、商业运营大飞机奠定了资金、产业、技术要素等支撑基础。各参研单位在设计、制造、试验等方面发展出各自的独特优势，部分国内航空企业曾为国外民用客机生产过一些配套部件，各种基础材料、设备和配套条件也已经基本到位。同时，中国高水平对外开放持续推进，为积极开展少量关键技术的国际合作，提高研制水平，面向全球择优采购符合设计和适航要求的动力装置、航电设备和必要的原材料，提供了有利的环境。

二是中国拥有巨大的航空市场发展需求空间，即市场需求优势。近年来，随着居民收入的不断提升和客运航线的逐步开通，中国民航运输业快速发展。据预测，到2030 年中国旅客运输量将达到 15 亿人次，还需新增数千余架民用客机，现已投入运营的机队还将面临更新换代。《中国商飞公司市场预测年报（2021~2040）》显示：中国航空市场未来20年将接收9084架新机，其中单通道喷气客机6295架。空中客车公司预测：2022~2041年中国需要单通道客机6750架，而波音公司预测同期中国需要单通道客机6370架。从世界范围来看，东南亚、南亚、中东、拉美等新兴市场的航空运输业同样增长迅速，市场需求高涨，成熟的欧美发达国家也面临现有机队的更新。拥有庞大市场需求，有基础有实力的中国大飞机制造产业理应有所作为。

2. C919大型客机成功研制与商业运营概述

2007年2月，C919大型客机正式立项；2017年5月5日，成功实现首飞；2022年9月29日，取得型号合格证；2022年12月9日，交付全球首架客机，通过近半年的验证飞行；2023年5月28日，C919大型客机顺利完成全球商业首航，标志着具有自主知识产权的C919大型客机"立项、研发、制造、取证、投运、客服"流程全面完成。中国大飞机从研制阶段转入产业化发展阶段，并逐步走向规模化发展、系列化发展、国际化发展阶段。

2023年7月第二架C919大型客机投入商业运营。2023年9月28日，作为C919大型客机的全球首发用户，中国东航再次与中国商飞在上海签署购机协议，增订100架C919大型客机。这是C919大型客机收获的迄今为止最大单笔订单。截至2023年9月30日，中国商飞与国内外客户（目前，各类客户共有30多家，以国内客户为主体，东航是第一大客户；国外客户主要涉及美国、德国、文莱等）共签约订单数约1200架。

## 二 C919大型客机是新型举国体制在浦东的生动实践

C919大型客机成功研制与商业运营，是新型举国体制在浦东的长期探索与生动实践。那么，什么是举国体制？什么是新型举国体制？两者的区别又何在？C919大型客机作为新型举国体制在浦东的生动实践，具体表现在哪些方面？这是本研究的焦点与重点。

## （一）举国体制与新型举国体制

### 1. 举国体制

基于国家目标（例如政治目标、经济目标、安全目标等单一目标或者综合目标）实现需要，组建国家层面专门机构，在计划的时间段制定特定政策，统筹协调、调动全国的人力物力财力而进行的制度安排或者体制设计就是"举国体制"[①]。"举国体制"是我国在社会主义建设初期从重大实践中总结和提炼的概念，是中国在特定时期内采用的一种特殊的资源配置与组织方式，由中央负责统筹调配全国资源力量，以充分发挥中央决定性管理职能，确保实现特定目标任务。中国"举国体制"的核心内涵是发挥社会主义制度集中力量办大事的优越性。"两弹一星"研制任务圆满完成，是举国体制的成功应用。

### 2. 新型举国体制

在 2021 年两院院士大会上，习近平总书记强调指出："要健全社会主义市场经济条件下新型举国体制。""新型举国体制"之新，主要表现在三个方面：新的适用条件，即中国特色社会主义市场经济条件；新的核心任务使命，即关键核心技术攻关；新的发展目标定位，即在若干重要领域形成相对的竞争优势，赢得战略主动，服务强国建设、民族复兴、人民幸福的中国梦。战略重要性更凸显、系统复杂性更突出、多学科融合更紧密[②]、政府企业社会更协同，统筹国家安全和发展及民生福祉，是新型举国体制的五大特征。

### 3. 两者的区别与联系

一方面，新型举国体制在产生背景、价值导向、适用领域、组织模式、运行机制等方面与传统举国体制存在显著差异；另一方面，两者相互联系，新型举国体制是举国体制在新时代的传承、创新与发展，两者均强调坚持和

---

① 秦文波：《新型举国体制在科技创新中的探索与实践》，《中阿科技论坛》2023 年第 3 期。
② 秦文波：《新型举国体制在科技创新中的探索与实践》，《中阿科技论坛》2023 年第 3 期。

完善党中央对科技工作统一领导的体制，以国家战略需求为导向，提升国家创新体系整体效能①。

### （二）C919大型客机成功研制与商业运营是新型举国体制在浦东的生动实践②

#### 1. 科学决策立项

2001年4月，王大珩等20多位院士向中央建言，希望国家重视研制大型飞机。2003年春，王大珩再次上书国务院总理温家宝，提出"中国要有自己的大飞机"。2003年6月，中国正式启动"中长期科技发展规划纲要"的编制工作，同年11月陆续成立了国家重大专项论证组。"大飞机专项"是第一个也是论证最为艰苦的重大专项，论证主要为解决三个方面的问题，即"中国要不要做、能不能做和怎么做"。经过近8个月的论证，专家组向国务院提交了一份报告，建议上马大飞机项目。在随后召开的第十届全国人大第四次会议上，国务院总理温家宝郑重宣布，中国将启动大型飞机研制项目。2006年2月9日，在国务院颁布的《国家中长期科学和技术发展规划纲要（2006~2020年）》中，大型飞机被确定为"未来15年力争取得突破的16个重大科技专项"之一。2006年7月，科技部会同国家发改委、国防科工委等部门，再次组建专家论证组对大飞机项目进行论证。2007年1月，近3万字的论证报告最终形成。2007年2月26日，温家宝主持召开国务院第170次常务会议，听取大型飞机重大专项领导小组关于大型飞机方案论证工作的汇报。会议原则批准大型飞机研制重大科技专项正式立项，同意组建大型客机股份公司，要求尽快开展工作。至此，大型客机项目正式立项。

#### 2. 关联组织成立

一是国家层面：在党和国家领导人的高度重视、悉心部署下，中国成立了高层次的领导协调小组，包括大飞机重大专项领导小组和支持国产民用客

---

① 中共中央宣传部编《习近平新时代中国特色社会主义思想学习纲要》，学习出版社、人民出版社，2023。
② 秦文波：《新型举国体制在科技创新中的探索与实践》，《中阿科技论坛》2023年第3期。

机工作领导小组。二是企业层面：聚合了包括中央政府、地方政府、科研机构、市场企业在内的全社会动能，遵循现代企业运作模式，于 2008 年 5 月 11 日成立了中国商飞①。三是其他层面：与大飞机事业发展相关的其他组织机构也相继成立并发挥了重要作用，例如由上海市航空学会牵头，中国商飞、临港集团及上海机场集团等组建了大飞机产业园工作推进小组、上海国际航运中心建设领导小组等，这些为大飞机成功研制与商业运营提供了有力的组织保障。

3. 专项规划制定

一是国家层面：2006 年以来，我国先后制定了《国家中长期科学和技术发展规划纲要（2006~2020 年）》《国家中长期科学和技术发展规划纲要（2021~2035 年）》、"十二五" 到 "十四五" 时期的《国家科学技术普及发展规划》与《国家战略性新兴产业发展规划》。《民用航空工业中长期发展规划（2013~2020 年）》《交通领域科技创新中长期发展规划纲要（2021~2035 年）》《绿色航空制造业发展纲要（2023~2035 年）》等规划，为包括大飞机在内的中国航空业发展指明了方向，也推动了发展。2006 年 2 月 9 日，国务院发布《国家中长期科学和技术发展规划纲要（2006~2020 年）》，大型飞机重大专项被确定为 16 个重大科技专项之一。《交通领域科技创新中长期发展规划纲要（2021~2035 年）》明确要求：加快大型民用飞机、重型直升机、智能化通用航空器等研发，推动完善民用飞机产品谱系等。

二是上海市层面：2021 年 8 月，《中国（上海）自由贸易试验区临港新片区民用航空产业专项规划（2021~2025）》正式发布。规划提出，"十四

① 中国商飞下辖设计研发中心即上海飞机设计研究院、总装制造中心即上海飞机制造有限公司、客户服务中心即上海飞机客户服务有限公司、北京研究中心即北京民用飞机技术研究中心、民用飞机试飞中心、基础能力中心即上海航空工业集团有限公司、营销中心、新闻中心即上海《大飞机》杂志社有限公司、商飞学苑即商飞党校以及四川公司、美国有限公司，民用飞机试飞中心东营基地、商飞资本有限公司、商飞集团财务有限责任公司等成员单位，在美国洛杉矶、法国巴黎分别设有美国办事处、欧洲办事处等办事机构。参见中国商飞公司网站-商飞介绍，http://saic.comac.cc/gywm/sfjs/。

五"期间以保障大飞机总装批产增速发展和商用航空发动机国产化为目标，打造集民用航空产业研发、制造、运维、检测、服务等于一体的世界级民用航空产业集群，逐步实现"双核驱动、五大集群、千亿带动"。根据规划，到2025年，临港新片区商用飞机生产规模和产品谱系不断丰富，ARJ21支线飞机加快提升生产能力，推动公务型、货运型等系列化发展；完成C919大型客机批产条件能力建设，实现干线飞机C919基本型交付客户投入市场运营，同步开展加长型、衍生型等系列化研制。2021年12月，《上海民用航空产业链建设三年行动计划（2022~2024年）》对外发布，明确提出，到2024年，上海民用航空产业链整体发展水平进一步提升、自主配套能力进一步增强、集群化发展态势进一步凸显、国际创新合作进一步深化，引领带动长三角民用航空产业链、供应链、价值链、创新链实现高效链接和融合发展，初步建成国际一流水平的关键技术自主高地、核心产品供给高地、科技企业集聚高地。规划提出，推动C919大型客机加快示范运营、C929加快研制、ARJ21提升产能规模等①。

**4. 市场资源配置**

一方面，作为C919大型客机专项的大型制造服务商——中国商飞本身就是市场资源优化配置的产物。2008年中国商飞的成立是促进产业结构调整和技术升级，提高国家整体实力和国际竞争力的必然要求，是国家技术及产业基础日益雄厚、制造业持续向高端迈进的必然结果，是挖掘中国航空市场巨大潜力、满足建设交通强国需求的必然选择，是建设创新型国家、推动中国航空工业高质量发展的重大工程。成立初期，中国商飞公司的最大股东是国务院国资委，出资60亿元，持股约32%；上海市政府投资成立的国盛集团出资50亿元，占股26%；其余股东为中国一航、中国二航及宝钢（后更名为宝武）、中铝、中化等大型国企。2018年底，新增股东中国建材集团有限公司、中国电子科技集团有限公司、中国国新控

---

① 《上海民用航空产业链建设三年行动计划（2022~2024年）》。

股有限责任公司①。

另一方面，作为上海王牌的浦东大飞机产业园区，目前已初步集聚了一大批产业链配套企业。在机体结构件领域，集聚了中建材、上飞装备等；在复材领域，集聚了英国宇航、中复神鹰、南通复源、宇之赫、商飞复材中心等；在标准件领域，集聚了东方蓝天钛金科技等；在机载领域，集聚了辽宁美托等；在工装及生产设备领域，集聚了飞宇装备、常州新创、上航机械等；在管路线缆及内饰内设领域，集聚了奥若特、重庆再升、高博等；在飞机及航材租赁领域，集聚了中航租赁、中飞租赁、恒圣凯等；在发动机配套领域，集聚了成立航空、上海烟草机械等；在产业创新平台建设领域，中国航发商发联合中航复材和南玻院共同组建了商用航空发动机树脂基复合材料工程技术中心，并引进了中国商飞大飞机创新谷、国家商用飞机制造工程技术研究中心、5G创新中心等科创机构；在航空质量体系、特种工艺、适航、检验检测、知识产权等产业配套服务领域，集聚了国家民用航空发动机产业计量测试中心、埃森博、普励认证、英国皇家航空协会、紫藤等一批产业服务功能平台。

5. 实践成果显著

一方面，在大飞机重大专项领导小组和支持国产民用客机工作领导小组的指导下，建立了"以中国商飞为主体，以市场为导向，政产学研用相结合"的民用飞机技术创新体系和"以中国商飞为核心，联合航空工业，立足上海，辐射全国，面向全球"的商用飞机产业体系。历时16年，中国大飞机从研制阶段转入产业化发展、规模化发展、系列化发展、国际化发展阶段，中国具备了自主研制与运营世界一流大型客机的能力，实现了以下突破。一是自主创新和应用一系列新技术提升了产品竞争力。比如，先进超临界机翼、承载式曲面风挡、全权限数字电传操纵、自动化生产线等。为了验证这些新技术，C919大型客机历时5年投入6架试飞机飞行了2400多架次/6700多小时完成取证。二是建立了与国际接轨的主制造商核心能力，掌握了大飞机研制规律和研制方法，形成了基于系统工程的正向设计体系。三是

---

① 中国商飞公司网站-商飞介绍，http：//saic.comac.cc/gywm/sfjs/。

树立了客户导向的大飞机经营观念。坚持以客户为中心，用户提前参与，充分开展基于运行场景的试飞验证，确保满足客户和市场需求。四是创新了项目组织管理模式。组建了由"两总"系统领导的强矩阵 IPT 团队和架机团队，创新计划管控、供应商管控、局方协同、战时管控等机制。

另一方面，上海市以及浦东大飞机产业园集聚产业上下游企业，效应初步显现。目前大飞机产业园作为全市首批 26 个特色产业园区之一，已初步集聚了一大批产业链配套企业。以中国商飞、中国航发商发相继落地为标志，围绕国产大飞机、民用航空发动机的研发与总装，上海已建立起比较完善的"主制造商+供应商"发展模式，形成了若干民用航空产业特色园区。其中，张江科技园主攻航空技术研发，紫竹科技园专注机载系统与发动机设计，临港大飞机园侧重大飞机总装和配套，临港前沿产业区则聚焦航空发动机总装。各产业园发展重点突出、优势特色鲜明、联动效应显著，助力上海加快树立国产民用客机品牌、奠定民航产业核心地位。

浦东新区是目前国内最有条件发展民用航空产业的地区之一，拥有完整的产业链、强大的龙头企业、完善的规划布局。从产业链环节上看，浦东拥有民用飞机总体设计、飞机总装制造、航空发动机和相关零部件研发制造以及民用飞机适航、试飞等较完整的产业环节。从龙头企业上看，浦东拥有中国商飞、中国航发商发等关键龙头企业和上海飞机设计研究院等重要机构；拥有行业领域重点企业 8 家，其中总装企业 1 家、航空维修企业 2 家、航空电子企业 1 家、航空航天相关设备制造企业 4 家。从布局规划上看，浦东已经基本形成以祝桥、临港和张江等区域为主，制造研发和试飞交付兼备的规划布局体系。位于祝桥的中国商飞总装制造基地，扛起我国民用航空产业迈向全球领先的旗帜。位于张江南区的民用飞机设计研发集聚区，以上海飞机设计研究院为核心，承担国家大型飞机重大专项中大型客机项目的设计、试验、预研及关键技术研究任务，并带动冠一通飞等民营企业及飞天众智、星天地等技术服务平台和创客空间发展。位于临港的中国航发商发临港基地，定位于商用航空发动机测试、验证、总装和试车进程，以及民用航空相关产品的研制与产业配套。目前中国航发商发临港基地工艺研发能力初具规模、试验测试验证能力稳步提高、智能制造规划已见雏形、维护大修方案初步论证，已具备商用航空发动机从核心零部件加工、单元体装配到整机研制的完整能力。

## 三 健全新型举国体制赋能大飞机事业安全 高质量发展的对策建议[①]

C919 大型客机成功研制与商业运营，标志着我国大飞机事业发展取得了巨大成就。究其原因，一个重要的方面就是发挥了新型举国体制的优势。在新时代新征程上，只有不断健全新型举国体制、充分发挥新型举国体制优势，才能在关键核心技术攻关上不断取得新的更大突破，才能不断加快大飞机产业规模化、系列化、国际化发展，才能持续赋能我国大飞机事业安全高质量发展，为全面建成社会主义现代化强国、全面推进中华民族伟大复兴做出浦东新贡献。基于此，本研究提出健全新型举国体制赋能我国大飞机事业安全高质量发展的对策建议。

### （一）更好发挥政府主导作用

务必把深入学习和贯彻习近平新时代中国特色社会主义思想，特别是把深入贯彻落实习近平有关我国大飞机事业发展的重要指示批示和重要讲话精神[②]作

---

① 《李强调研中国商飞公司总装制造中心浦东基地讲话》，《大飞机报》2020 年 6 月 10 日；南剑飞：《张江科学城运营成效及经验启示》，《上海综合经济》2023 年第 8 期；南剑飞：《成都市国家创新型城市建设优化研究》，中共中央党校出版社，2022；南剑飞：《"未来车"带动新能源汽车产业发展：问题及对策建议》，载邢炜、雷新军主编《上海浦东经济发展报告（2021）》，社会科学文献出版社，2021。

② 2014 年 5 月 23 日，习近平总书记视察中国商飞公司发表重要讲话时指出："我们搞大飞机，和我们'两个一百年'的目标、实现中国梦的目标是一致的。我们要做一个强国，就一定要把我们自己的装备制造业搞上去，起带动作用、标志性作用……我们一定要有自己的大飞机！"2022 年 9 月 30 日，习近平总书记在会见 C919 大型客机项目团队代表并参观项目成果展览时强调："让中国大飞机翱翔蓝天，承载着国家意志、民族梦想、人民期盼，要充分发挥新型举国体制优势，坚持安全第一、质量第一，一以贯之、善始善终、久久为功，在关键核心技术攻关上取得更大突破，加快规模化和系列化发展，扎实推进制造强国建设，为全面建设社会主义现代化国家、实现中华民族伟大复兴的中国梦不懈奋斗。"

为当前主题教育重要内容和今后较长时期的一项重大政治任务，把大飞机事业涉及各级政府特别是浦东新区层面的各项工作抓紧抓实抓细抓好。务必坚持统筹协调、稳中求进、安全发展、高质量发展的大飞机事业发展总基调。务必坚持以新发展理念特别是以生态优先、绿色发展来引领大飞机高质量发展道路。务必坚持顶层设计、分层对接、企业调研、专家意见、社会参与，科学制定好、切实落实好大飞机事业发展专项规划。务必加强与深化各级政府尤其是浦东新区政府同大飞机产业链关联企业特别是中国商飞之间的战略合作关系，支持和引导大飞机产业链上下游的国内外各级各类企业特别是民营企业和外资企业更宽领域、更高水平、更深层次参与大飞机产业链。以大飞机创新谷为依托，以大企业开放创新中心 GOI 为孵化器，全力建设"政产学研金服用"融合的大飞机科技创新生态、优化大飞机产业布局、提升产业集群效益。务必持续提升政府服务大飞机事业发展的效能，切实推动管理升级。管理升级的核心问题是在大飞机事业发展中正确处理政府和市场的关系，切实管好政府"有形的手"和市场"无形的手"，增强市场活力和动力，协调发挥好新时代政府、企业、社会公众等相关方作用，不断提升大飞机产业关联企业的现代化水平与核心竞争力。这要求持续、全面深化政府改革和不断推进企业改革发展，不断提升浦东大飞机产业链共同体专业技术人才综合素质和经营管理领导能力，以永不停歇的创新意识、永不懈怠的精神状态和一往无前、风雨无阻的奋斗姿态，实现新时代浦东大飞机事业安全发展、高质量发展以及可持续发展①。

## （二）更加突出企业主体地位

企业是推动创新创造的生力军。未来我国大飞机产业发展的质量、水平及效益，最终取决于大飞机产业链共同体中每家企业发展的质量、水平及效益，特别是取决于大飞机龙头企业中国商飞的发展规模、质量及效益。因此，着眼于未来大飞机事业安全高质量发展需求，需要更加突出企业主体地

---

① 南剑飞：《加快推进体育旅游产业转型升级》，《经济日报》2019 年 7 月 5 日。

位，特别是把中国商飞的作用发挥好。一要造好飞机，即产品升级。产品升级，决定了大飞机产业链关联企业必须从消费者需求出发，不断开发和提供更具吸引力、更具技术含量、生态环境友好、资源利用高效的新产品，提高现有产品的品位与档次，提升现有品牌的竞争力与影响力。产品升级的重点是技术升级、安全性强、规模化生产以及品牌提升。这就需要坚持完善以市场为导向、以企业为主体特别是以中国商飞为龙头、"政产学研金服用"相结合的技术创新体系，加强包括航空发动机、机载系统、数字智能控制系统等在内的核心技术攻关，提升多功能平台（含民用飞机创新平台、民用客机新材料应用与产品试验验证平台、民用客机适航服务平台、航空电子和航空发动机研发与转化功能型平台等）服务能力，增强自主创新发展动能。坚持以新发展理念引领高质量发展，加快推进数字智能制造，促进大飞机绿色化转型发展。坚持把质量建设和品牌建设作为提高产业竞争力的根本要求，严格质量控制，加强品牌培育，推进企业改革。

二是做好服务，即服务升级。服务是大飞机产业关联企业的"软黄金"，也是吸引各类客户包括乘客的新法宝。特别是在民用航空企业由传统的生产制造型企业向现代生产服务型企业及综合服务运营商转变的进程中，服务的价值与功效日益突出，服务升级就成为必然选择。服务升级意味着大飞机产业链关联企业特别是中国商飞、各大航空公司、飞机租赁公司等必须从各自消费者的需求出发，主动服务，不断开发和提供更便捷、精细化、差异化甚至个性化的综合服务，提升现有服务的质量与效益。服务升级具体要求：一是服务内容升级，即由单一型服务转向综合型服务；二是服务方式升级，即由被动式服务转向主动式服务；三是服务手段由传统转向现代，如推进设计可视化、制造数字化、运营智能化、服务远程化等，满足多样化和个性化需求，实现大飞机产业链关联企业提质增效、共同发展。

## （三）充分发挥社会参与作用

大飞机事业发展实践特别是大飞机产业链关联企业经营管理实践、公共关系理论及市场营销理论等表明：社会是影响大飞机事业发展的重要力量，充分发挥社会参与作用，是浦东推动大飞机事业安全高质量发展的重要条件。应充分发挥公众参与作用，显著提升其满意度。大飞机产业链条长、附加值高，近年来吸引了大量的民营企业入局。协同民营企业联合科研机构进行技术攻关，是突破大飞机"卡脖子"技术难题的重要方式，也是新型举国体制的重要体现形式。应该充分发挥社会参与作用，加强协同联动，从物质层面、精神层面、社会层面提高公众满意度，包括积极践行大飞机产业链关联企业社会责任、正确处理用户投诉等，切实维护企业形象。

综上所述，只有更好地发挥政府主导作用、更加突出企业主体地位、充分发挥社会参与作用，且彼此间加强协同联动，才能不断健全新型举国体制，充分发挥新型举国体制优势，产生强大合力，形成竞争优势，赢得战略主动，从而高水平地推动新时代新征程中浦东大飞机事业安全发展、高质量发展及可持续发展。

**参考文献**

习近平：《在中国共产党第二十次全国代表大会上的报告》，人民出版社，2022。

中共中央宣传部：《习近平新时代中国特色社会主义思想学习纲要》，学习出版社、人民出版社，2023。

《大飞机，浦东的蓝天梦》，《浦东时报》2019年1月24日。

《让更多国产大飞机在蓝天翱翔》，《人民日报》2023年6月13日。

邓立丽、唐忆文：《"蓝天梦"助力大型民航业发展现状与挑战》，载邢炜、雷新军主编《上海浦东经济发展报告（2021）》，社会科学文献出版社，2021。

秦文波：《新型举国体制在科技创新中的探索与实践》，《中阿科技论坛》2023年第3期。

《李强调研中国商飞公司总装制造中心浦东基地讲话》，《大飞机报》2020年6月10日。

南剑飞、侯建荣：《顾客满意度研究：以成品油销售企业为视角》，上海交通大学出版社，2019。

南剑飞：《加快推进体育旅游产业转型升级》，《经济日报》2019年7月5日。

南剑飞：《张江科学城运营成效及经验启示》，《上海综合经济》2023年第8期。

南剑飞：《成都市国家创新型城市建设优化研究》，中共中央党校出版社，2022。

南剑飞：《"未来车"带动新能源汽车产业发展：问题及对策建议》，载邢炜、雷新军主编《上海浦东经济发展报告（2021）》，社会科学文献出版社，2021。

南剑飞：《新常态下ST区新材料产业集群发展研究》，《现代管理科学》2016年第4期。

胡争光、南剑飞：《产业技术创新战略联盟战略问题研究》，《科技进步与对策》2011年第2期。

# B.11
# 张江数据要素产业集聚区建设：
# 现状、挑战与展望

许建标[*]

**摘　要：** 数据要素是数字经济发展的核心资源，通过市场化配置将形成重要的产业集群。利用目前新型数据交易平台、丰富的数据资源、强劲的数据需求和先进的数据技术等优势，浦东着力将张江打造成为国内数据流通交易活跃度最高、数商企业集中度最高、数据产业发展生态最优的数据要素产业集聚区。数据要素产业集聚区建设将依托浦东立法权限，加大制度和政策供给力度，支持数据交易流通功能和机制完善，提升数据交易活跃度；探索公共数据授权经营机制，推进数据资源汇聚融合，持续提高数据供给水平；不断完善公共服务体系，推进新型数字基础设施建设，培育和引进数据要素企业集聚张江。

**关键词：** 数据要素　数字经济　产业集聚区

党的二十大报告强调，要加快发展数字经济，促进数字经济和实体经济深度融合，打造具有国际竞争力的数字产业集群。数字经济正在逐步成为继农业经济、工业经济后的对未来世界产生深远影响的新经济形态。数据要素是数字经济发展的核心资源，在数字产业化和产业数字化中都起着关键性作用。为贯彻落实中央精神，进一步发挥社会主义现代化建设引领区的战略作

---

* 许建标，经济学博士，中共上海市浦东新区委员会党校副教授，主要研究方向为财政理论与政策。

用，浦东新区聚焦数据要素产业高质量发展，于 2022 年 11 月提出建设张江数据要素产业集聚区，并于 2023 年 4 月发布《张江数据要素产业集聚区建设三年行动方案（2023～2025 年）》，要将张江打造成为数据要素高度集聚、高效配置、高速增值的数据要素产业高地。① 本文主要就张江数据要素产业集聚区建设的背景、目标、基础条件及主要挑战等展开分析，并提出进一步推进的主要建议。

# 一 张江数据要素产业集聚区建设的背景、优势及目标

## （一）我国数据要素产业将迎来快速发展阶段

我国数据要素市场化发展正进入全面推进阶段。2019 年 10 月，党的十九届四中全会首次将数据作为与土地、资本、劳动、技术、知识、管理等并列的一种生产要素，要求健全由市场评价贡献、按贡献决定报酬的机制。2020 年 4 月 9 日，《中共中央 国务院关于构建更加完善的要素市场化配置体制机制的意见》提出，推进政府数据开放共享、提升社会数据资源价值、加强数据资源整合和安全保护等加快培育数据要素市场的具体建议。2021 年 12 月 12 日，国务院发布《"十四五"数字经济发展规划》，指出数据要素是数字经济深化发展的核心引擎，到 2025 年数据要素市场体系将初步建立。2022 年 12 月 19 日，《中共中央 国务院关于构建数据基础制度更好发挥数据要素作用的意见》（以下简称"数据二十条"）对外发布，提出加快构建数据基础制度的二十条意见，标志着数据要素市场进入规范化发展阶段。2023 年 3 月，《党和国家机构改革方案》提出组建国家数据局，负责协调推进数据基础制度建设，统筹数据资源整合共享和开发利用，统筹推进数

---

① 目前学界与实务部门对数据要素产业尚未形成明确一致的界定。本文将数据要素产业界定为以数据为劳动对象，由数据采集、数据存储、数据加工、数据流通、数据分析等环节形成的产业。

字中国、数字经济、数字社会规划和建设等。

随着我国数据要素市场的不断完善，数据要素产业将迎来快速发展阶段。据《中国数据要素市场发展报告（2021~2022）》测算，2021~2022年中国数据要素市场化指数的平均得分是 58.73 分，仍处于初级发展阶段。2021 年我国数据要素市场规模达 815 亿元（包括数据采集、存储、加工、交易、分析、生态保障等模块，暂未包含数据应用的部分），预计"十四五"期间市场规模复合增速将超过 25%[①]。中国电子商会秘书长彭李辉在 2023 中国（保定）数据服务产业创新大会上表示，数据要素市场有望继续保持高增长态势，预计 2025 年市场规模有望接近 2000 亿元[②]。数字经济整体规模的快速增长，也将为数据要素产业发展提供巨大空间。

### （二）张江建设数据要素产业集聚区具备独特优势

张江承担着建设综合性国家科学中心的战略使命，是上海国际科技创新中心的核心承载区。目前，张江正着力打造科技创新策源地、高端产业增长极、创新生态共同体，在大力发展数据要素产业，推动数字经济发展方面具有独特的基础优势。

#### 1. 上海数据交易所落户张江

新型数据交易所作为数据要素流通的重要平台，将有效促进数据要素产业的发展。上海数据交易所于 2021 年 11 月 25 日在张江揭牌成立，其目标是打造国家级数据交易所，成为全球数据要素配置的重要枢纽节点。根据上海数据交易所研究院测算，2022 年我国数据场内交易的规模约为 20 亿元，数据场外市场规模约为 1000 亿元，场内交易占场外交易的比重约为 2%，预计数据交易额每年会有 20% 以上的增长，其中场内交易市场增速应在 40% 以上，预估到 2025 年，场内交易占比将提升到总交易规模的 1/3 或 1/4。

---

① 《中国数据要素市场发展报告（2021~2022）》，https：//cics-cert. org. cn/web_ root/webpage/articlecontent_ 101006_ 1597772759436365826. html。

② 《数字中国顶层设计要求畅通数据资源大循环，千亿数据市场如何受益》，https：//www. thepaper. cn/newsDetail_ forward_ 22109425。

成立一年多来，上海数据交易所已与 800 余家数商成功对接，签约数商企业超过 500 家。2022 年 8 月，上海数据交易所在全国率先设立数字资产板块，促进传统企业实现数字化转型，实现数字资产与实体经济的深度融合。截至 2023 年 6 月，上海数据交易所数据产品累计挂牌数超过 1300 个，涉及金融、交通、工业、通信等 12 个行业领域，数据产品交易额超过 4 亿元，2023 年场内交易额有望突破 10 亿元。

**2. 汇聚丰富的数据资源**

张江在科创类数据产生、流通、应用等方面具有产业发展的先天优势。张江是我国科学研究机构和研发中心最密集的区域之一。重大科技基础设施和研发机构加速在张江科学城集聚。张江科学城区域内已建、在建和规划中的重大科技基础设施数量达 14 个，覆盖光子科学、生命科学、海洋科学、能源科学等领域。上海光源、蛋白质上海设施、超强超短激光装置、射线自由电子激光装置等设施已组成全球规模最大、种类最全、综合能力最强的光子大科学设施群。中国科学院上海高等研究院、李政道研究所、朱光亚战略科技研究院、张江药物实验室、国际人类表型组研究院等一大批顶尖科研机构落户张江。

张江的金融数据产业已形成集聚态势。2021 年 7 月，金融数据港在张江银行卡产业园的基础上转型成立，将为张江打造金融数据产业高地发挥重要作用。金融数据港重点聚焦支付、清算、征信、监管、安全、标准等六大功能，力争成为全国金融机构科技、研发、运维部门最集聚，金融数据最集聚的区域之一。目前，金融数据港已进驻近 30 家国内外重量级金融机构，如人民银行清算、征信和反洗钱中心及中国银联等机构，拥有银行卡交易系统、征信系统、清算系统、反洗钱系统、国债登记结算系统等金融基础设施系统。

**3. 拥有强劲的数据运用需求**

各行业对数据的开发利用需求是支撑要素产业发展的基础支撑。经过30 多年发展，张江已具备雄厚的产业基础，尤其是在生物医药、金融创新、数字文创、在线新经济、智能装备、基因技术、能源环境等数据要素的重要应用领域具有强劲的需求。浦东软件园是国家软件产业基地、国家软件出口基地、国家数字服务出口基地，目前年产值约 900 亿元①。2021 年 1 月揭牌成立的张江在线新经济生态园，将带动整个张江在线新经济产业规模超过2000 亿元，汇聚 1000 家行业领军企业。人工智能产业的高速发展需要大模型的支持，而大模型构建需要海量的数据支撑。据中国信通院发布的《人工智能白皮书（2022 年）》，增大模型和增加训练数据是未来人工智能演进方向，当前预测训练模型参数数量、训练数据规模将按照每年 300 倍的趋势增长，海量数据需求的增加将带动数据要素产业高速发展②。张江人工智能岛是我国首个人工智能创新应用先导区的核心承载区，已集聚微软 AI&IoT Insider 实验室、IBM 研发总部、平头哥半导体、云从科技等行业龙头，人工智能产业已形成一定集聚规模，覆盖人工智能基础层、技术层、应用层全产业链。人工智能岛二期项目正抓紧建设，预计于 2026 年建成。

**4. 具备扎实的数据技术基础保障**

数据要素的流通交易需要数据基础设施、加工处理等相关技术的支撑。张江在数据前沿技术、算力算法、加工处理、集成服务等方面拥有大批代表性企业。集成电路是数据要素产业发展重要的硬件保障，张江正引进培育一批世界一流集成电路设计企业，着力提升高端芯片设计能力，推动芯片制造企业大力发展下一代集成电路生产工艺和产品，支持集成电路材料、设备企业加大研发力度，提升生产制造能力。2023 年 1~7 月，浦东新区集成电路产业产值规模达 535.12 亿元。大数据产业为数据资源集成、加工处理、分析交付等方面提供重要服务，截至 2023 年 6 月，浦东集聚了大数据核心企业 260 家，年总营收达 1016.18 亿元。浦东软件产业已形成全国最强软件开发生态，正不断提升信息技术服务水平，推动基础软件、工业软件、信息安全等技术创新发展。截至 2022 年底，浦东累计建成 5G 室外基站超过 18000个，已建和在建互联网数据中心机架数达 15 万架。

---

① 郑茂典：《浦东大数据中心："升级版"城市大脑》，《科技创新与品牌》2023 年第 5 期。
② 《人工智能白皮书（2022 年）》，http://www.caict.ac.cn/kxyj/qwfb/bps/202204/t20220412_399752.htm。

### 5. 拥有日趋完善的综合配套

产业发展离不开必要的物理空间及相应的配套设施。目前，张江产城融合度正不断提升，为数据要素产业提供广阔的发展空间及应用场景。张江城市副中心建设正有序推进，便捷的交通基础设施正加紧建设，高品质公共服务和设施等正加快布局。张江已成为全国创新人才集聚高地，从业人员中硕士及以上学历科技人才占比超过16%。浦东国际人才港已经建成并投入使用，上海国际科创人才服务中心已投入运行。张江的人才安居环境进一步改善，现有人才公寓25万平方米，可以满足约2万人的租住需求。

## （三）张江数据要素产业集聚区建设的主要目标

在加快推动我国数据要素市场化配置改革背景下，浦东为贯彻落实国家和上海市关于大力发展数据要素产业的要求，结合张江已经形成的多方面基础优势，提出建设张江数据要素产业集聚区，作为浦东打造社会主义现代化建设引领区的重要任务之一。《张江数据要素产业集聚区建设三年行动方案（2023~2025年）》（以下简称《方案》）提出，按照立足浦东、辐射长三角、服务全国、链接全球的总体思路，通过畅通数据要素市场化流通渠道，创新数据要素开发利用机制，培育数据要素服务领军企业，构建数据要素前沿应用场景，完善数字信任生态体系，将张江打造成为具备强大数据策源能力、资源配置功能、行业赋能效应的数据要素产业集聚区，力争数据要素产业发展保持国内领先，成为数据要素交易流通枢纽地、数据要素产业发展引领区、数据要素应用场景示范区，助力浦东新区打造成为上海国际数字之都的核心承载区。

《方案》指出，到2025年，张江数据要素产业集聚区要建设成为全市乃至全国数据流通交易最活跃、数商企业集中度最高、数据产业发展生态最优的数据要素产业集聚区，主要指标包括：上海数据交易所挂牌交易数据产品超过5000个，签约数商企业200家以上，服务数据供需主体超过10万家，引育数据链主企业10家以上及数据类专精特新企业40家以上，建设创新型、标志性数据要素应用场景100个以上，数据要素核心产业规模达到1000亿元。

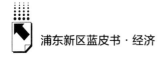

## 二 张江数据要素产业集聚区建设的主要挑战

总体上，我国数据要素市场化建设处于初始阶段，数据要素产业的发展也还处在起步阶段。因此，虽然张江在发展数据要素产业方面具有一定的基础优势，但要达成集聚区的建设目标，在数据要素流通的基础制度、数据要素产业的培植、数据要素市场生态的优化等方面将面临一些挑战，需要不断进行实践探索。

### （一）数据要素交易流通的难点仍需突破

近年来，国内快速建立一定数量的数据交易所[①]，但数据要素市场仍存在权利界定、价格机制、流通规则等问题制约着场内交易的发展，具体来看，主要包括以下方面。

#### 1. 数据确权难问题需进一步破解

数据要素市场化的本质是实现数据要素的商业化流转，而前提是能够清晰地界定权属、明晰相关权益。数据作为新型生产要素，具有非消耗性、可复制、非竞争性、部分非排他性等特点；在数据生产、流通、使用等过程中，个人、企业、政府等多元主体对数据有着不同利益诉求，具有共生性、依存性、动态性等特征。以上情况对以所有权为核心的传统产权制度提出了新挑战。目前，我国《民法典》总则第 127 条虽已对数据的民事权益客体属性做出原则性规定，《个人信息保护法》《数据安全法》《网络安全法》等法规也有涉及数据信息保护等相关规定，但真正适应数据要素商业化的权益保护法律体系尚未建立。"数据二十条"创造性地提出建立数据资源持有权、数据加工使用权、数据产品经营权"三权分置"的数据产权框架。但在实践中，仍需要对产权分置机制的运转做进一步的探索，结合具体场景实

---

① 截至 2023 年 9 月 18 日，在统一代码数据库中，全国注册成立的数据交易机构有 60 家，已注销 11 家。参见《全国已注册成立数据交易机构 60 家》，http://finance.people.com.cn/n1/2023/0918/。

施分类分级确权授权使用。

## 2. 数据定价难问题需进一步解决

数据具有结构多变的异质性，其有用性与使用价值难以事先确定，使得数据定价的难度较大。首先是传统的资产评估方法较难为供需双方定价提供衡量标准。传统资产评估可采用成本法、收益法和市场法。但数据生产主体多元，成本不易区分，且贬值和风险因素量化比较困难，重置成本估算难度大。当运用收益法时，数据的时效性、价值与特定场景结合的紧密性成为估价难点。而市场法的运用也受到市场活跃度较低、可比市场交易案例缺乏的限制。其次是价格形成机制尚不通畅。市场主体在数据要素市场的参与度低，供需关系低成本匹配难，加上数据产品的标准化程度不高，供需双方互动议价难度大。因此，需要针对数据要素的不同运用场景及流通形态，综合运用各种评估方法，探索构建数据价值评估的指标体系和基本模型，在实践中不断完善议价机制。

## 3. 数据流通交易活跃度需进一步提升

目前，数据交易采用场外交易方式居多，数据入场交易意愿总体仍偏低，有效需求与有效供给不足同时存在的现象较为突出。这一状况的形成，除上述确权难、定价难等原因之外，还存在以下原因。首先是国家层面对数据交易的立法缺失，对数据场内流通缺乏有效激励，对场外交易的有效监管治理缺失。其次是良好的数据交易生态需要进一步塑造，市场主体对数据挖掘开发、交易的意识有待进一步加强，相关数据交易服务业发展还处于起步阶段。再次是场内交易合规成本较高、中小企业入场难等问题有待解决。数据交易所的核心作用有待进一步发挥，应加强数据登记、合规公证、资产评估等一系列专业与增值服务功能。最后是互信难问题仍未根本解决。从供给方角度考虑，主要顾虑在于需求方是否会按合约使用数据，是否会在交付后不当地使用或处理数据，而从需求方看，主要担心供给方的数据来源是否合规和真实，能否真正实现数据价值。这需要从制度创新、技术保障、合规认证等方面进一步加强探索。

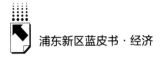

### （二）数据要素供给水平有待进一步提高

从数据要素供给端看，现阶段高质量、标准化、可用度高的数据供给不足，很大程度上制约了数字要素产业的发展。

**1. 数据主体和来源多，需进一步加强数据资源整合**

目前，公共数据、企业数据、个人数据等来源广泛、门类繁杂，部分数据拥有者缺乏流通变现意识，供给意愿不强，数据资源难以有效整合。在公共数据的供给方面，需进一步加大内部的跨部门、跨层级、跨区域数据整合力度，深化公共数据开放共享，进一步探索公共数据的授权运营模式。在企业数据的供给方面，需要在相关评估标准制定及标准化数据提供等方面加大扶持力度。在个人数据的供给方面，个人数据授权机制尚待建立健全，个人数据市场潜力尚待进一步发挥。

**2. 数据供给质量参差不齐，需进一步提升数据处理水平**

目前数据产品的标准化水平不高，数据加工和产品开发落后于数字经济发展的需求。从原始数据到形成可流通、利用的数据资源，再从数据资源向数据产品转化，需要更高水平的标准化数据加工和开发服务，从而满足市场的数据需求。需要进一步加快建设标准化体系，统一数据接口、格式等方面的标准，支持发展数据处理技术，增强数据处理能力，提升数据质量。

### （三）支持数据要素企业发展的市场生态需进一步优化

打造数据要素产业集聚区，必然要求引育众多数据要素企业汇聚张江，而良好的市场生态是吸引企业的必要条件。对此，需要在制度保障、营商环境等方面进一步营造良好的市场生态。

**1. 制度和政策供给需进一步加强**

数商企业是指为数据交易提供数据产品开发、发布、承销和数据资产的合规化、标准化、增值化服务的各类市场主体。其在数据要素产业链中处于核心位置。但目前我国在交易流通等方面的制度规则体系建设相对滞后，支持数商企业发展的政策举措还较少，需要进一步加强制度创新、加大政策支持力度，既推动张江一批大数据企业如万得、亿通国际、达观、联仁健康等成长为具有市场影响力的数据资源供给和加工服务链主企业，又吸引更多链主企业进驻张江，发挥链主企业牵引带动作用，吸引更多的数商企业集聚发展。

### 2. 公共数据开放与运营机制需进一步创新

丰富而高质量的数据来源是数据要素企业发展壮大的基础。除了来自企业等市场主体的数据之外，公共部门的数据能够为数商企业提供重要的"原材料"，其对此需求迫切。近年来，虽然公共数据开放已引起政府高度重视并取得显著进步，但是仍有一些部门仅是基于上级部门的指令要求而例行公事式地开放数据，其数据的适应性和持续更新都难以得到有效保障；另有一些部门基于责任等方面考虑，往往会以数据安全为由仅做最小限度的开放，数据的可用程度较低。为解决公共数据利用的可持续性和适应性问题，需要进一步从运行机制方面探索开放与运营新模式。

### 3. 公共服务体系建设需进一步完善

数据要素市场化配置效率的提高还需要更好地发挥政府的公共服务功能。在数据交易平台建设方面，需要政府更大力度支持上海数据交易所建设，支持行业性数据交易平台建设。在提高企业数据管理理念和管理能力方面，需要相关部门进一步积极引导和推动市场主体数据管理成熟度（DCMM）、数据安全能力建设框架（DSMM）等国家标准贯标工作，鼓励交易机构、数商企业、中介服务组织、行业协会等探索数据标准规范的建设。在数据人才的培育和引进方面，需要相关部门进一步完善相关服务政策和保障措施，使得更多的专业人才汇聚张江。

## 三 进一步推进张江数据要素产业集聚区建设的主要举措

张江数据要素产业集聚区建设应着力完善多层次的数据要素市场，积极培育数据要素市场主体，激发产业链各环节潜能，加强技术、产品和服务协同，推动产业高质量发展。

## （一）积极支持数据要素市场化平台建设

### 1. 运用浦东立法权限制定数据专项法规

积极发挥制度创新在数据要素市场建设中的指导及引领作用。深入贯彻落实中央《关于构建数据基础制度更好发挥数据要素作用的意见》《数字中国建设整体布局规划》等重要政策文件，结合深化《上海市数据条例》，依托浦东新区法规立法权限，研究出台数据专项法规。为解决数据确权难、交易流通难等问题而制定的《上海市促进浦东新区数据流通交易若干规定（草案）》，已进入公示阶段。该法规充分利用浦东新区法规的立法权限，针对"数据二十条"提出的数据产权结构性分置制度进行探索，丰富细化数据资源持有权、数据加工使用权和数据产品经营权的内涵和要求，界定数据产权人的主体范围并明确其相关权益。下一步，浦东新区要力争在数据资产化、数据安全、数据要素收益分配等方面进一步加强立法探索，加快形成数据要素市场化制度体系。同时，积极参与推动上海市数据地方标准和团体标准的制定出台。

### 2. 支持交易流通功能和机制的完善

大力支持上海数据交易所在准公共服务、全数字化交易、全链生态构建、制度规则创新等方面功能的完善。积极参与制定和完善数据资产挂牌与登记制度，加快制定数据流通合规性评估、数据产品及服务权益认定、数据质量评估、数据交易定价等相关标准。支持探索研究将数据资产纳入企业资产负债表，建立数据资产价值评估机制。做好协同监管，使企业对合规成本形成稳定预期，助力供需两端解决数据争端。支持上海数据交易所探索建立数据交易国际版，特别是加强与临港国际数据港先导区功能联动，积极争取相关政策在集聚区同等适用，深化数据跨境流动机制创新。

### 3. 助力数据流通交易活跃度的提升

支持浦东各类企业形成高质量数据产品并在上海数据交易所挂牌交易。继续利用好专项发展资金，支持各类企业在数据交易所挂牌交易数据产品。

重点支持金融、航运、贸易、科技、先进制造业等各领域企业入场交易，提升数据流通交易的活跃度。鼓励上海数据交易所发起数据采购"团购"和"数据+算力"组合销售模式，提供灵活多元化的数据业务合作模式，引导中小企业将场外交易向场内交易转移。出台实质性举措支持浦东政府部门、国有企业率先在上海数据交易所入场交易，并建立数据产品双向流通渠道，优先通过上海数据交易所采购数据产品。依托上海数据交易所已设立的数字资产板块，推动更多与实体经济相结合的数字资产上市发行。

## （二）加快推动高质量数据要素资源集聚

### 1. 探索公共数据授权经营机制

为有效解决数据供给流于形式和适用性差等问题，在加大公共数据开放力度的基础上，积极探索公共数据授权运营机制，加强数据产品开发并挂牌交易。贯彻落实《上海市公共数据开放暂行办法》及《上海市公共数据开放实施细则》，可考虑由浦东国资成立数据集团公司，整合浦东相关部门和国有企业的主要数据资源，通过市场化运作，促进各类数据资源归集、利用和再开发，形成高质量的数据产品和服务，开展数字资产运营、数据交易服务、数字金融科技和数字产业投资，进一步推进数据要素的市场流通和相关产业发展。

### 2. 促进重点领域高质量数据资源汇聚融合

充分利用浦东先导产业、硬核产业和重点先进服务业优势，推动各产业领域数据要素汇聚融合。在人工智能、生物医药、集成电路、智能装备等产业领域，支持行业数据平台建设，培育数据要素链主企业，强化数据要素流通与应用。支持张江药谷与申康集团联动，搭建医企融合信息平台，推进临床数据向企业有序开放，促进基因治疗、高端生物制品、创新药和高端医疗器械研发。支持工业互联网、智能网联汽车等领域的数据要素交易流通，搭建相关数据公共平台，放大产业数据要素集聚效应。在金融、航运、贸易等领域，促进资本市场与数据要素市场融合发展，推动证券、外汇、期货、票据、黄金等金融数据的流通交易与开发利用。支持航运、航空产业加强数据开发与应用，推动航运、航空领域数据要素流通应用。依托本市跨境贸易大数据平台，积极培育贸易数据服务提供商，加强数据挖掘与应用，研究制定贸易数据流通与交易规则，率先推动贸易数据在上海数据交易所交易。

## （三）打造数据要素产业发展良好市场环境

### 1. 营造数字信任生态

为破解数据交易流通的信任问题，应加快建立高效率、可信赖的数据可信流通环境，主要在以下四方面着力。一是建设可信数据流通平台，依托上海数据交易所，构建涵盖数据资产登记、交易、结算等环节的基础性功能平台，确保流通数据来源合法、隐私保护到位、流通交易规范。二是完善可信数据技术体系，积极推动加密、存储、安全计算、智能合约、可信硬件等计算技术发展应用。三是建设可信数据标准体系。争取设立数据交易标准化委员会，推动数字信任技术标准与认证体系建设。四是加强数据公共信用服务体系建设，注重信用监管，将数据交易行为纳入市场主体信用记录，探索实施数据交易主体信用评级机制、失信认定机制、失信惩戒机制等。

### 2. 加大数据要素企业培育和引入力度

充分发挥有为政府作用，加快完善公共服务体系，更大力度培育和引进数据要素企业集聚张江。一是加大数商引培力度。依托上海数据交易所，完善签约数商合作机制，建立包括路演、培训、沙龙等在内的公共服务体系。支持上海市数商协会工作，办好每年一度的"全球数商大会"，发布优秀数商名录，鼓励引导企业在数据交易中采用优秀数商专业服务。二是支持链主企业加强行业数据要素整合和开发利用，通过引导基金等助力突破核心技术瓶颈，促进算力、算法和数据资源的精准配置和高效协同，并在优惠政策、企业融资与上市、产学研合作、知识产权服务等方面给予优先支持。三是加快推动企业级数据中心建设，推动各类数据企业开展 DCMM 贯标，强化数据创造、数据创新应用和流通交易能力。四是积极吸引咨询、评估等数据跨境服务专业机构落户张江，支持发展数据跨境服务业。五是推动大中小企业融通发展。建设数据要素产业创新孵化平台和投资平台，构建优质数据要素企业培育库。

### 3. 夯实数字基础设施底座

围绕数据要素产业发展所需的网络、算力和安全等需求，积极推动张江新型数字基础设施建设，为数据要素产业发展提供基础支撑。第一，进一步完善网络连接体系。继续推进第五代移动通信（5G）网络深度覆盖、高速WiFi 和智能传感器等新型基础设施建设，加快建设面向行业的移动专网，提升光纤宽带网络服务能级。加快推进互联网协议第六版（IPv6）部署，全面提升数据传输能力。第二，进一步完善协同计算体系。支持上海超算中心改造升级，加强面向应用的边缘计算节点布局。鼓励集聚区内的数据中心与全市的数据中心以及长三角地区的数据中心建设直达通信链路。构建赋能城市数字化转型的公共算法能力服务平台。支持金融数据港建设共享算力中心，保障数据要素中小企业获得普惠的公共算力资源。第三，进一步构建数据安全系统。建设关键信息基础设施安全防护系统，建立分层处置、分类计算、动态评估的数据安全管理体系，增强数据安全监测预警和应急处置能力。第四，积极推动大数据联合实验室、大数据测试认证平台、体验中心、实训基地等建设。发展大数据开源社区，培育开源生态。第五，大力支持集成电路关键核心技术突破，推动国产应用软件研发与应用，强化张江数字技术创新策源功能。

**参考文献**

《张江数据要素产业集聚区建设三年行动方案（2023~2025 年）》，2023 年 4 月。

于施洋、王建冬、黄倩倩：《论数据要素市场》，人民出版社，2023。

国家工业信息安全发展研究中心：《中国数据要素市场发展报告（2021~2022）》，https：//cics-cert. org. cn/web_ root/webpage/articlecontent_ 101006_ 15977727594363658 26. html。

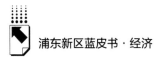

中国信通院：《中国数字经济发展研究报告（2023 年）》，http：∥www. caict. ac. cn/kxyj/qwfb/bps/202304/t20230427_ 419051. htm。

中国信通院：《数据要素白皮书（2022 年）》，http：∥www. caict. ac. cn/kxyj/qwfb/bps/202301/t20230107_ 413788. htm。

中国大数据产业观察：《全国数商产业发展报告（2022）》，http：∥www. cbdio. com/BigData/2022-11/28/content_ 6171178. htm。

# B.12
# 以民宿产业助推浦东的乡村振兴

郭 岚*

**摘 要:** 近年来,周边游和近郊游逐渐取代了长途旅行和跨省游,而郊区民宿成为越来越多人逃离城市、追求田园生活的新选择。因此,各地民宿市场,尤其是精品民宿,迎来了自己的"黄金时期"。在推进上海构建全球城市的过程中,具有浦东特色的民宿生意逐渐兴旺,这种多方合作的新方式发挥了至关重要的作用,有助于打通城乡壁垒以及促进城乡一体化发展。浦东地区的特色民宿探索了一种独特的发展模式,通过一二三产业融合发展,为乡村农民带来了新的收入来源,在致力于推动浦东地区农业发展壮大的同时,也更为注重环境的美化和农民收入的提高。

**关键词:** 民宿 城乡融合 乡村振兴 旅游业

通过发展乡村民宿①,可以利用好农村的自然环境和人文景观优势,更好地将它们与当代经济发展结合在一起。上海浦东郊区的农村地区仍然保留了大量的自然风光以及悠久的文化遗产,这些独特的历史及人文景观,使特色民宿成为将城市文化和乡土文化有机结合的枢纽和平台。通过一二三产业融合发展,乡村民宿在推进浦东乡村振兴和提高城乡一体化水平中扮演着关键角色。

---

\* 郭岚:上海社会科学院经济研究所副研究员,研究方向为城乡关系、"三农"问题。
① 民宿一般认为是起源于欧洲乡村地区的一种旅游业态,最初以简单地提供住宿与早餐为基本模式,而国内民宿以10多年前云南丽江的客栈为雏形。

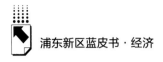

# 一 浦东民宿发展的背景

发展民宿是推动农村产业结构转型升级的重要抓手，也是以旅游业为主导产业的特色小镇建设的重要载体。

## （一）有强大的市场需求

当经济发展到一定水平时，游客会向往天然的乡村环境，这也是乡村旅游受到高度关注的重要原因之一。在上海，人们对农村旅游市场的需求和发展潜力十分乐观。在2022年，有超过九成的上海居民选择了市内旅游。在被调查的人中，大部分民众表示愿意到古镇、乡村等地方游玩，比例约为52.9%，还有31.1%的人愿意前往更加偏远的郊区，在乡间草地享受大自然的景色。

## （二）农民有增收的诉求

许多已经转让了土地的农户普遍存在年龄较大且受教育程度不高的情况，这导致他们很难就业。多年来，浦东郊区农民的年度可支配收入比周边城市（如嘉兴、昆山）要低很多，他们的非农业所得收入相对来说是比较有限的。因此，为了能让农民更快地富裕起来，提高他们的生活水平，大力发展乡村旅游成为一种必要措施。

## （三）有丰富的旅游资源

尽管浦东郊区的自然环境无法与邻近省份（例如浙江和江苏）相比，但这里有深厚的文化积淀。许多知名的旅游景点坐落在浦东郊外，其中包括古镇、水乡、老街、古文化遗址和迷人的乡村风景等。这里不仅传承了源远流长的民间习俗和文化传统，也蕴含了很多的非遗文化，还有多种民俗庆典。这些资源可以转变为稀缺的旅游元素，只是它们现在还没有被充分利用，更没有结合到更广泛的文化创意产业中。除此之外，农村地区大量的空置住宅也没有得到充分利用,目前浦东乡村有将近一半的房屋处于空置状态。

### (四)有便捷的交通

近年来,上海致力于提高郊区综合交通运输系统及道路设施水平,努力打造一体化的交通网格。截至 2022 年底,除了崇明区之外,上海所有的区都已经拥有了轨道交通,联通市区和郊区的相关交通设施项目也在积极推进中。调查显示,约 44% 的市民更喜欢选用公共交通出行。随着人们生活水准的不断提升和交通系统更加便捷快速,人们对于到郊区旅游的需求会变得更为强烈。

### (五)有政策的扶持

近年来,国家和上海市政府出台了一系列政策,从精品民宿的打造到民宿的管理,均提出了明确的要求,为保障民宿行业规范、高质量发展做出了努力。同时,伴随着国家有关乡村民宿政策的进一步发布和落实,浦东的乡村民宿正朝着规范化、标准化、精品化的方向发展(见表1)。未来,浦东的乡村民宿应在国家与上海市相关政策的标准下,健康有序地发展,打造充满活力、前途明朗的行业市场经营环境。

**表 1　有关民宿行业的产业政策**

| 文件名称 | 发布时间 | 发布单位 | 与民宿相关的主要内容 |
| --- | --- | --- | --- |
| 关于促进特色民宿业发展的意见(试行) | 2016 年 7 月 | 浦东新区人民政府 | 浦东的特色民宿由乡村空余房屋改建而成,融合了具有地方特色的风景文化和自然资源,除了保留传统的乡土气息外,还展示着独特的住宅风格以及融入大自然的巧妙设计,成为特别的旅游观光景点 |
| 促进乡村旅游发展提质升级行动方案(2017 年) | 2017 年 7 月 | 国家发展改革委等 14 部门联合印发 | 善用该地区宝贵的文化遗产和自然资源等重要资产,在不影响景区承受能力的状况下,轮流实施非繁忙时段的免门票活动,以促进住宿、餐饮、商业等方面的业务成长 |

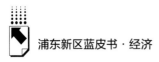

续表

| 文件名称 | 发布时间 | 发布单位 | 与民宿相关的主要内容 |
|---|---|---|---|
| 旅游民宿基本要求与评价(LB/T065-2017) | 2017年8月 | 国家旅游局 | 积极发展客栈民宿、短租公寓、长租公寓等细分业态 |
| 关于统筹做好乡村旅游常态化疫情防控和加快市场复苏有关工作的通知 | 2020年7月 | 文化和旅游部 | 促进乡村观光向乡村旅居、乡村生活转型,提升乡村民宿品质,开发乡村美食、夜间游览、深度体验、主题研学等产品 |
| 全国乡村产业发展规划(2020~2025年) | 2020年7月 | 农业农村部 | 依托都市农业生产生态资源和城郊区位优势,打造综合性的休闲农业和乡村旅游项目,包括设立观光园区和民宿以迎合城市游客的需求 |
| 乡村民宿服务质量规范(GB/T 39000-2020) | 2020年9月 | 国家市场监督管理总局、国家标准化管理委员会 | 对乡村民宿的概念进行区分,明确乡村民宿是一种小型住宿场所,坐落于农村,并且使用当地居民的住宅或村集体房屋来为游客提供住宿服务 |
| 开好局起好步推动文化和旅游工作开创新局面——2021年全国文化和旅游厅局长会议工作报告摘要 | 2021年1月 | 文化和旅游部 | 推出一批全国乡村旅游重点村、乡村旅游精品线路,推动乡村民宿健康发展 |
| 浦东新区促进乡村民宿健康发展的实施办法 | 2021年1月 | 浦东新区文化体育和旅游局等6部门 | 制定推行乡村民宿服务质量标准,鼓励民宿经营主体参与等级评定,提升服务质量和水平,加强专业化培训,培育高素质的乡村民宿服务团队,鼓励浦东乡村民宿经营主体成立或参加乡村民宿协会,促进行业自我管理、健康发展 |
| 关于服务"六稳""六保"进一步做好"放管服"改革有关工作的意见 | 2021年4月 | 国务院办公厅 | 鼓励各地根据实际情况适度放松旅游民宿的许可规定,加速推行统一的行业规范 |
| 社会资本投资农业农村指引(2021年) | 2021年5月 | 农业农村部办公厅、国家乡村振兴局综合司 | 鼓励社会资本参与到休闲农业、餐饮民宿、创意农业、农业体验、康养基地等产业的发展中 |
| 关于推动城乡建设绿色发展的意见 | 2021年10月 | 中共中央办公厅、国务院办公厅 | 推动度假休闲、乡村旅游、民宿经济、传统村落保护利用等标准落实,促进乡村多产业融合发展 |

| 文件名称 | 发布时间 | 发布单位 | 与民宿相关的主要内容 |
|---|---|---|---|
| 关于进一步促进上海乡村民宿健康发展的指导意见 | 2022 年 3 月 | 上海市人民政府办公厅 | 借助乡村民宿的积极作用，积极推动城乡融合和产业互动，助力休闲农业和乡村旅游等领域的创新转型，进一步加速乡村民宿的聚集发展，推动农村地区与城市融合发展，支持新兴行业创造美好家园 |
| 关于促进乡村民宿高质量发展的指导意见 | 2022 年 7 月 | 文化和旅游部等10 部门 | 预计到 2025 年，乡村民宿将初步形成布局合理、特色鲜明、服务优质的格局，以有效迎合游客多样化的需求，个性化服务和高品质要求将成为主流趋势，进一步推动当地经济发展和提高人民生活水平 |

## 二　浦东民宿发展的现状

浦东有丰富的旅游资源，大规模的乡村旅游已初露端倪。根据相关的统计数据，浦东目前有超过 40 家乡村旅游景区，其中，5A 级景区有一家，4A 级景区有两家，3A 级景区有九家。越来越多的乡村旅游资源正在不断涌现，并逐渐形成了一定的品牌影响力，如多年来一直举办的上海桃花会，以及三林老街、新场古镇等。自上海迪士尼乐园开业以来，其周边区域已成为各种民宿的选址地。在迪士尼乐园周边住宿需求旺盛的同时，浦东地区的新型民宿作为一种乡村旅游方式也逐渐兴起。它将民俗文化特色和地方传统民居巧妙结合，通过打造有内涵、有情怀、有品质、有创意的乡村民宿产业集群，创造乡村生产、生活新方式。

首先，考虑在市级或区级美丽乡村示范村和具有发展潜力的古镇老街开设特色民宿，以便在浦东创造出"一家一品一特色"的独特住宿布局。其次，将乡村的公共空间与人文要素相结合，综合运用当地的自然景观和生态特点，全面规划并修复改建村中的空余住宅，打造出独具特色的村落

193

风貌。一种新型住宿和餐饮业态——特色民宿正在兴起，这类民宿以乡间住宅作为营业场地，并提供独特的文化体验。不同于传统的乡村旅游"农家乐"和国外的微型乡村民居，特色民宿将关注点放在了质量、文化和舒适度上。浦东在特色民宿领域率先采取了先行先试的举措。截至2022年底，上海全市有808家乡村民宿（农家乐）合规备案。上海市文化旅游局根据《乡村民宿服务质量规范》，评选出17家五星级、29家四星级和24家三星级共70家上海市星级乡村民宿。浦东新区目前共有五星级民宿一家、四星级民宿三家，其中宿予民宿凭借卓越的品质和服务，被授予上海市首批五星级乡村民宿称号。2023年3月，浦东又有50家民宿获得了行业综合许可证。

---

**专栏1：川沙新镇连民村宿予民宿**

在上海迪士尼乐园周边5公里的半径内，拥有1.2万间左右的客房。但是现阶段迪士尼乐园周边的服务设施中尚无高质量的民宿，这个空白有待填补，可以建设一系列高标准的民宿来满足不同顾客的需求，并提升该地区的配套设施水平，为当地的居民增加经济收益。位于上海市郊、离上海迪士尼乐园仅5公里的川沙新镇连民村近年来渐渐声名大噪，成了一个特色民宿荟萃之地。该村的第一批民宿项目在理念上秉持着传承当地文化、创造艺术情调的原则，务求展示地区特色和文化元素。连民村民宿推出了高端民宿品牌"宿予"，这些民宿经营者们来自五湖四海，开设民宿之前有着各种各样的职业经历。游客可以亲自烘焙制作糕点、感受瑜伽室的宁静、参加垂钓大赛，或者享用邻家奶奶亲手烧制的正宗美食……在这里，游客们将体验到独特的住宿方式。游客们还可以选择乘船漫游水上乡村，或者搭乘专车进入独栋民宿。

---

### （一）浦东民宿的类型

#### 1.迪士尼乐园周边民宿

尽管浦东现有宾馆、旅店已达 18000 多家，但还是难以应对旅游行业的飞速发展。随着迪士尼乐园的正式开园，这一问题越发突出。在迪士尼乐园周边地区，旅游设施质量不高，配套服务数量不足，与迪士尼乐园所带来的辐射效应难以匹配，特别是在住宿方面还存在很大的缺口。为了满足游客的需求，川沙新镇连民村的民宿，以弘扬本地文化为经营理念，力求呈现给广大中外旅客一幅淳美自然的乡村风光与人文风貌相结合的美好画卷。

#### 2.乡村生态型民宿

"百匠村"是位于大团镇果园村的试点民宿项目之一，这里推出的主题度假方案吸引了许多旅客前来体验田园生活之美和平静的感觉。大团镇是浦东新区仅存的纯农业镇，此处洋溢着田园气息，受到城市化影响较少，是发展以"慢生活"为主题的民宿产业的理想地点。另外，基于休闲农业的理念，与大团镇邻近的泥城镇打造"农业综合体"——乡传南·泥·湾，民宿就是重要的项目之一。

---

**专栏 2：大团镇"百匠村"民宿和泥城镇"乡传南·泥·湾"项目**

紧随着川沙地区，大团镇也发布了一个包含乡村旅游的公共品牌新项目——"大团乡居"，为城市居民提供了原汁原味的乡村生活体验。这些民宿分布在桃林深处或田园河畔，旨在让城市人能够共享土地、宅院和民俗文化。特别值得一提的是，"百匠村"并非真实存在的村庄，而是一个聚集了百位匠人的雄心之作。"大团乡居"这个民宿的公共品牌是由大团农投公司注册的。该公司利用农村闲置的住宅资源针对都市游客发展具有本土特色的文化旅游活动项目，为乡村注入了新的生机和活力。果园村中的"百匠村"民宿是"大团乡居"品牌的首个成果，这些

---

民宿不仅拥有独特的风格，硬件设施达到了高标准，更注重为游客提供充满大团乡土气息的体验活动。

在泥城镇进行的民宿试点项目，主要聚焦于一个"大"字，首批投入使用的耕地面积超过了 1500 亩，资金投入总额超 6 亿元。该项目整合利用上百座古旧民居作为建筑基底，同时结合 163 公顷水体以及长达 16 公里的乡间步道进行景观打造，并积极探索将"美丽乡村"的理念融入具有浦东特色风情的居所设计。该项目被命名为"乡传南·泥·湾"，是一个融合了各种现代农创理念的特色计划，目的是把这里的大部分民房都转化为精美的民宿，将生态农业和文化创意产业相结合，以此来打造浦东甚至整个上海最大规模的民宿集聚区，为游客提供独特的乡村体验。

### 3. 古镇文化类民宿

古镇与民宿，它们具有相互依存、彼此促进的特质，呈现内在一致性。在过去的 5 年里，新场古镇已经出现了大约 20 家民宿，这些民宿为古镇添加了生机和美丽。不同于其他古镇（如乌镇、西塘），新场镇的魅力在于它深藏不露，而且是个毫无嘈杂之感且离尘脱俗的地方。为了更好地展现本地特色和文化内涵，最近几年来，新场镇开始大力培育和发展民宿产业。

### 专栏3：花筑·上海裕大俚舍

该民宿位于中国历史文化名镇——新场镇，整合了三座古宅，主体由 1931 年建造的裕大南货店修缮而来，秉承"天人合一"的设计理念，将低调简约的现代元素融入建筑原有的木结构、老砖墙、坡屋面和烽火墙之中。建设过程中广泛采用了温润自然的木材与原生材料制成结构部件，在注重保护历史文化遗产的前提下仅提取其原始构成的最基本要素。

## （二）浦东民宿的特点

截至 2023 年 6 月，浦东新区纳入监管体系的民宿共有 78 家，具体分布如下：川沙新镇 22 家，大团镇 5 家，惠南镇 2 家，老港镇 2 家，书院镇 13 家，万祥镇 1 家、新场镇 7 家、宣桥镇 6 家、张江镇 1 家、周浦镇 19 家（见图 1）。可以看出，由于受到迪士尼乐园辐射带动效应的影响，迪士尼乐园周边川沙新镇和周浦镇民宿的数量占浦东民宿的一半以上，迪士尼乐园游客是其主要客源。

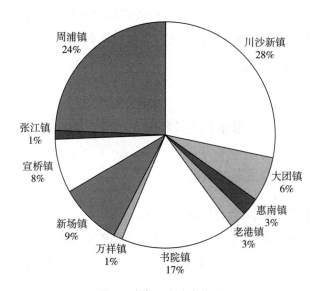

**图 1　浦东民宿分布格局**

资料来源：浦东新区文体旅游局。

浦东旅游资源丰富、游客数量众多。全区年接待游客 8000 万人次以上，旅游消费总额超过 300 亿元。根据相关的数据，自 2023 年春节以来，浦东地区的度假酒店、高端酒店和民宿供不应求，房间紧缺现象普遍存在。部分度假酒店和特色酒店的入住率超过 90%，而乡村民宿更是达到了 96%。随着市场需求的急剧增长，乡村民宿业的问题也浮出水面。从 2016 年到 2023 年，浦东一共颁发了 25 张民宿许可证。一方面，浦东持证乡村民宿仅有 25

家，带动就业不足百人，年接待人次为 5 万人左右，2022 年产值为 2000 万元；另一方面，大量乡村民宿处于无证经营状态，游离在监管之外。准入门槛高、审批流程长，很大程度上制约了浦东民宿业的发展。2023 年 3 月，浦东 50 家乡村民宿集中获颁许可证。浦东民宿的这次改革以经营主体需求为导向，首先就是把多部门依次审批整合为一张行业综合许可证。在审批发证这个环节做最小化的处理，例如房屋安全认证，从审批环节之前挪到拿证之后。以一张许可证激活民宿市场，仅仅依靠放宽准入条件是不够的，更需要科学而严格的监管。目前，浦东各街镇从在营的乡村民宿中，梳理出"白名单"、"鼓励名单"和"淘汰名单"，进行分级管理。浦东新区计划在 2023 年内新增 200 家合规民宿，预计可吸引大约 50 万名游客前来游玩，带来超过 20 亿元的经济收入。

## 三　浦东民宿发展的机遇与挑战

### （一）浦东民宿发展的机遇

#### 1.上海自贸试验区先行先试制度优势

作为制度创新的实验场，上海自贸区为浦东的民宿产业提供了诸多机遇。在旅游方面，上海自贸试验区的开放性政策和新机制将给浦东地区带来许多机会，如旅游资本市场的开放、新业态的突破、旅游产业与其他商业模式的融合发展。

#### 2.旅游大项目、大客流的带动

在拥有世界级主题公园上海迪士尼乐园的同时，浦东的另一个超大规模公园项目——上海海昌海洋公园也已竣工并开始运营。这两个闻名遐迩的世界级旅游项目成就了浦东国际化、全球化的旅游业态，并且为当地民宿业的发展打造了一个稳健的平台，吸引了无数的国内外游客。

#### 3.全域旅游格局正在逐渐形成

除了迪士尼乐园和海昌海洋公园这些大项目外，浦东沿黄浦江 22 公里的公共空间得以全线贯通，这对于推进整个区域的旅游业发展可谓意义深远。随着更多社会资源的投入，每年都会有更多的旅游项目和路线被打造出来。在浦东地区，不同种类的旅游业态，如观光游览、乡村民宿体验以及工业游等旅游项目共同发展，浦东全域旅游的美景正在逐渐展现。

4.周边游、短途游成为新时尚

人们对于周边游和近郊游的需求逐渐上升，市郊地区的民宿业开始成为越来越多人逃离城市、追寻田园生活的全新选择。各地民宿市场特别是精品民宿迎来了自己的"高光时刻"。通过小红书、抖音等各类平台的营销推广，精品民宿一房难求，预定火爆。

## （二）浦东民宿发展存在的挑战

### 1.民宿概念内涵不清晰导致施策难度大

因为国家对于民宿的界定并不统一，所以在面对有关民宿的问题时必须一个个地探讨解决。第一，相关的民宿政策存在不清晰之处（如在什么条件下，农民可以用自家的房屋开办民宿；在不同的情况下，民宿与其他住宿设施及乡村旅游业的关系是怎样的）；第二，在民宿市场上存在不同的分类方法，且每个平台的划分方式不尽相同；第三，虽然与短租房有所重叠，并且由旅游及市场监管部门各自管理，但它们之间仍存有一定区别。

### 2.农村现有房屋先天不足导致审批难度大

目前而言，绝大多数乡村民宿仍缺乏明确的政策监管，很多民宿是靠着"农家乐"的许可证来运营的，也有部分是无证经营或持有不完整的许可证在经营，还有些民宿登记在农业发展公司名下。若想开办一家民宿，需要在特许经营范围内符合多项要求，倘若只满足其中一部分规定是无法顺利取得运营许可的。特别是在浦东，针对农村住宅翻建的管理十分严格，仅限于对房子的外墙稍作修缮和进行一些简单的结构调整，而消防设备如喷淋设备等则不允许安装。除此之外，由于大部分农村地区房屋紧凑密集，稍大的消防车也无法顺利通过。

### 3.民宿发展依托的整体环境欠佳

乡村民宿的经营需依赖于所处的社区环境和周边景点的开发利用。为了让民宿达到大规模发展的目标，就需要有足够的土地来配备相关的旅游配套服务项目，例如停车场、休闲区、公卫设施和游客服务中心等。不过，现阶段浦东的乡村旅游业发展还比较薄弱，环境整治工作尚未达到理想状态，土地资源也相对紧缺。此外，一些民宅现用于建设宾馆、酒店和其他相关配套设施，但因为相关的建设用地申请未被批准，随时可能被强制拆除。

## 四　浦东民宿发展的因素分析

### （一）功能定位

分析民宿发展历程可以看出，民宿发源于特定的时代，大部分的民宿经营者都使用自有房产，而且采用相对灵活的经营方式。一般来说，民宿都是由家庭成员管理的，不同于传统的大型酒店或者高档餐厅，它不提供奢侈的服务和设施，因此定价方面显得更为亲民。民宿为游客提供了了解本土乡村文化的绝佳途径，而当地政府也为其制定了细致的要求与标准，包括对于设施配置、保养洁净度及场所环境的考量，使得民宿在定价上有着明显的竞争优势。在浦东，由市场自发形成的民宿与其他酒店形成了交错互补的局面，而政府的管控也不那么严格，很多民宿都是经营性投资行为，所以需要支付较高的租赁费用，导致其定价普遍比同级别的其他房源要高，这对于它们的发展会产生一定的影响。

### （二）规模限定

在其他国家或地区，对民宿的大小、规模有明确的规定和限制。近年来，民宿市场正朝着更大规模、更精细化、更商业化的方向发展。国内各地的旅游管理部门也已经制定了相关的民宿管理政策和措施（见表2）。

为了促进民宿行业的可持续发展，必须确立适度的经营规模。如果民宿规模过小，不仅会增加管理和运营成本，也难以打造出特色。然而，如果民宿规模过大，就容易与传统宾馆混淆，很难获得政府在财政和税收方面的支持。

表 2　国内外民宿规模限定

| 国家/地区 | 民宿规模 |
|---|---|
| 法国 | 房间数量应限制在 5 间以内 |
| 日本 | 客房数量应为 10 间，最多可容纳约 25 人 |
| 美国 | 客房数量应在 3~10 间 |
| 中国台湾地区 | 客房数量应不超过 5 间，总楼地板面积不超过 150 平方米。对于少数民族地区、休闲农场、观光地区、偏远地区等特色民宿，客房数量可以放宽至 15 间，总楼地板面积可以扩大至 200 平方米 |
| 中国深圳市大鹏新区 | 建筑物的层数不应超过 6 层，面积不得超过 800 平方米。住客的平均活动面积不得低于 4 平方米，床铺数量不得超过 30 张 |
| 中国浙江省杭州市 | 单体建筑面积不得超过 600 平方米，层数不得超过 5 层（含），客房数量不得超过 15 间 |
| 中国浙江省乐清市 | 层数不得超过 3 层，客房数量应至少为 5 间，不得超过 15 间 |
| 中国浙江省长兴县 | 对于 15 间（套）以下的精致客房，建筑楼层不得超过 3 层 |
| 中国福建省厦门市 | 客房数量不得超过 15 间 |
| 中国上海市 | 单体建筑内的房间数量不得超过 14 个标准间，建筑最高为 4 层，建筑面积不得超过 800 平方米 |

## （三）选址条件

民宿项目的成功离不开选址因素。一些成功的民宿案例通常会选址于风景优美且地理位置优越的地方，并会积极融入周围的自然和文化环境进行精心设计和创新运营，通过寻求室内设计、生活方式以及所持有的器具等各方面的共鸣，来展现个性和特色。尽管民宿经营是一种商业行为，但是政府提供的支持和相关的协助对于改善配套设施、开展周边文娱活动及村民动迁安置有着不可替代的重要作用。

## （四）目标客户

从民宿价格来看，浦东民宿工作日平均价格为 400~600 元，周末及节假日为 800~1000 元，部分精品民宿单价略高于全市乡村民宿平均价，民宿单价在长三角地区处于中上水平。相关研究发现，入住民宿的游客通常具有不错的消费能力和较高的知识水平。从目标客群来看，男女性别比例差异不大，年龄主要集中在"70 后""80 后""90 后"三个年龄段，这些消费群体为社会"新中产阶级"，年收入为 20 万~40 万元，消费能力强，且对舒适的闲暇体验有着无限期待，对家庭的概念比较敏感。根据相关的调研，在线下休闲娱乐消费中，景点游、民宿游、乡村游成为"新中产阶级"的首选项。从区域来看，浦东民宿的客源主要来自上海本地。

## （五）运营模式

民宿投资经营的模式存在多种形态，每种都有其优劣之处（见表 3）。①一种较低端的模式类似于农家乐项目，通常由农户自主投资经营，浦东的民宿大多属于这一类型。②公司租用农民住宅用地来运营和发展项目。③由村民出资建设和运营，并由村集体负责统筹协调管理工作。通常情况下，民宿的投资人会聘用与他们理念一致的管理人或聘用一支经验丰富的酒店管理团队。从投资主体方面来看，国内有不同的渠道投资民宿，体现了民宿自身擅长运用社会资源的独特优势。

表 3　民宿投资运营模式比较

| 模式类型 | | 优势 | 劣势 |
| --- | --- | --- | --- |
| 农户+个人 | 农户 | 成本较低，乡村文化得以保留 | 规模较小，需要进一步提升服务理念 |
| | 个体租赁者 | 具备较高的文化素质，拥有强大的外部资源导入能力和多样的信息渠道 | 投入资金较多，无后续资金保障，经营能力稍显不足 |

| 模式类型 | 优势 | 劣势 |
|---|---|---|
| 农户+公司 | 规范化管理和运营,有足够的财力支持 | 个性化方面还有待加强,地理位置偏僻,管理费用高 |
| 农户+农村集体经济组织 | 采用集中管理的方式,权责分明,减少农户在外部沟通方面的困难 | 缺乏灵活性,难以激发农民的积极性和创造力 |

依托迪士尼乐园大客流,以宿予民宿、谧舍民宿、馨庐民宿、乡传南·泥·湾民宿为代表的精品化程度高、知名度高的民宿,能够做到天天有客源,年销售额位于全市民宿的前列(见表4)。

**表4　浦东民宿经营模式比较**

| 民宿名称 | 经营主体 | 优势 |
|---|---|---|
| 宿予 | 明珠富想川沙(上海)民宿文化有限公司(国有控股),由川沙农投、东方明珠、富想(台湾公司)和社会风投等4家公司合资组建 | 拥有充足的资金,经营理念先进 |
| 谧舍 | 民宿(上海)旅游文化发展有限公司(民资) | 企业法人为川沙本地人,有本地运营优势 |
| 馨庐 | 上海馨川酒店管理有限公司 | 项目团队拥有丰富的相关工作经验,擅长品牌运作和设计经营 |
| 乡传南·泥·湾 | 上海浦东乡传农业科技有限公司,由圣博华康和洪久农发公司合资成立 | 规划发展理念立足于浦东实际,注重整体规划和长远发展 |

## 五　把民宿作为浦东乡村振兴的突破口

在中国的多个地区,乡村民宿被认为是发展新型乡村经济的重要途径。为促进浦东农村地区民宿的发展,必须在实施乡村振兴战略的背景下,将城乡一体化战略、美丽乡村战略结合、协调、统一起来。发展乡村民宿是实施乡村发展战略的重要举措之一，有助于推进相关产业的融合发展以及提高农村居民的收入。利用乡村民宿资源，以乡村民宿作为切入口建立一个新的乡村经济业态、一个新的乡村社会形态和一个新的乡村生活生态，为全国其他地区乡村的民宿产业发展提供参考。

## （一）要处理好三方面的关系

### 1. 夯实民宿产业发展的根基

浦东地区的农村，由于缺乏强力的非农产业作为支撑，除了农业之外的其他行业发展缓慢，从而导致了严重的"人才外流"现象。虽然民宿行业的发展能够推动相关行业的协作与配合，但由于缺乏本地的基础设施和人力资源，其带动区域经济发展的效果不尽如人意，在改善农村产业结构以及加速城市化进程中所起到的作用也有限。所以在发展民宿产业的同时，浦东必须加强乡村产业的发展基础，促进城乡资源和要素的均衡流动，营造适宜的环境和氛围来吸引"农二代"回家创业。

### 2. 形成核心竞争力

虽然浦东不同区域的民宿有着各自独特的风格，但在本质上和价值定义方面却缺乏对其背后所承载的文化传统的深刻探究。浦东的民宿源自迪士尼乐园及其他大项目对旅游业住房的需求，但是，民宿的关键竞争优势是经营者与游客之间的交流。现阶段还有许多未被发掘的优秀乡土文化资产亟待开发利用，以期将美好的自然资源转化为美好的经济价值。

### 3. 厘清主要利益相关者的关系

民宿行业通常会涉及很多不同的利益相关方，例如房东、业主、政府、集体经济组织以及民宿协会等。在民宿行业中，民宿经营者和房东是主要经营方，他们把房子改造成民宿，然后提供给游客度假住宿使用，以此获得收益；民宿依靠政府和集体经济来掌握资源和提供设施；协会作为中间机构致力于为成员服务并且规范该行业的扩张。在民宿收入的分配中，经营者和房东是收益的分配主体，地方政府、集体经济组织和协会也能对民宿的收入进行某种程度的调控与影响。要促进民宿行业各方面的利益平衡，就需要找到一个合理的分配方式（例如探索旅游资源评估和有偿使用机制），同时还需要更好地理顺资源持有者和产品运营者之间的关系。

## （二）重点要在三方面发力

在品牌培育上，可以选择表现良好的民宿先行培养；需要全力以赴地开展顶层规划、标准规范、教育培训、活动推广、品牌树立、协调合作等六项工作。

在业态创新上，将重点发展三种类型的乡村民宿：①充满田园风光，可以带给游客别样的乡村度假感受的民宿；②以文化遗产为依托，独具特色的民宿；③以景区和大型旅游项目为依托，独具匠心的民宿。

在模式发展上，推行经营方式多样化和经营主体多元化。一方面，可以运用市场的资金，创办大规模的高端民宿；另一方面，支持和鼓励本地村民、返乡大学生和农村创业者打造别具一格的乡村民居，培育一群乡村民宿领军人物，促进乡村民宿产业朝合法化、规模化、健康化、层次化方向稳定发展。

# 六 浦东民宿发展的新举措

## （一）加快浦东新区乡村民宿发展的布局规划

根据浦东当地自然、人文和古村落的情况，设计出一份详尽的乡村民宿发展规划。该规划要确定民宿发展的重点区域，并将美丽乡村和美丽庭院建设理念相融合。在确保乡村民宿发展目标清晰、空间结构合理、与当地环境相协调的同时，还需要综合考虑当地的产业布局、人口密度、用地情况以及自然环境保护情况。

## （二）探索城市要素与乡村经济结合的新模式

民宿作为一种新兴的旅游形态，需要将城市的设施和农村的资源进行有效的集成，浦东新区民宿业在发展过程中扮演了关键角色，使得城市的资金、科技手段、信息技术、人力资本以及管理理念得以流通并惠及农村。同时还要利用自由贸易试验区的优势开展制度创新，探索将城市的资源和要素引入农村的经济发展新思路，创建一种结合两者、打破现在浦东乡村和城镇产业及资源独立状态的新模式。

## （三）打造乡村版"创客空间"

要实现乡村振兴，关键是提高农村的人口素质。由于现代服务行业的发展相对迟缓，大多数拥有技能和知识的"农二代"选择到城里找工作，无法让创客们的创新与创业精神渗入农村。要让农村的年轻人重新投入家乡建设，浦东新区应该借助新生的民宿业来启发他们的思维和创意，在传承本地传统文化和非遗的基础上开拓事业的新天地。此外，随着民宿业的崛起，会有更多具有前瞻眼光的人前来投资创业，把城市中的资本、文化带回当地发展，这也会培育出当地的创意人才和合作伙伴。民宿产业将成功地推动当地人口的再就业，同时解决城市和乡村发展差距过大问题，有利于浦东实现更高水平的城乡一体化。

## （四）以乡村民宿为抓手创建浦东农业发展先导区

民宿的发展可以激活农村闲置的社会资源，并使各行各业的跨界合作成为可能。浦东要将乡村民宿作为发展的突破口之一，推进其和传统的合作社等组织的协调配合。构建以乡村民宿为中心的乡村产业发展综合体，进一步拓展农业产业的价值网络，探索产业融合的新方式和新路径。

## （五）完善乡村的社会服务体系

在浦东的农村地区，社会服务体系尚不健全，治理模式也较为传统，这与上海建设全球城市的定位不太适应。推动乡村民宿的发展不仅能够促进城市资源向农村流动，打破城乡各自发展的路径依赖，还能将城市中的公共服务和社会管理资源带到乡村地区，为政府主导的乡村社会服务体系的发展提供有力支持。

**参考文献**

王蕾等：《互联网时代下民宿产业发展模式研究》，《商场现代化》2020 年第 9 期。

刘霜：《浙江省精品民宿空间分布特征及形成因素》，《江苏农业科学》2020 年第 5 期。

宁自军等：《乡村振兴战略下民宿产业演进特征与发展路径》，《科技通报》2020 年第 2 期。

朱明芬：《浙江民宿产业集群发展的实证研究》，《浙江农业科学》2018 年第 3 期。

郭岚：《探路乡村振兴：上海乡村民宿业的困境与对策》，澎湃新闻，2023 年 2 月 9 日。

# 高质量浦东

## **B.13**
## 浦东基础设施体系建设与升级研究

谢　超*

**摘　要：** 作为城市现代化的重要方面，城市基础设施体系的现代化既涉及传统基础设施的现代化，也涉及具有高科技水平的新型基础设施的现代化，是企业生产经营、居民生活消费和城市综合发展的必要物质条件。近年来，浦东在交通、能源、生态环境、医疗卫生和养老、教育和文化等传统基础设施建设方面，以及通信网络、高新技术产业、大数据平台等新型基础设施建设方面，均取得了巨大的成就。然而，在部分基础设施的供给数量，以及传统和新型基础设施建设的质量方面，浦东仍有较大的提升空间。对此，要从促进传统基础设施数字化升级、加快推进新型基础设施建设，以及充分发挥国有企业在基础设施建设上的主力军作用三个方面入手，努力推进浦东基础设施建设进程，助力浦东构建"智慧城市"和"全球城市"。

**关键词：** 浦东　基础设施　新型基础设施　智慧城市

---

* 谢超，经济学博士，上海社会科学院经济研究所助理研究员，主要研究方向为马克思主义政治经济学。

改革开放以来，基础设施建设一直都是党和国家十分重视的问题。党的十八大以来，新型基础设施建设日益成为中央高度重视的一项经济工作。2018年末的中央经济工作会议提出，要"加快新型基础设施建设"。2020年，"加快新型基础设施建设"被首次写入了全国两会工作报告，并出现在此后历年的全国两会工作报告中。二十大报告进一步指出，要"优化基础设施布局、结构、功能和系统集成，构建现代化基础设施体系"。新型基础设施建设不仅是在新一轮科技和产业革命背景下我国占领全球产业链和价值链制高点的重要依托，其带动效应也为我国经济高质量发展提供了越来越强劲的新动能。

在新发展格局的背景下，浦东在上海、长三角乃至全国的发展中占据着举足轻重的地位。作为国内大循环的一个中心节点，以及国内国际双循环的一个战略链接点，必须进一步发挥好浦东新区的经济发展增长极作用、长三角一体化的龙头辐射作用、高端制造业服务业和战略性新兴产业的领军作用、高水平制度型对外开放的标杆作用，以及有力引领全上海，乃至整个长三角地区发展的作用。对此，必须进一步加快推进浦东现代化基础设施体系的建设和升级工作。既要不断完善传统基础设施，并推动其数字化智能化升级，又要推动新型基础设施的普及和进一步升级，不断提高基础设施的利用效率，优化各类基础设施的布局和结构，为浦东经济社会高质量发展、提升浦东的城市治理水平，并构建"智慧城市"和"全球城市"提供坚实保障。

## 一　浦东现代化基础设施体系建设现状

自1990年实施开发以来，浦东的经济社会发展与现代化基础设施体系的建设和升级相互促进、并驾齐驱。一方面，涵盖交通、能源、生态环境、医疗卫生和养老、教育和文化等方面的传统基础设施体系已经日臻完善，这些传统基础设施的数字化转型升级工作也在有条不紊地进行中。另一方面，通信网络（主要是5G）、互联网、人工智能、大数据平台、金融科技等数字基础设施建设取得了很大进展。这两个方面都为浦东和上海的经济社会发展做出了重要贡献。

## （一）传统基础设施建设现状

### 1. 交通基础设施建设现状

近年来，浦东的交通基础设施建设取得了新的突破。2021年，交通基础设施建设出现了明显提速的趋势。图1显示了浦东2019~2021年一般公共预算支出中交通运输项目的变化。2021年，一般公共预算支出中用于交通运输的支出较2020年翻了一番多。由于交通运输的公共预算支出中仅有少部分用作维护、保养、管理等相关费用，大部分会用于交通运输的基础设施建设，所以，这一数据可以较好地反映浦东交通基础设施建设的新进展。

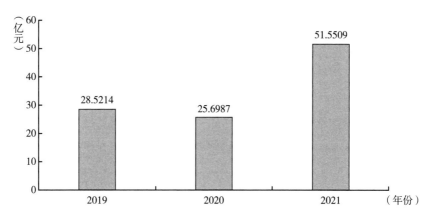

**图1　2019~2021年浦东一般公共预算支出中的交通运输项目**

资料来源：《上海浦东新区统计年鉴2020》《上海浦东新区统计年鉴2022》。

交通基础设施各类子项目的建设情况同样表明了浦东交通基础设施建设持续向好的态势。市内公共交通的投资总额从2018年的54.03亿元增长至2021年的117.39亿元，年均增长率达到了29.5%。受疫情影响，2021年，浦东地面公共交通的运营线路长度和运营车辆数分别为5106公里和4150辆，相对于2020年的5266公里和4296辆分别下降了3.04%和3.40%。然而，地面公共交通的全年客运量从 2020 年的 3.385 亿人次增长至 2021 年的 3.698 亿人次，这说明，浦东地面公共交通的运力有所提升。轨道交通建设的进展更加明显。截至 2021 年末，穿过浦东辖区的已运营轨道交通线（包含磁浮线）已达 14 条，辖区内运营线路里程增加至 307 公里，运营站点数增加至 155 个①。而且，2020~2022 年，新建的轨道交通 14 号线、18 号线（浦东段），临港捷运 1 号线、2 号线，以及延伸的轨道交通 10 号线（浦东段），均很好地缓解了客流压力，进一步提升了途经地区民众出行的便利性。同时，轨道交通 21 号线和崇明线的建设也在按计划推进中。

公路和隧道建设也稳步推进，公路交通网络日渐完善。2021 年，浦东城市道路里程达 1360 公里，较上年新增 53 公里。同时，浦东的越江隧道建设也在有序推进中。2021 年，浦东越江隧道已达 16 条，较上年新增 1 条（江浦路越江隧道）。2022~2023 年，隆昌路和银都路越江隧道也开启了建设进程。而且，越江桥隧车道数也从 2020 年的 105 条增加至 2021 年的 109 条。② 越江隧道建设不仅便利了民众出行，也有利于促进浦东和浦西联动发展。

在航运和港口建设方面，2022 年，浦东各港口货物吞吐总量为 36424.06 万吨，较上年下降 5.1%。其中，外高桥港区和洋山港的货物吞吐量为 16819.19 万吨和 19604.87 万吨，分别较 2021 年下降了 8.8% 和 1.8%。浦东国际机场的货邮吞吐量为 311.72 万吨，较 2021 年下降了 21.7%。2022 年航运和港口货物吞吐量的下滑，很大程度上是疫情冲击的结果。可以预见的是，在这一外生冲击结束后，航运和港口贸易会重回正轨，浦东作为上海和长三角地区航运中心的地位也会进一步巩固③。

在航空客运方面，2022 年，浦东国际机场的旅客吞吐量为 1417.84 万人次，较上年下降了 56%。2022 年航空客运量的大幅下滑，很大程度上也是疫情冲击的结果。实际上，受疫情影响，民众出行受限，浦东的航

---

① 《上海浦东新区统计年鉴 2020》《上海浦东新区统计年鉴 2022》。
② 《上海浦东新区统计年鉴 2022》。
③ 《2022 年上海市浦东新区国民经济和社会发展统计公报》。

空客运量一直处于低位。浦东要进一步加快上海东站的建设和浦东国际机场的扩建工作，并朝着对外交通和市内交通联动的一体化交通体系建设目标迈进。

2. 能源基础设施建设现状

充足的能源供应是浦东企业生产经营、居民生活、经济社会全面发展，乃至进一步打造"全球城市"的必要条件。近年来，浦东能源基础设施建设进度明显加快。表 1 显示，2020 年，受疫情影响，浦东的电力、热力、燃气及水生产和供应业的投资总额较 2019 年有明显下降，但到了 2021 年，这一数字又出现了强劲反弹；施工项目数则从 2019 年开始持续增长。

表1　2019～2021 年浦东的电力、热力、燃气及水生产和
供应业的投资总额与施工项目数

单位：亿元，个

| 年份 | 投资总额 | 施工项目数 |
|------|----------|------------|
| 2019 | 92.81 | 97 |
| 2020 | 60.05 | 167 |
| 2021 | 111.96 | 215 |

资料来源：《上海浦东新区统计年鉴 2020》《上海浦东新区统计年鉴 2021》《上海浦东新区统计年鉴 2022》。

目前，在基本建成了较为完善的城市电网的基础上，浦东正在建设更大规模的电网系统，以更好地满足未来浦东生产和生活的需要。2021 年，浦东全年的售电量为 407.57 亿千瓦时，较上年增长 17.45%。而且，浦东用于电力建设的投资额从 2020 年的 26 亿元增长至 2021 年的 57.91 亿元，这一投资额占城市基础设施投资总额的比例，也从 2020 年的 5.2%增长至 2021 年的 9.9%[①]。

浦东的自来水和燃气管道建设工作也在加速推进中。2021 年，浦东自来水相关设施的投资额为 53.12 亿元，同比增长了 61.75%。其中，自来水

———————

① 《上海浦东新区统计年鉴 2022》。

全年销量达 8.0163 亿立方米，供水管道的总长度已达 12178 公里。2022 年，受疫情的影响，自来水的全年销量下降 2.4%①。在燃气相关设施中，天然气的全年销量达 11.7 亿立方米，天然气的管线长度已达 3721 公里。液化石油气的全年销量为 4.91 万吨。而且，2021 年，在居民炊用燃气中，更安全、环保的天然气的普及率已达 69.2%②。

此外，在可再生能源领域的基础设施建设方面，浦东也取得了卓越的成就。截至 2020 年底，作为亚洲第一座大型海上风力发电场的浦东东海大桥海上风电场的累发电量已达 38 亿度，相当于节约标准煤 117 万吨，为浦东的绿色发展和"碳达峰、碳中和"目标做出了重要贡献③。在未来，浦东要在优化能源结构的基本思路下，加快推进包括风电在内的各类可再生能源的基础设施建设，助力浦东经济高质量发展。

**3. 生态环境基础设施建设现状**

为响应中央的"绿色发展理念"，在促进经济发展的同时，上海也在不遗余力地推进着生态文明建设，以构建绿色城市，促进绿色发展。2021 年，浦东在生态环境基础设施方面的投资额为 64.85 亿元，占城市基础设施投资总额的 11.1%④。

在园林绿化方面，2021 年，浦东相关基础设施投资总额为 58.74 亿元。2018 年以来，全区绿化面积保持稳步增长的态势。2022 年，浦东城市公园总数为 72 座，占地总面积达 1223.38 万平方米。当年新建各类绿地 310 万平方公里，其中，公共绿地占 41.93%⑤。而且，浦东的森林覆盖率已达到 18.46%⑥。将这一数字与上海其他四大新城所在辖区进行比较，可以发现，浦东的森林覆盖率位居中等，略低于平均水平（见图 2）。

---

① 《2022 年上海市浦东新区国民经济和社会发展统计公报》。
② 《上海浦东新区统计年鉴 2022》。
③ 《全国碳市场开市，浦发银行如何点"碳"成"金"?》，《企业家日报》2021 年 7 月 20 日，第 3 版。
④ 《上海浦东新区统计年鉴 2022》。
⑤ 《2022 年上海市浦东新区国民经济和社会发展统计公报》《上海浦东新区统计年鉴 2022》。
⑥ 《浦东"公园城市"建设取得新成效》，澎湃新闻，m. thepaper. cn/baijiahao_ 20262716。

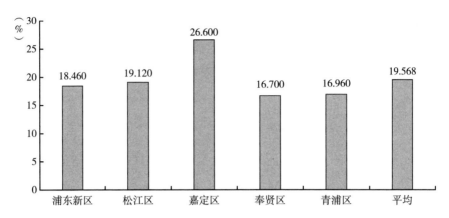

**图2　2022年上海五大新城所在辖区森林覆盖率**

资料来源：上海市松江区、嘉定区、奉贤区2022年国民经济和社会发展统计公报；青浦区数据来自《关于2022年度青浦区国有资产管理情况的综合报告》，https：//www. shqp. Gov. cn/shqp/zwGk/zfGb/2023/5/20230613/1122123. html。

在环境卫生方面，2021年，浦东相关基础设施投资总额为6.11亿元。城镇污水纳管率自2018年以来稳步提升，到2021年已达96%。这表明绝大部分生产生活污水都得到了有效处理。全区垃圾清运量为4315.39万吨，较上年增长75.06%。2019年，上海市开始推行生活垃圾分类政策。三年来，浦东有效执行了该项政策，居民区和企事业单位的生活垃圾分类达标率均达到了95%以上。另外，截至2021年末，浦东已建公共厕所1410座，连续4年稳步增长。

尽管取得了上述成就，浦东的生态环境基础设施建设仍有提升的空间。例如，浦东与上海市的垃圾分类工作尽管领先全国，但与发达国家相比仍有一定差距。对此，不仅要进一步提升垃圾分类达标率，对于有条件的街道，还要进一步细化分类标准，并提高垃圾的回收利用率。在此基础上，建立健全垃圾分类、运输、处理、回收利用的全过程管理体系。

**4. 医疗卫生和养老基础设施建设现状**

在中央"健康中国"理念的引领下，医疗卫生与养老也是城市基础设施建设的重要方面。在医疗卫生方面，2021年，浦东新增了东方医院、第七人民医院和浦南医院三家大型综合性医院，综合性医院总数达到了 7 家①。而且，浦东 2022 年内还建成了 6 家互联网医院，医疗卫生服务数字化转型进一步加快。截至 2022 年末，浦东共有各类大小卫生机构 1521 家，共配备 27272 张床位和 41847 名卫生技术人员，年诊疗总数达到了 4391.2 万人次。在这些卫生机构中，有 85 家综合和专科医院与 196 家社区卫生服务中心②。与上海下辖的其他区相类似，浦东的医疗卫生基础设施供给一直都在稳步增长，其质量也在稳步提升。

浦东的养老基础设施建设进展顺利，很好地满足了日益高品质、多层次的养老服务需要。居家养老方面，2021 年，浦东推行的"居家环境适老化改造试点"已全面覆盖全区 36 个街道（镇），居家养老环境不断改善。机构养老方面，包括社区、养老院、护理院等各类养老机构的总床位数已达到 31708 张③。而且，社区养老发挥着越来越重要的作用。旨在打造全方位社区养老服务的"为老服务中心"较上年新增 8 家，总计已有 62 家④。截至 2022 年底，浦东各类养老机构的总床位数进一步增加至 34715 张，社区"为老服务中心"也增加至 72 家⑤。

### 5. 教育和文化基础设施建设现状

教育和文化基础设施不仅是浦东与上海文化软实力的重要体现，也是浦东创建全国文明典范城区的重要环节，更是实现人民精神富裕的重要载体。在教育基础设施方面，浦东已基本建成了从幼儿托育阶段到高中教育阶段的全方位的配套基础设施。截至 2022 年末，浦东共有各类托育机构 270 家，可提供 1.3 万个托育名额。其中，普惠性托育机构及其可提供的托育名额分别占 57.4% 和 45.34%。基础教育阶段学校共有 646 所，较上年新增 25 所，基础教育阶段学生总数已达 53.67 万人，教职工总人数已达 5.38 万人⑥。值

---

① 《上海浦东新区统计年鉴 2022》。
② 《2022 年上海市浦东新区国民经济和社会发展统计公报》。
③ 《上海浦东新区统计年鉴 2022》。
④ 《浦东新区综合为老服务中心达 62 家　实现街镇全覆盖　社区养老服务圈初步成型》，www. shanGhai. Gov. cn/nw4411/20220113/1f1139fdc3d5417e8223896469610687. html。
⑤ 《2022 年上海市浦东新区国民经济和社会发展统计公报》。
⑥ 《2022 年上海市浦东新区国民经济和社会发展统计公报》。

得一提的是，浦东计划在 2023 年内建设 20 所智慧校园，在 2025 年底前计划建设 50 所智慧校园，以大力推进浦东教育基础设施的数字化、智能化工作①。

在文化基础设施方面，2021 年，浦东共有 36 个街道（镇）社区文化活动中心。街道（镇）图书馆的藏书总量已达 282 万册，较上年上升 1.8%，助力全民阅读更上一层楼。在体育设施方面，所有街道（镇）共配备 4240 个健身点，并配备各类健身器材 38151 件。2022 年，全区体育场地的总面积已达 1427.55 万平方米，人均 2.51 平方米。而且，自 2020 年以来，浦东足球场、上海图书馆东馆、上海天文馆、浦东美术馆、浦东青少年活动中心、浦东群艺馆新馆等一大批文化基础设施建成，而上海博物馆东馆、上海大歌剧院等文化基础设施也在紧锣密鼓地建设中②。2022 年，吴昌硕纪念馆、浦东历史博物馆等场馆能级提升明显③。这些文化基础设施很好地丰富了浦东人民的精神文化生活，也有助于满足浦东人民的美好生活需要。正是基于浦东种类齐全、功能多样的文化基础设施，2022 年，浦东顺利通过了"国家公共文化服务体系创新发展示范区"称号的复核。

## （二）数字基础设施建设现状

与传统基础设施不同，推进数字基础设施建设具有更加深远的意义。数字基础设施不仅是人民生活便利化的必要条件，更是浦东与上海经济高质量发展的新引擎和新动能，很大程度上将决定浦东与上海未来发展的潜力。

### 1. 通信网络基础设施建设

5G 网络建设取得显著进展。截至 2022 年末，浦东共建成 18435 个 5G 室外基站，约占全市的 27.1%，基本实现全区 5G 网络覆盖④。而且，浦东

---

① 《上海浦东升级教育数字化基础设施，明年建成 20 所智慧校园》，baijiahao. baidu. com/s? id = 1746492700172194360&wfr = spider&for = pc。
② 《上海浦东新区统计年鉴 2022》。
③ 《2022 年上海市浦东新区国民经济和社会发展统计公报》。
④ 《2022 年上海市浦东新区国民经济和社会发展统计公报》《2022 年上海市国民经济和社会发展统计公报》。

全区已在智慧教育、智慧医疗、智能制造等领域推进 5G 应用项目 93 项。2023 年 4 月，上海移动在浦东前滩-世博园区域首先建成了全球领先的 5G 大规模全频段网络，这是上海通信管理局 2022 年底开展的 5G 网络能级提升"满格上海"行动计划中的重要内容①。与此同时，5G 研发的相关基础设施建设的成效也已经开始显现。2020 年 3 月，浦东金桥 5G 生态产业园建成。三年来，包括华为、小米、上汽、诺基亚贝尔等一大批国内外知名企业先后聚集于此，这些企业及其配套研究机构成为浦东、上海，甚至全国 5G 技术研发与创新的中坚力量②。概言之，上述 5G 网络建设的诸项成就均加速推进了浦东和上海建设具有国际影响力的数字城市的进程。

互联网的普及与建设也在稳步推进中。表 2 的数据表明，浦东的家用宽带和光纤网络安装数量均呈现稳步增长的态势，二者在 2015～2021 年的年均增长率分别达到了 4.51% 和 8.71%。其中，速度更快的光纤网络的接入户数增长更为明显。

表 2　2015～2021 年浦东电信宽带用户数和光纤入户数

单位：万户

| 年份 | 电信宽带用户数 | 光纤入户数 |
| --- | --- | --- |
| 2015 | 106.2 | 87.6 |
| 2016 | 108.9 | 92.1 |
| 2017 | 110.2 | 97.4 |
| 2018 | 116.1 | 108.2 |
| 2019 | 127.2 | 122.6 |
| 2020 | 134.9 | 122.4 |
| 2021 | 138.4 | 144.6 |

资料来源：《上海浦东新区统计年鉴》，2016～2022。

① 《"满格上海"在行动，"全频段 5G"来啦！上海移动率先完成网络规模开启》，wenhui. whb. cn/zhuzhan/cs/20230424/518134. html。

② 《不只有华为、诺基亚贝尔，上海这个区域如何打造 5G 高地》，baijiahao. baidu. com/s？id = 1747848636036723591&wfr=spider&for=pc。

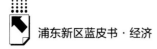

### 2.高新技术产业基础设施建设

作为浦东乃至全上海高新技术产业发展的旗帜，张江高科技园区在 2021 年的规模以上工业总产值达到了 1897.63 亿元，其中高技术产业产值达到了 872.25 亿元，较上年增长了 6.79%。而且，园区内的高新技术企业数从 2020 年的 1273 家迅速增加至 2021 年的 1752 家，总员工数也从 2020 年的 31.72 万人增加到 2021 年的 36.18 万人，增幅分别达到了 37.6% 和 14.06%①。在基础研究能级提升方面，张江高科技园区也交出了令人满意的答卷。在"五个一批"项目中，浦东首轮完成 72 项，第二轮完成 62 项，第三轮的 102 项已于 2022 年底全面开展②。截至 2023 年 8 月，在张江高科技园区中已建成、在建和规划中的重大科学技术基础设施共 12 项，包括上海光源、蛋白质设施、超强超短激光装置、X 射线自由电子激光装置等。同时，园区内还有超过 100 家涵盖产业链全生命周期的技术服务平台③。

2020 年 5 月，上海（浦东）人工智能创新应用先导区在张江高科技园区成立，旨在大力促进人工智能领域新技术的研发、创新、应用和普及。2022 年底，《张江科学城扩区提质三年行动方案（2022～2024 年）》的发布标志着张江高科技园区的发展迈上了更快的车道。截至 2023 年 6 月，园区内已经聚集了超过 150 家孵化载体，为园区内的创业、研发、人才培养等相关活动提供了坚实、全方位的保障。其中，作为园区内面积最大的孵化器，张江高科 895 孵化器在过去 8 年的时间中孵化出了超过 1000 家科创类企业④。而作为浦东人工智能创新应用的先导区，园区中张江人工智能岛的建设和发展也日新月异。2023 年 8 月，人工智能岛内已经聚集了包括阿里巴巴、齐感科技、云从科技、汇纳科技、IBM 等在内的 100 多家国内外知名

---

① 《上海浦东新区统计年鉴 2022》。
② 《2022 年上海市浦东新区国民经济和社会发展统计公报》。
③ 《聚焦扩区提质，张江科学城建设取得新进展》，mp. weixin. qq. com/s/w6BcMv3Ksjauotg QJkzmiA。
④ 《为创新"种子"厚植沃土　上海张江集聚 150 余家孵化器》，baijiahao. baidu. com/s? id = 1769300705263685870&wfr = spider&for = pc。

企业和7000多名研发技术人员①。此外，根据2022年11月中央发布的《上海市、南京市、杭州市、合肥市、嘉兴市建设科创金融改革试验区总体方案》的要求，2022年12月，浦东张江的全球金融科技实验室落地。这一实验室旨在更好地服务于浦东与上海的金融科技发展，加快浦东与上海金融业的技术升级②。

### 3. 大数据平台基础设施建设

在大数据平台建设方面，2022年，浦东大数据资源平台已收录了86个部门、共计9469条数据资源目录，总数据量已超过82亿条。2022年，在依托上海市公共数据开放平台的基础上，浦东还收到个人、企业与社会组织共计177次的开放数据需求申请。而且，浦东"两网"建设也取得了重要成就。"一网通办"年度办理服务共计790.41万件，其所涵盖的服务事项已达2874种，其中超过70%的事项可全程线上办理。而且，浦东在2022年还实现了"一网通办"在行政审批中的全面覆盖③。2023年，浦东"一网统管"建设也迈入了4.0时代，这一全天候、全覆盖的城市"智慧大脑"为浦东城市治理的数字化和智能化升级做出了重要贡献。2023年3月，浦东能源数据平台上线，这一平台能促进浦东各类能源的精细化管理和能源结构的优化，并有利于浦东与上海的绿色发展④。2023年7月，上海市政府发布了《关于促进本市生产性互联网服务平台高质量发展的若干意见》。对此，浦东明确表示，要以大宗商品交易、工业品电商服务、数字化转型服务和专业服务四类平台为依托，培育50余家标杆企业，打造世界一流、业态多元、服务高效的综合性平台集聚区⑤。

---

① 《聚焦扩区提质，张江科学城建设取得新进展》，mp. weixin. qq. com/s/w6BcMv3Ksjauotg QJkzmiA。
② 《全球金融科技实验室在上海浦东揭牌》，baijiahao. baidu. com/s? id = 1751557860856458013&wfr=spider&for=pc。
③ 《2022年上海市浦东新区国民经济和社会发展统计公报》。
④ 《全市首个区级能源大数据平台上线，将推动城市能源管理精细化》，export. shobserver.com/baijiahao/html/594453. html。
⑤ 《促进生产性互联网服务平台高质量发展，浦东将培育50家标杆企业》，baijiahao. baidu. com/s? id=1771765824399984146&wfr=spider&for=pc。

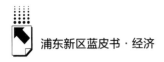

## 二 进一步推动浦东基础设施体系建设与升级的主要思路

### （一）有针对性地增加部分基础设施的供给

尽管浦东在基础设施建设方面已经取得了巨大的成就，但部分基础设施的供给数量仍有提升的空间。在未来，随着产业结构的进一步优化升级（高端制造业和服务业比重不断增加），以及人们需求层次的不断提升，相对于交通、能源等基础设施，人们对医疗卫生养老、生态环境、文化教育等基础设施，以及新型基础设施的需求将会持续增长。所以，后者是提升基础设施供给的重点。

例如，在城市绿化方面，前文的数据表明，浦东的森林覆盖率略低于五大新城的平均水平。但考虑到浦东尚有大量土地可以用作绿化用地，所以，未来浦东的园林绿化覆盖率还有进一步提升的空间。再如，前文已经指出了近年来浦东在医疗卫生基础设施建设方面所取得的成绩，然而，外省市病患庞大潜在需求的存在，对包括浦东在内的上海医疗卫生基础设施形成了持续的压力。由于存在庞大的外来常住人口群体，浦东的医疗卫生基础设施在人均占有量方面仍有较大的提升空间。有数据表明，2021 年，在"每万人拥有卫生技术人员数"和"每万人拥有床位数"这两项指标上，浦东分别为26.09 名和47.5 张，明显低于黄浦区（152.93 名/244.15 张）、徐汇区（263.65 名/161.09 张）和静安区（79.39 名/145.65 张）。而且，在"每万人拥有卫生技术人员数"这一指标上，浦东还低于松江区（28.22 名）和嘉定区（48.15 名）[1]。所以，要更好地推进浦东医疗卫生基础设施建设，以更好地满足浦东、上海，甚至长三角地区和全国人民群众的医疗需要。

而且，从浦东新区所下辖的街道（镇）的视角来看，对于花木街道、

---

[1] 《上海统计年鉴 2022》。

陆家嘴街道、洋泾街道、川沙新镇、三林镇、北蔡镇等常住人口较为密集的街道（镇），以及作为五大新城之一的南汇新城，推动传统基础设施供给数量的稳步增长，以满足不断增加的需求，是十分必要的。而在浦东很多开发程度较低的偏远乡镇，尤其是外环以外的区域，仍然存在公路交通（包括骨干路网和乡村公路）、绿化、公共卫生设施、文化教育设施、5G 基站等建设无法满足当地居民需求的情况。所以，增加上述人口密度相对较低的街道（镇）的基础设施供给数量，是未来浦东推动现代化基础设施建设的一项重要工作，也是缓解浦东基础设施分布不均问题的重要方面。

## （二）努力提升基础设施建设的质量

相比于基础设施的供给数量，供给质量是更亟待优化的方面。随着城市化的不断推进，浦东的各类基础设施建设在供给数量方面早已在不同程度上领先全国。今后浦东基础设施建设工作的重点应从"数量"转向"质量"。换言之，未来基础设施建设工作的重点不在于大规模推进新的基础设施建设，而是通过提升已建传统基础设施使用效率、优化基础设施结构和空间布局等，以精细化的发展路径推进现代化基础设施体系建设。由于浦东 20 世纪 90 年代初才开始开发，新世纪后才开始迈向高速发展的快车道，所以，与上海其他辖区不同，浦东的老旧基础设施相对较少，有助于浦东的传统基础设施升级和优化布局工作。

第一，在推动传统基础设施数字化升级的基础上，提升已建传统基础设施使用效率。在大数据等数字技术的加持下，可以更高效地使用传统基础设施。最典型的例子就是市内公共交通基础设施。上文的相关数据已经表明，近年来，浦东在市内公共交通基础设施升级上已经取得了重要进展，核心区域的信息化综合交通运输网络体系已经基本建成。然而，由于庞大的人口基数，公共交通出行的需求在特定区域及特定时间段内的满足情况依然不佳。例如，在早晚高峰时段，地面公共交通的世纪大道、陆家嘴环路、高科西路、浦东南路等路段，以及轨道交通的世纪大道站、龙阳路站、周浦东站等，常常会出现不同程度的交通拥堵情况。对此，如何更好更充分地利用数

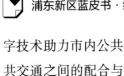

字技术助力市内公共交通建设，并在此基础上，推动市内轨道交通与地面公共交通之间的配合与协调，以进一步提升市内公共交通运营效率，不断完善市内公共交通服务，努力减少高峰时段的交通拥堵现象，应该成为未来浦东市内公共交通基础设施建设的重要任务。进一步来看，在深化"两网"建设的背景下，浦东在传统基础设施数字化升级方面已经取得了一定的成绩。在未来，这项工作的着力点应放在促进不同部门、行业、区域的数据互联和共享上，以打破部门、行业、区域间的壁垒，促进不同部门、行业、区域间的合作。在此基础上，各类传统基础设施的使用效率才会真正地提高。

第二，努力克服新型基础设施建设中的问题。尽管浦东在新型基础设施建设方面已经处于全国领先的地位，但要与国际一流水平对标的话，仍存在一定的差距。以浦东大数据平台基础设施为例，这一基础设施在两个方面仍有较大的提升空间。一方面，大数据平台基础设施在数据安全标准化方面仍有待完善之处。目前，浦东的数据标准体系有待从相关法规的层面加以完善。尤其要加快制订一些重点数据和重点领域数据的标准，以从根本上保障数据安全，推进浦东"数字城市"建设。另一方面，还部分地存在"数据孤岛"问题，政府各部门所掌握的海量数据无法最大限度地发挥其经济与社会价值。浦东新区政府各部门一直都以较高的行政效率而著称，而且，浦东的"两网"建设也在深入推进中。然而，既由于数字技术应用不够充分和相关人才队伍缺乏，又由于一些旧的体制机制仍阻碍着数据的部门间共享，浦东在各部门的协调机制建设方面仍存在短板。而且，如何明晰数据共享过程中不同主体间的责权关系，也是要加以克服的重要问题。

第三，以更好地服务浦东社会民生、产业发展和城市治理为主要目标，不断优化传统和新型基础设施结构。市内交通、生态环境、医疗卫生、教育文化等基础设施建设的规划安排要以更好地满足人民群众切身、急迫的需求为主要依据。要更好地发挥各类高新技术产业基础设施对于高端制造业和服务业的推动作用，并进一步推动新型基础设施建设和高端产业的联动发展。要挖掘基础设施的多维价值，发展依托于特定基础设施的特色经济。例如，可以将浦东的生态环境、教育文化等基础设施打造为特色旅游资源，以大力发展浦东的特色旅游经济。还要更好地发挥大数据平台基础设施在优化完善浦东城市治理，打造世界级"智慧城市"中的重要作用。在此基础上，可以不断完善优化浦东总体的产业发展和城市治理的规划安排，并以此为依据补齐浦东基础设施建设的短板，不断优化基础设施结构。此外，在推动浦东基础设施建设以更好地服务民生方面，民众的部分真实利益诉求仍难以在数字化的条件下得到很好的反映。

## 三　浦东现代化基础设施体系建设与升级的主要对策

第一，促进传统基础设施数字化升级。如前文所述，浦东传统基础设施建设应以"精细化"，而非数量上的大幅扩张为主要方向。而要推进"精细化"，尤其是提升传统基础设施的使用效率和便利性，传统基础设施的数字化升级是必由之路。对于传统基础设施的数字化升级工作，除了要进一步扩大5G、互联网、大数据、人工智能、区块链等技术的应用范围，为各类传统基础设施数字化升级提供技术保障之外，更重要的是，要促进不同行业、部门间数据的互联互通、共享共用，尤其要促进5G与传统基础设施建设领域的深度融合。为此，要加快制定统一的数据标准，破除不同行业、部门间的数据壁垒。在此基础上，不同基础设施的管理部门才能真正地在数字化的基础上进行协调与合作，以更好地服务于浦东各区域基础设施建设的整体工作。目前，在浦东的传统基础设施建设中，交通、能源的数字化程度较高，生态环境、医疗卫生、文化教育等基础设施的数字化程度还有较大的提升空间。对此，一方面，要进一步优化交通、能源基础设施领域的数字化建设，推动各类数字技术在这些领域的全面、深度应用，构建智慧交通体系和数字化能源供应体系。另一方面，要在依托已有相关基础设施的基础上，进一步推动浦东生态环境的数字化监测、互联网医疗、智能化垃圾处理、互联网教育等项目的发展。在此基础上，还要进一步深化"两网"建设，不断强化相关数据的收集、传递、存储、处理和分析能力，逐渐将数字技术覆盖至城市治理的各方面，尤其是要覆盖直接涉及社会民生的方面，持续提升城市治理的数字化水平，以持续提升城市治理的精准度、效率和整体效能。

第二，加快推进新型基础设施建设。新型基础设施建设是浦东打造"全球城市"的重要环节。对此，浦东要以世界一流的数字基础设施水平为标杆，全面推进 5G 基站、互联网、工业互联网、大数据平台、人工智能平台等基础设施建设。要根据浦东的产业结构现状及未来发展趋势，推动 5G 网络、工业互联网等的行业专网建设。要着力推进浦东数字基础设施建设与高端制造业、服务业协同发展。以张江高科技园区和金桥现代产业服务区为依托，推动高端制造业体系和数字技术的深度融合，推动浦东集成电路、人工智能、新能源、生物医药等代表性产业的发展，并加快打造新的数字应用场景，推动浦东生产性服务业的数字化升级。不仅如此，还可以构建更新的研发科创中心、产业园区和孵化基地，进一步紧跟国际数字技术发展前沿，争取在新一代数字技术研发方面走在世界前列。

相比之下，更重要的任务是进一步优化大数据平台基础设施建设，努力将浦东打造为全上海、长三角，甚至全国的一个重要数据中心和信息枢纽，并努力推动构建主体多元、权责清晰、标准完善的公共数据治理体系。具体来说，要在不断优化大数据基础设施布局的基础上，将"两网"建设进一步升级为城市智能中枢（大脑），全面覆盖浦东的城市运行和发展过程，尤其是重点区域的运行和发展过程。对此，需要不断消解部门、行业、区域间的数据流动壁垒，不断完善数据标准体系，以打通各类数据搜集、流动、共享、反馈、应用的全过程，并为这一过程建立全面系统的法律法规和行业标准规范。尤其是要在深化行政管理体制改革的背景下，努力与国际一流标准接轨，加快构建政府不同部门间的数据共享机制，破除"数据孤岛"问题，不断提升浦东的城市治理水平。另外，在跨境数据流动方面，浦东也大有可为。要以自贸区临港片区为依托，对标国际一流标准和经验，同时推进跨境数据流动的相关基础设施与数据安全标准和安全体系建设，努力推进国际数据港建设，并制定低风险跨境流动数据目录，以探索构建既高效又安全的跨境数据流动体系。

此外，还要加大广大体制外的群众、中小企业、社会组织等在浦东新型基础设施建设乃至"智慧城市"建设方面的参与力度，建立健全相应的参与渠道和参与机制，使得浦东新区政府相关部门能更全面、深入地掌握各方的真实需求，以更好地发挥浦东新型基础设施建设服务于经济发展、社会民生的作用。相对于内陆地区，浦东显然有更完善的营商环境和更发达的市民文化，这也就决定了，浦东的群众、中小企业和社会组织也会普遍更加活跃，会更倾向于表达自身的合理利益诉求。而且，上述参与渠道和机制的建立也有助于构建良好的政民互动关系，以及亲清政商关系。

第三，充分发挥国企在基础设施建设方面的主力军作用。很多大型基础设施是私人资本难以承担的，因此就需要国有企业发挥其应有的"主力军"作用。自 90 年代初浦东实行开发以来，一大批国企直接或间接地参与浦东的大型基础设施建设过程，以及基础设施的数字化升级工作中，并发挥着不可替代的关键作用。例如，上海建科在为浦东国际机场、洋山港、上海中心大厦等重大工程提供技术服务的同时，也努力推动传统基础设施的数字化、绿色化转型①。再如，成立于浦东开发之初的上海城投和隧道股份，均很好地发挥了为浦东城市化和整体上经济社会发展保驾护航的作用。二者分别在公路交通、能源（供水）、卫生（垃圾转运），以及跨江隧道、燃气管道等基础设施建设方面发挥着中流砥柱的作用②。更重要的是，未来几年，各类国企国资将会以年均超过千亿元的投资力度，助力浦东现代化建设引领区的发展。其中，科创、民生服务等相关配套的基础设施建设，将会是投资的重点领域之一③。在未来，国企国资要继续发挥好在浦东基础设施建设中的关

---

① 《上海建科：不只是"建设者"更是"运营家"》，《上海证券报》2023 年 3 月 13 日，第 7 版。

② 《上海城投：助力浦东恒新发展》，《上海国资》2020 年 12 月 20 日；《隧道股份：融入浦东开发全程》，《上海国资》2020 年 12 月 20 日。

③ 《浦东国资国企"十四五"年均将投资近千亿元》，《文汇报》2021 年 9 月 16 日，第 5 版。

键作用，尤其是在助力基础设施数字化升级中的重要作用。对此，要坚持做大做强国有资本和国有企业，完善国有资产管理体制，并优化公共投资基金管理体制。此外，还需要引导国企国资适度地向浦东非核心区域（尤其是外环以外区域）的基础设施建设项目倾斜，以不断优化浦东基础设施建设布局。

**参考文献**

《上海浦东新区统计年鉴2020》《上海浦东新区统计年鉴2022》。

《2022年上海市浦东新区国民经济和社会发展统计公报》。

《上海浦东新区统计年鉴2022》。

《全国碳市场开市，浦发银行如何点"碳"成"金"?》，《企业家日报》2021年7月20日，第3版。

# B.14

# 浦东新区绿色低碳循环发展：
# 目标、现状和政策建议

赵 琳*

**摘　要：** 浦东新区承担着打造现代化建设引领区的任务和使命，在绿色发展、低碳发展和循环发展方面面临更高标准的任务和要求。本报告首先在第一部分介绍浦东新区"十四五"期间低碳经济发展目标，并从能源结构、产业布局、交通、建筑、循环经济、科技金融等方面梳理浦东新区的布局和实施方案。第二部分对浦东新区绿色低碳发展现状进行了考察。从发展基础来看，浦东新区在能源消耗、生态环境、循环经济建设等方面都处于领先地位。第三部分分析了浦东新区实现减污降碳目标面临的困难和瓶颈。在此基础上，第四部分从加强组织统筹协调、完善法律法规、提供政策支持、进行技术和基础能力建设、开展宣传教育等多方面提出政策建议。

**关键词：** 绿色低碳发展　能源消耗　环境治理　浦东新区

自习近平总书记在 2020 年 9 月宣布"2030 年实现碳达峰、2060 年实现碳中和"这一目标以来，我国陆续出台了《国务院关于加快建立健全绿色低碳循环发展经济体系的指导意见》（国发〔2021〕4 号）等一系列文件，明确了我国建设绿色低碳循环发展经济体系的要求、原则、目标和指导方针。为贯彻落实党的部署，上海市于 2021 年 9 月 29 日出台了《上海市关于

---

* 赵琳，经济学博士，上海社会科学院经济研究所助理研究员，主要研究方向为环境经济学。

加快建立健全绿色低碳循环发展经济体系的实施方案》（沪府发〔2021〕23号），于 2022 年 4 月 5 日发布了《上海市资源节约和循环经济发展"十四五"规划》等一系列文件，提出了上海市绿色低碳发展的原则和目标。浦东新区作为我国"开路先锋""时代标杆""功能高地""典范引领""示范样板"，承担着打造现代化建设引领区的任务和使命。2021 年 4 月 23 日发布的《中共中央　国务院关于支持浦东新区高水平改革开放打造社会主义现代化建设引领区的意见》中要求浦东新区"实行最严格的生态环境保护制度"。2022 年 10 月 27 日，浦东新区制定了《浦东新区碳达峰实施方案》（浦府〔2022〕171 号），提出了提高能源效率等多项目标，以及包括大力发展可再生能源在内的八大重点任务，并明确了相应的保障措施。浦东新区虽然在能源消耗、环境质量、治理水平等多方面处于领先地位，但受制于产业和能源结构，实现绿色低碳循环发展目标存在困难和瓶颈。本报告将聚焦绿色低碳发展，对浦东新区绿色低碳发展任务和目标、现状、困难和瓶颈进行分析，并提出政策建议。

## 一　浦东新区绿色低碳循环发展目标和方案

2022 年，上海市人民政府和浦东新区人民政府相继发布了《上海市资源节约和循环经济发展"十四五"规划》和《浦东新区碳达峰实施方案》，分别明确了上海市和浦东新区在"十四五"期间的低碳循环发展目标。上海市各项发展目标见表 1。表 1 中，单位生产总值能源消耗下降率和单位生产总值用水量下降率为约束性指标，其他为预期性指标。浦东新区发展目标见表 2。浦东新区要求 2025 年单位生产总值二氧化碳排放确保完成市下达指标，单位生产总值能源消耗下降率和主要废弃物循环利用率两项目标和上海市要求相同，除此之外，浦东新区对绿化、建筑、光伏装机等提出了明确要求。

**表 1　上海市"十四五"期间资源节约和循环经济发展目标**

| 指标名称 | 目标值 |
|---|---|
| 单位生产总值能源消耗下降率 | 14% |
| 非化石能源占能源消费总量比重 | 20%左右 |
| 煤炭消费下降率 | 5%左右 |
| 单位生产总值用水量下降率 | 16% |
| 主要资源产出率增幅 | 20%左右 |
| 主要废弃物循环利用率 | 92%左右 |

资料来源：《上海市资源节约和循环经济发展"十四五"规划》（沪府办发〔2022〕6号）。

**表 2　浦东新区"十四五"期间低碳经济发展目标**

| 指标名称 | 目标值 |
|---|---|
| 单位生产总值能源消耗下降率 | 14% |
| 森林覆盖率 | 19.5% |
| 公园数量 | 200座 |
| 新增光伏装机容量 | 60万千瓦 |
| 既有建筑可安装屋顶光伏覆盖率 | 50% |
| 建成绿色工厂、绿色供应链、绿色园区 | 50个以上 |
| 落实超低能耗建筑示范项目 | 不少于270万平方米 |
| 主要废弃物循环利用率 | 92% |
| 中心城区绿色交通出行比例 | 75% |

资料来源：《浦东新区碳达峰实施方案》（浦府〔2022〕171号）。

为实现节能降碳目标，《上海市资源节约和循环经济发展"十四五"规划》中要求"十四五"期间优化产业和能源结构、挖掘交通运输和建筑等方面的节能降碳能力、打造循环型产业和社会体系、推进建筑领域循环发展、发展循环型农业等，并提出了重点产业能效提升行动、高效制冷行动、绿色出行行动、再生水利用行动、动力电池梯级利用行动、减塑行动、快递包装绿色转型行动、"光盘"行动、循环经济基地和项目建设等九大行动。相应的，浦东新区在《浦东新区碳达峰实施方案》（以下简称《实施方案》）中也从能源、工业、交通、建筑、生态、循环经济以及金融科技支持等多方面制定了任务和实施方案。本部分将对浦东新区绿色低碳发展规划和实施方案进行介绍。

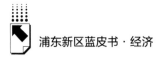

## （一）能源低碳转型行动

为实现能源低碳转型，《实施方案》提出浦东新区从发展可再生能源、推进燃气分布式供能、发展氢能、构建新型电力系统等方面进行布局。具体包含以下内容：第一，发展光伏产业、风电、生物质能、太阳能光热、地源热泵、空气源热泵等可再生能源供热技术；第二，推进综合能源站和氢能应用示范项目建设，逐步建设氢能基础设施网络；第三，将信息技术用于电力等能源系统，提高电网智能化水平，开发新型储能技术，积极发展源网荷储一体化和多能互补等。

## （二）工业领域碳达峰行动

《实施方案》要求优化产业结构，淘汰落后产能，促进工业园区和企业开展节能降碳行动，创建绿色制造体系，推动重点用能设备、重点新型信息基础设施节能降碳等。第一，遏制"两高一低"项目的发展。原则上不支持新建、扩建"两高一低"项目，提升在建项目能效水平。对于存量项目，通过强化管理、技术改造升级等方式挖掘节能减排潜力。第二，推动工业绿色低碳转型。促进高端制造业探索低碳发展模式，培育新能源、储能和智能电网、绿色再制造、节能环保、资源循环再生利用等新型特色产业，实施重点园区节能降碳工程。第三，创建绿色制造体系。"十四五"期间建成绿色工厂45家、绿色供应链管理企业7家、绿色园区3个，推动临港新片区绿色工厂建设，帮助企业提升绿色设计应用转化能力。第四，针对电机、变压器、锅炉等重点用能设备，采取技术更新和改造等措施提升能效水平。第五，优化新型信息基础设施用能，探索多样化能源供应。第六，建立以能效为导向的激励约束机制。

## （三）城乡建设碳达峰行动

《实施方案》提出了"优化城乡空间格局，推进城镇建设绿色转型"的建设方针，并规定了"十四五"期间浦东新区在建筑节能降碳方面的目标

（见表3）。现有方案主要从减少建设过程能源资源消耗、发展节能低碳建筑、提升建筑能效水平、优化建筑用能结构等方面提出了要求。具体的实施办法包括五点。第一，降低施工过程中的碳排放。推行绿色施工，优先采用绿色低碳建材，增加智能化技术在施工建设中的应用。第二，推行绿色建筑标准并开展超低能耗建筑试点示范。到2025年，临港新片区等重点区域全面执行超低能耗建筑标准；到2030年，新建民用建筑全部执行超低能耗建筑标准。第三，对既有公共建筑和居住建筑进行节能低碳改造。第四，推进适宜的建筑安装光伏，推广太阳能光热、光伏与建筑装配一体化。推动多元化能源应用，2022年起，新建公共建筑、居住建筑和工业厂房至少使用一种可再生能源。第五，提高建筑电气化水平。

表3　"十四五"期间浦东新区建筑节能降碳目标

| 指标名称 | 目标值 |
|---|---|
| 超低能耗建筑示范项目（"十四五"期间） | 270万平方米 |
| 既有建筑节能改造面积（"十四五"和"十五五"期间累计） | 760万平方米 |
| #其中平均节能率15%及以上的建筑面积 | 110万平方米 |
| "十五五"期间新建居住建筑执行超低能耗标准的比例 | 50% |
| 2025年城镇建筑可再生替代率 | 10% |
| 2030年城镇建筑可再生替代率 | 15% |
| 2022年起新建政府机关、学校、工业厂房等建筑屋顶安装光伏的面积比例 | 50% |
| 其他类型公共建筑屋顶安装光伏的面积比例 | 30% |
| 2025年公共机构、工业厂房等既有建筑可安装屋顶光伏覆盖率 | 50% |

### （四）交通运输碳达峰行动

现有政策主要从交通工具低碳转型、绿色交通基础设施建设、绿色低碳出行三方面提出了要求，并明确"十四五"期间新建公共、专用充电桩11500个以上，建设14座加氢站（含油氢合建站）及三级加氢网络，以及中心城区绿色交通出行比例达到75%等一系列目标。主要行动方案如下。第一，扩大电力、氢能等清洁能源的应用，降低传统燃油汽车的比重，加快推进公共服务领域车辆全面电动化；提高船舶能效水平，支持内河码头内的非道路移动源的清洁能源和新能源替代。第二，减少交通基础设施规划、建设、运营和维护全生命周期的能源消耗和碳排放，完善充电桩、岸电设施、加氢站等配套基础设施。第三，完善多层次公共交通体系，织密轨道交通网络，促进轨交配套公交枢纽建设，开展交通标志标识、交通管理系统、道路感知系统的智能化改造升级。第四，加强快递公共末端设施建设，推广集中配送、共同配送。

### （五）碳汇能力巩固提升行动

《实施方案》提出"巩固提升碳汇能力，打造高品质生态空间"的任务，要求完善公园绿地生态结构、提升森林碳汇能力、强化海洋生态系统保护和修复、加强湿地系统保护，提高自然生态系统的固碳能力。表4报告了"十四五"期间浦东新区绿化目标。根据现有规划，采取的具体方案包括四个方面。第一，加快建设由国家、区域、城市、地区、社区等各级别公园构成的城乡公园体系，推进外环绿带、中心城区公园绿地、郊区公园绿地、绿道的完善和改造，建设城市立体绿化网络。第二，进行森林城市建设。推进S2、S32、G1503等市级生态廊道、大治河生态廊道以及浥马河、团芦港等生态走廊的建设，提升森林质量，严格控制林地减量化。第三，合理降低开发强度，开展近岸海域生态保护与修复工作，推进二氧化碳海底封存技术、缺氧/酸化海区的负排放技术等，提升海洋碳汇能力。第四，努力恢复湿地原生植被，营造多类型湿地生境，提升生物多样性，推进有湿地生态功能的公园绿地建设，构建水、城共生的"湿地城市"体系。

表4　"十四五"期间浦东新区绿化目标

| 指标名称 | 目标值 |
| --- | --- |
| 新增绿地面积 | 1500 公顷 |
| 新建绿道长度 | 100 公里 |
| 新增立体绿化面积 | 25 万平方米 |
| 全区公园数量 | 2025 年达到 200 座 |

| 指标名称 | 目标值 |
|---|---|
| 人均公园绿地面积 | 13.5 平方米 |
| 新增林地面积 | 5 万亩 |
| 森林覆盖率 | 2025 年达到 19.5% |

## （六）循环经济助力降碳行动

《实施方案》提出"以源头减量、循环使用、再生利用为理念统领，大力发展循环经济，全面提高资源利用效率"。发展循环经济主要围绕打造循环产业体系、构建循环型社会体系、推进建设领域循环发展、发展绿色循环型农业四方面任务展开，具体措施有四点。第一，推动产业园区和产业集群循环化，完善工业固体废物综合利用与处置体系，引导工业企业进行固废减量工艺改造，在临港新片区建立高端智能化绿色再制造示范区。第二，完善生活垃圾全程分类体系，落实限塑政策，提倡绿色包装。完善设施网络建设，培育多方参与、多元经营的可回收物市场体系。第三，提高建筑垃圾资源化利用水平，推动节约型工地建设。第四，推进农作物秸秆等废弃物多元化、资源化利用，完善旧农膜、黄板和农药包装废弃物回收体系，到 2025 年底基本实现全量回收，通过技术研发和应用增加土壤有机碳储量（见表 5）。

表 5　2025 年浦东新区循环经济建设目标

| 指标名称 | 目标值 |
|---|---|
| 原生生活垃圾无害化处理率 | 100% |
| 生活垃圾回收利用率 | 45% 以上 |
| 垃圾焚烧处理能力 | 5000 吨/日 |
| 湿垃圾集中与分散处理能力 | 2000 吨/日 |
| 农作物秸秆综合利用率 | 98% 以上 |
| 蔬菜废弃物综合利用率 | 80% |
| 畜禽粪污综合利用率 | 98% |
| 新建生态循环农业示范基地个数 | 8 个 |
| 农田化肥和农药施用量 | 减少 5% 左右 |

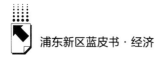

### （七）绿色低碳示范创建和全民行动

为实现绿色低碳发展，《实施方案》还提出需坚持分类施策、因地制宜、上下联动，倡导简约适度、绿色低碳、文明健康的生活方式，具体任务如下。第一，开展各类绿色低碳示范试点。在临港、金桥、张江等地建设国家级绿色工业示范园区、低碳工业园区、生态工业示范园区，推进低碳发展实践区创建；使用先进低碳技术和模式建设一批具有示范引领效应的项目。第二，实施重点区域低碳示范行动。将临港新片区和国际旅游度假区建设成低碳实践区，将张江科学城打造成低碳发展示范区，在自贸试验区世博片区开展以世博文化公园为核心的城市公园绿地建设。第三，倡导绿色低碳的生活方式。通过绿色积分和碳普惠等方式引导市民践行绿色消费理念和低碳生活方式，推广绿色低碳产品。"十四五"期间推进创建 2 个市级及一批区级低碳社区。第四，引导企业履行社会责任。支持有意愿的企业制定企业碳达峰行动方案，督促上市公司和发债企业进行环境信息披露。

### （八）科技支持碳达峰行动

完善体制机制，强化创新能力，为浦东新区"双碳"工作提供科技支撑。第一，布局一批具有前瞻性、战略性的前沿科技项目，如远海风电、储能、智能电网、碳捕集和封存等。推动高效光伏、新能源船舶、氢能等关键技术的研发和应用，推广智能电网、先进储能和高效燃机等能源电力技术，促进应用场景和公共资源开放共享。第二，加强创新能力建设。培育一批节能降碳和新能源技术重点实验室、工程技术中心等。第三，配套支持国家和本市碳达峰碳中和重大科技专项，设立区级重点科技专项。第四，探索将绿色低碳技术创新成果纳入相关单位绩效考核。第五，发挥市场主体能动性，支持企业承担各级绿色低碳重大科技项目。第六，加强绿色低碳技术和产品知识产权保护。

### （九）金融支持绿色低碳建设

开展绿色低碳建设离不开金融的支持。浦东新区是上海国际金融中心建设的核心区，集中了股票、债券、外汇、保险、信托等众多金融市场，门类齐全，金融基础设施完善，技术手段先进。在发展绿色金融方面，浦东新区具有得天独厚的优势，有条件为市场主体向低碳排放转型提供金融支持。2022年6月22日通过的《上海市浦东新区绿色金融发展若干规定》中要求浦东新区银行业金融机构优化、创新绿色信贷产品和服务，扩大信贷规模，降低信贷成本。现有支持绿色发展的主要金融措施有：第一，发展绿色票据、绿色债券、绿色保险等业务，加大对绿色企业、绿色项目、绿色技术等的资金支持；第二，发挥浦东新区跨国金融机构较多的优势，为绿色企业跨境投融资提供便利；第三，对绿色项目进行环境效益的测算和信用风险的评级；第四，通过政府专项债券等方式为重大清洁低碳项目提供金融支持。

## 二　浦东新区绿色低碳循环发展现状

### （一）浦东新区能源消耗

自党的十八大以来，浦东新区从产业、技术、扶持政策等多方面采取措施，有效降低了能源消耗。2021年，浦东新区综合能源消费量为804.12万吨标准煤，单位产值能耗为0.069吨标准煤；而2021年全国万元国内生产总值平均能源消费量为0.48吨标准煤，上海市国内生产总值平均能源消费量为0.25吨标准煤。可见浦东单位产值能耗远低于国家平均值，在上海市也处于较低水平。2021年浦东新区生产总值占上海市的35.5%，而仅占上海市总能耗的6.92%。图1和图2分别展示了2012～2021年浦东新区工业企业综合能源消费量和单位产值能耗变动情况①。两图相对比可见，浦东新区工业生产能源消耗总量占上海市的比重一直不高于8.2%，能源消耗强度约为上海市的20%左右。在变动趋势上，浦东新区无论是能源消耗总量还是单位产值能耗均呈总体下降趋势。其中能源消耗总量在2019年达到最低

---

① 能源消耗数据来自于《上海浦东新区统计年鉴》，2013~2022。

值，并在 2020 年和 2021 年有所反弹，而单位产值能耗在 2019 年后表现为
波动趋势。上海市单位产值能耗持续下降，能源消耗总量在 2012~2019 年
呈上升趋势，2020 年有一个明显的下降，2021 年又有所反弹。

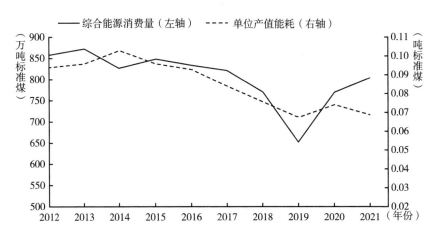

**图 1　2012~2021 年浦东新区工业企业综合能源消费量和单位产值能耗**

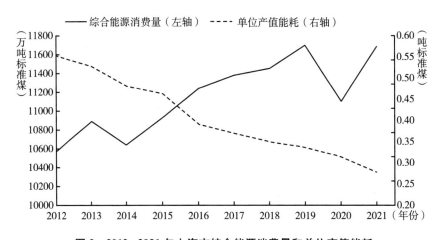

**图 2　2012~2021 年上海市综合能源消费量和单位产值能耗**

资料来源：《上海统计年鉴 2022》。

图 3 报告了浦东新区能源消耗量最多的几个行业占全区能耗的比例。分
行业来看，能源消耗量最高的行业为电力、热力的生产和供应业，占浦东新

区总能耗的 27.53%；其次为石油加工、炼焦及核燃料加工业，占比为 24.58%；再次为计算机、通信和其他电子设备制造业，占能源消耗的 14.86%。除此之外，其他行业占比均低于 10%。表 6 报告了浦东新区单位产值能耗最高的高能耗行业及其能耗水平。从中可见，单位产值能耗最高的三个行业依次为燃气生产和供应业，石油加工、炼焦及核燃料加工业以及水的生产和供应业。

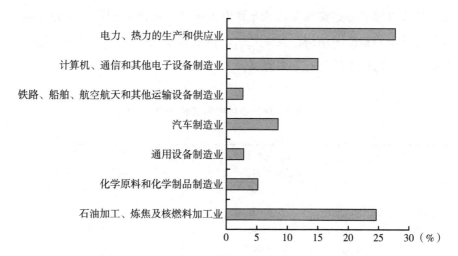

**图 3　浦东新区能源消耗总量最高的七个行业及其占全区能耗之比**

**表 6　浦东新区产值能耗最高的七个行业及其能耗水平**

| 行业 | 产值能耗（吨标准煤/万元） |
| --- | --- |
| 石油加工、炼焦及核燃料加工业 | 0.395 |
| 化学纤维制造业 | 0.206 |
| 橡胶和塑料制品业 | 0.088 |
| 铁路、船舶、航空航天和其他运输设备制造业 | 0.129 |
| 电力、热力的生产和供应业 | 0.212 |
| 燃气生产和供应业 | 0.491 |
| 水的生产和供应业 | 0.324 |

表 7 报告了浦东新区分能源的消费量。从能源结构来看，浦东新区能源消耗量最大的为天然原油，占比为 47.00%；其次为原煤，占比为

31.69%。值得注意的是，虽然原煤占比较高，但仅有两个行业消耗该能源。其一是石油、煤炭及其他燃料加工业，占原煤消耗的5%；其二是电力、热力的生产和供应业，占原煤消耗的95%。在剔除电力、热力的生产和供应业之后，天然原油是浦东新区工业企业消耗最多的能源类别，占比高达70.38%，其次为电力，占比为13.60%。原煤具有热值较低而污染排放较高的特征，电力、热力的生产和供应业本身就是能源消耗较高的行业，其又以原煤为主要能源，这导致电力生产成为浦东新区主要的污染来源。可见，调整能源结构，发展光伏、风电等新能源，减少煤电占比对浦东新区绿色低碳发展具有重要意义。

表7 浦东新区能源消耗结构

单位：%

| 能源 | 占比(包含电力、热力的生产和供应业) | 占比(不包含电力、热力的生产和供应业) |
|---|---|---|
| 原煤 | 31.69 | 2.37 |
| 天然气(气态) | 5.03 | 2.91 |
| 天然原油 | 47.00 | 70.38 |
| 电力 | 9.08 | 13.60 |
| 其他 | 7.20 | 10.73 |

### （二）浦东新区生态环境治理

近年来，浦东新区通过环保三年行动计划、违法违规项目整治、加强污染监测和监管、完善环境基础设施、进行绿化建设等措施，有效提升了污染防治能力。浦东新区工业企业单位产值排放的工业废水和工业废气量有所下降，城市绿化率稳步上升，环境质量持续改善。二氧化硫、二氧化氮、可吸入颗粒物（PM10）、细颗粒物（PM2.5）等主要大气污染物年日均值呈下降趋势。

#### 1. 污染排放

表8展示了2012~2021年浦东新区工业废水和工业废气排放量以及单

位产值的污染排放。从中可见，2012～2019 年，浦东新区无论是工业废水排放总量还是单位产值的废水排放量均呈下降趋势。在 2020 年和 2021 年，废水排放量有所上升，并超过了 2012 年的排放值，相应的，单位产值的废水排放强度也有所增加。工业废气排放则表现出不同于废水的特点。2012～2019 年，工业废气排放总量波动较为平稳，而在 2020 年和 2021 年显著增加。相应的，单位产值的废气排放强度在 2019 年达到最低值，2020 年和 2021 年有所反弹。

表8　2012～2021 年浦东新区工业废水和工业废气排放情况

| 年份 | 工业废水排放量（万吨/年） | 废水排放强度（吨/万元） | 工业废气排放总量（亿标立方米/年） | 废气强度（立方米/元） |
|---|---|---|---|---|
| 2012 | 6284 | 2.842 | 1811 | 0.819 |
| 2013 | 5848 | 2.710 | 2049 | 0.950 |
| 2014 | 5939 | 2.631 | 1987 | 0.880 |
| 2015 | 5909 | 2.656 | 2104 | 0.946 |
| 2016 | 5909 | 2.593 | 1972 | 0.865 |
| 2017 | 5379 | 2.098 | 2107 | 0.822 |
| 2018 | 4588 | 1.679 | 2198 | 0.804 |
| 2019 | 4014 | 1.474 | 2022 | 0.743 |
| 2020 | 6453 | 2.236 | 2593 | 0.898 |
| 2021 | 6570 | 1.789 | 3209 | 0.874 |

### 2. 环境质量

图 4 展示了 2013～2022 年浦东新区环境空气质量指数（Air Quality Index，AQI）优良率。从中可见，2013～2021 年，空气质量优良率呈上升趋势。2022 年空气质量优良率是 89.3%，相对 2021 年降低 4.1 个百分点。表 9 报告了二氧化硫、二氧化氮、PM10、PM2.5 等主要污染物浓度的年日均值。从中可见，这些主要污染物年日均值呈下降趋势。2022 年，二氧化硫、二氧化氮、PM10 和 PM2.5 的年日均值分别为 5 微克/米$^3$、26 微克/米$^3$、37 微克/米$^3$ 和 24 微克/米$^3$，和 2013 年相比，分别减少了 82.14%、33.33%、46.38% 和 57.89%。

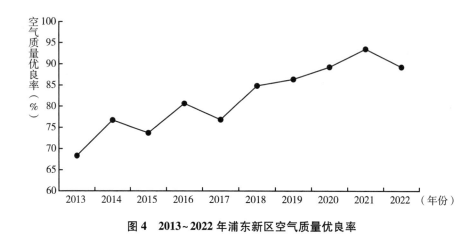

图 4　2013~2022 年浦东新区空气质量优良率

表 9　2013~2022 年浦东新区主要污染物日平均值

单位：微克/米$^3$

| 年份 | 二氧化硫 | 二氧化氮 | PM10 | PM2.5 |
|---|---|---|---|---|
| 2013 | 28 | 39 | 69 | 57 |
| 2014 | 19 | 37 | 64 | 48 |
| 2015 | 18 | 39 | 61 | 50 |
| 2016 | 13 | 36 | 53 | 42 |
| 2017 | 11 | 40 | 54 | 36 |
| 2018 | 8 | 36 | 46 | 33 |
| 2019 | 6 | 34 | 44 | 33 |
| 2020 | 6 | 31 | 37 | 30 |
| 2021 | 6 | 33 | 40 | 27 |
| 2022 | 5 | 26 | 37 | 24 |

　　除空气更加清新以外，浦东新区水体质量明显改善，土壤得到净化，噪声污染也有所减少。2013 年以来，浦东新区污水纳管率从 2013 年的 87.9%增加到 2021 年的 96%。浦东新区现存国家和上海市地表水考核断面 41 个，2021 年，这些断面中 75.6%达到Ⅲ类水质及以上标准。在土壤污染治理方面，2021 年浦东新区加强了对 34 个重点企业的土壤环境监管，进行场地调查评估评审约 130 个。在噪声污染方面，浦东新区噪声年平均值从 2013 年

的 56.5 分贝下降到 2021 年的 52.1 分贝，下降了约 7.8%。

3. 循环经济

上海一直是中国实行循环经济的先行者。通过在工业、社会生活等领域
开展循环利用，有效提升了资源利用效率。2013 年，浦东新区工业固体废
物综合利用量达 221 万吨，2021 年增加到 319 万吨。比如，上海电气风电
集团可对一百多种退役风机的电器件进行修复和回收再利用，每年回收利用
风电器件可达到一万多件。对损坏的风机电器件进行修复、贵金属回收等有
效减少了资源的浪费，同时减少了生产新件产生的污染物和碳排放。

2019 年 7 月 1 日起，上海在我国率先实施生活垃圾分类。到 2021 年，
浦东新区生活垃圾分类达标率达 95% 以上。2022 年浦东新区生活垃圾清运
量为 220.23 万吨，其中湿垃圾 66.42 万吨。垃圾焚烧处置量为 5067 吨/日，
湿垃圾资源化处理量为 87 吨/日。可回收物收运量为 53.3 万吨，约 1460 吨/
日。在生活垃圾中，可回收物和湿垃圾可直接资源化处理，垃圾焚烧处置被
用于发电，同样得到了有效利用。表 10 报告了浦东新区垃圾焚烧发电量。
从中可见，生活垃圾焚烧处置发电量的绝对值和每吨垃圾发电量均表现出上
升趋势。到 2021 年，焚烧垃圾发电量是 2013 年的 3.31 倍，每吨垃圾发电
量是 2013 年的 1.51 倍。

表 10　2013~2021 年浦东新区垃圾焚烧发电量

| 年份 | 垃圾焚烧量<br>（万吨） | 焚烧垃圾发电量<br>（亿千瓦时） | 每吨垃圾发电量<br>（千瓦时/吨） |
|---|---|---|---|
| 2013 | 46.54 | 1.380 | 296.519 |
| 2014 | 88.65 | 2.766 | 312.036 |
| 2015 | 125.27 | 4.278 | 341.478 |
| 2016 | 121.83 | 4.520 | 371.017 |
| 2017 | 117.87 | 4.459 | 378.256 |
| 2018 | 118.92 | 4.475 | 376.320 |
| 2019 | 114.66 | 4.362 | 380.455 |
| 2020 | 105.88 | 4.425 | 417.898 |
| 2021 | 101.85 | 4.565 | 448.198 |

### 4. 绿地建设

浦东新区绿化面积持续增长，对实现碳中和、改善生态环境起到了推动作用。2022 年，浦东新区新建绿地共 310 万平方米，包含公共绿地 130 万平方米。新建公园 11 座，共占地 1223.38 万平方米。截至 2022 年末，浦东新区公园数量达 72 座。表 11 报告了 2013~2022 年浦东新区建成区绿化覆盖率和人均公共绿地。从中可见，建成区绿化覆盖率在近十年中呈上升趋势。2022 年建成区绿化覆盖率达到 40.9%，比 2021 年增加了 0.7%，比 2013 年增加了 4.9%。浦东新区人均公共绿地在 2015 年有较为明显的下降，这主要是受城市建设和规划等因素的影响，而在 2015 年之后，人均公共绿地面积逐步增加。

表 11　2013~2022 年浦东新区建成区绿化情况

单位：%，平方米

| 年份 | 建成区绿化覆盖率 | 人均公共绿地 |
| --- | --- | --- |
| 2013 | 36.0 | 24.02 |
| 2014 | 36.2 | 24.00 |
| 2015 | 36.0 | 11.71 |
| 2016 | 36.0 | 12.00 |
| 2017 | 36.7 | 12.42 |
| 2018 | 36.1 | 12.84 |
| 2019 | 39.6 | 12.90 |
| 2020 | 39.9 | 13.00 |
| 2021 | 40.2 | 13.00 |
| 2022 | 40.9 | 13.20 |

## （三）2021 年以来浦东新区在绿色低碳循环发展方面取得的进展

2021 年以来，浦东新区贯彻落实《上海市关于加快建立健全绿色低碳循环发展经济体系的实施方案》《上海市产业绿色发展"十四五"规划》等文件，在绿色制造、环境基础设施、绿地林地建设、智慧监管、宣传等方面取得显著成效。

第一，构建绿色制造体系。浦东新区成功创建 39 家绿色工厂（其中国家级绿色工厂 26 家）、8 家绿色供应链（其中国家级绿色供应链 5 条）管理企业、22 种绿色产品和 3 家绿色园区等，在上海市处于首位。浦东新区还建造了 4 家零碳工厂，2 家零碳园区和 1 家零碳数据中心，其中，勃林格殷格翰上海张江工厂是中国制药行业首家获国内外权威认证的碳中和工厂。浦东新区还通过大数据、人工智能、区块链等新一代信息技术赋能节能低碳改造，加快企业能源管理数字化转型。

第二，完善污水、污泥、固废处理基础设施，进行河道综合整治。建设了临港污水处理厂二期扩建工程（二阶段）、浦东海滨污水处理厂二期扩建工程、海滨污水处理厂永久排放管工程、浦东新区污水厂污泥处理处置新建工程（一期）等，提升了污水污泥处理效能，并完成了泐马河（老里塘—出海闸）综合整治工程（含新建出海闸）。在固废处理方面，完成了 25 座小压站的维修改造工作，促进垃圾分类提质增效。

第三，进行绿地林地建设，拓展生态廊道空间，开展了大治河（航头镇—老港镇）两侧生态廊道、浦东新区 S32 生态廊道以及碧云楔形绿地建设。

第四，创建绿色生态城区。累计创建 285 家绿色学校、3 家绿色商场、137 家绿色餐厅、28 个示范店、4 个示范商圈、6 家绿色医院，全区 65% 以上城市社区达到绿色社区标准。

第五，完善环境智慧监管系统。对环境空气质量评价城市点自动站点进行了设备更新，开展大气重点排污单位在线监控系统建设，探索产业园区特征污染立体式和网格化监测等。

第六，完善政策支撑。修订完成《浦东新区节能低碳专项资金管理办法》《上海市浦东新区绿色金融发展若干规定》等文件，为浦东绿色低碳发展提供政策依据，

第七，加强绿色发展理念和节能降碳宣传，比较有代表性的有节能宣传周、低碳日的宣传活动以及 2022 年创办的首届浦东新区"双碳大讲堂"等。

# 三 问题和瓶颈

虽然浦东新区在绿色低碳循环发展方面具有较好的基础，然而，目前尚处于绿色低碳循环发展的初级阶段。浦东新区作为"开路先锋""时代标杆""功能高地""典范引领""示范样板"，国家和市民对浦东新区具有更高的要求和期待。而由于产业和能源结构等因素，浦东新区持续推进绿色低碳循环发展存在一定挑战。

第一，能源资源消费总量和污染物产生量面临持续增长的压力。随着战略性新兴产业和先导产业的发展以及临港新片区建设的推进，浦东新区能源消耗量将持续增长，资源环境压力可能逐步凸显。2021年6月23日，上海市发布《上海市战略性新兴产业和先导产业发展"十四五"规划》（沪府办发〔2021〕10号），提出打造以集成电路、生物医药、人工智能三大产业为核心的"9+X"战略性新兴产业和先导产业发展体系。在9个战略性新兴产业中，除核心产业以外的六大重点产业分别为新能源汽车、高端装备、航空航天、信息通信、新材料、新兴数字产业等。这些行业浦东新区均有所布局。表12报告了浦东新区重点工业行业产值和能源消耗情况，从中可见，石油化工及精细化工制造业单位产值能耗较高且每年产值高达千亿元，这将对浦东新区进一步减少能源消耗和污染排放造成压力。

表12 2021年浦东新区重点工业行业产值和能源消耗情况

| 行业 | 产值<br>（亿元） | 综合能源消费量<br>（万吨标准煤） | 单位产值能耗<br>（吨标准煤） |
|---|---|---|---|
| 电子信息产品制造业 | 2568.074 | 128.404 | 0.05 |
| 汽车制造业 | 3382.995 | 67.660 | 0.02 |
| 石油化工及精细化工制造业 | 1023.983 | 225.276 | 0.22 |
| 精品钢材制造业 | 35.627 | 0.356 | 0.01 |
| 成套设备制造业 | 1001.215 | 30.036 | 0.03 |
| 生物医药制造业 | 584.547 | 17.536 | 0.03 |
| 医药制造业 | 459.202 | 13.776 | 0.03 |

| 行业 | 产值<br>（亿元） | 综合能源消费量<br>（万吨标准煤） | 单位产值能耗<br>（吨标准煤） |
|---|---|---|---|
| 航空航天器制造 | 123.605 | 4.944 | 0.04 |
| 电子及通信设备制造业 | 2478.563 | 123.928 | 0.05 |
| 电子计算机及办公设备制造业 | 46.994 | 0.940 | 0.02 |

第二，能源低碳化转型难度较高，资源节约潜力有限。浦东新区的产业结构是以第三产业为主的产业结构。2022年，浦东新区第一产业增加值占地区生产总值的比重仅为0.1%，第二产业占比为25.2%，第三产业占比为74.7%。能源消耗和碳排放主要来自工业生产，而在浦东新区工业总产值中，又有大约一半属于战略性新兴产业。这种产业结构特征导致其单位产值能耗本身就远低于平均水平。而受限于产业结构、地理条件等因素，通过产业结构优化和节能技术改造节约能源的空间有限，发展风能等可再生能源也存在一定限制。从表13可见，2022年浦东新区新能源行业产值下降了7.9%。因此，在现有基础上达到"十四五"期间能耗减少14%的目标面临较大压力。

表13　2022年浦东新区新能源和节能环保行业产值及增长速度

单位：亿元，%

| 指标 | 产值 | 比上年增长 |
|---|---|---|
| 新能源 | 105.43 | -7.9 |
| 节能环保 | 84.96 | -22.9 |

资料来源：《2022年上海市浦东新区国民经济和社会发展统计公报》。

第三，资源循环利用的能力有限。由于企业发展压力较大，上海从事资源循环利用的企业数量呈萎缩趋势。未来对固体废物处理的要求将进一步提高，资源利用处置缺口可能进一步扩大。表13报告了节能环保行业的企业工业产值及其变动情况，从中可见，2022年节能环保行业总产值下降了

22.9%。和其他行业相比较，2022 年战略性新兴产业总产值增长率在 10%以上，新能源汽车增长率更是高达 36.9%。节能环保行业的收缩对浦东新区发展绿色低碳循环经济造成压力。

## 四 政策建议

在浦东新区面临较大压力的情况下，怎样贯彻落实现有行动方案成为达到绿色低碳发展目标的关键。有必要从以下五个方面着手。

第一，强化组织统筹协调。加强区委、区政府的集中领导，完善工作机制。可成立专门的领导小组负责统筹协调、政策制定等相关工作。将绿色低碳发展目标纳入各相关部门的重点任务。明确各相关部门和企业的目标责任，实行目标责任制。由于绿色发展各项指标之间往往具有相关性，因此可将各项指标进行协同管理，优化考核指标和内容。督促各相关部门及企业制定并实施年度计划，适时开展评估评价。将相关指标和目标任务纳入绩效考核评价体系，并实施相应的奖惩措施。

第二，健全法律法规和相关标准体系。用好中央立法和法治保障授权，结合浦东新区实际，制定完善有利于绿色循环发展的地方性法规和管理措施。建立健全标准体系。在循环经济、可再生能源等领域，探索制订相应名录和标准，如可回收产品名录、重点产品能耗标准等。发挥市场主体能动性，引导行业协会、龙头企业等探索制定相关团体标准、企业标准，支持企业参与制定绿色金融、节能等国家标准。鼓励企业在国家标准、行业标准、地方标准的基础上，制定更高的企业标准。

第三，完善资金、税收、信贷等方面的政策支持。发挥节能低碳专项资金、政府投资等资金的引导作用，扩大支持范围，增加对节能环保、新能源、绿色建筑等项目和产品技术的资金支持。为避免固体废物处理能力持续萎缩，可在用地、金融等方面为从事固体废物处理、再生资源分拣、废弃物处理利用的企业提供支持，缓解企业经营压力。对于资源综合利用、环境保护、节能节水、应用绿色技术装备等的绿色低碳企业，落实税收优惠政策。

为企业从事绿色低碳研究提供税收抵免。发挥绿色金融的作用，鼓励金融机构从信贷、债券、保险等多方面为绿色发展提供支持。

第四，加强技术攻关，推进碳排放核算、监测等基础能力建设。强化资金、人才的保障作用，对节能降碳关键技术进行攻关，并加快推广和应用。推进碳排放、污染排放统计核算能力建设，优化统计评价指标。从资源消耗、废弃物产生和利用全生命周期对能源消耗和污染排放进行监测和核算。加强对重点区域、重点领域和重点企业碳排放与污染排放的监测和核算。加强对大型公共建筑、重点用能单位碳的排放监测，扩大监测范围。加强科技支撑，推进遥感测量、大数据、云计算等新兴技术在能源消耗、碳排放、污染排放核算和监测上的应用。

第五，加强宣传教育。通过节能宣传周、全国低碳日、世界环境日、城市节约用水宣传周等开展宣传活动，加强市民对节能减排的认识。充分发挥媒体的作用，通过多种方式，如广告、文创产品等宣传绿色降碳理念。开展节约型机关、绿色家庭、绿色学校、绿色社区、绿色出行、绿色商场、绿色建筑等创建活动，积极鼓励各类社会主体参与。倡导和践行绿色低碳、简约适度的消费理念和生活方式。

## 参考文献

《国务院关于加快建立健全绿色低碳循环发展经济体系的指导意见》，2021 年 2 月 2 日。

《中共中央　国务院关于支持浦东新区高水平改革开放打造社会主义现代化建设引领区的意见》，2021 年 4 月 23 日。

《关于加快建立健全绿色低碳循环发展经济体系的实施方案》，2021 年 9 月 29 日。

《上海市资源节约和循环经济发展"十四五"规划》，2022 年 4 月 5 日。

《上海市浦东新区绿色金融发展若干规定》，2022 年 6 月 22 日。

《浦东新区碳达峰实施方案》，2022 年 10 月 27 日。

《浦东新区节能低碳专项资金管理办法》，2023 年 1 月 16 日。

# B.15
# 浦东新区制造业转型升级
# 与产业规划演进特征研究

刘朝煜 *

**摘 要:** "十二五"至"十四五"时期,浦东新区制造业转型升级与产业规划演进之间形成了相互促进的协调发展格局,前者为后者提供了经验基础,后者又为前者引领了优化方向。在制造业转型升级方面,浦东新区重点制造业产业持续增长,汽车制造、电子信息制造、成套设备、石油化工和生物医药等产业实现了产值和进出口的扩能,新能源汽车等战略性新兴产业得到跨越式发展并上升为浦东新区制造业的主体。伴随制造业的转型升级,浦东新区的产业规划构建起"金字塔式"的体系结构,产业规划体系演进呈现整体性和延续性的特征;浦东新区各区域的产业规划也不断向精准性和竞争性迈进,二者共同推动浦东新区产业规划体系活力的提升。制造业转型升级与产业规划演进的协调发展为浦东新区实现高水平改革开放、打造社会主义现代化建设引领区提供了产业基础和政策保障。

**关键词:** 浦东新区 制造业转型升级 战略性新兴产业 产业规划体系

## 一 引言

自20世纪90年代初开发开放以来,浦东新区地区生产总值增长超

---

* 刘朝煜,经济学博士,上海社会科学院经济研究所助理研究员,主要研究方向为政治经济学、创新与产业升级等。

过 200 倍，单位面积创造的财富和进出口总额分别是全国平均水平的 100 倍和 500 倍①，为中国的改革开放事业写下浓墨重彩的篇章。进入中国特色社会主义新时代，站在世界百年未有之大变局和中华民族伟大复兴的战略全局上，为更好地把握新发展阶段，贯彻新发展理念，融入新发展格局，浦东新区产业发展方向和政策不断实现优化和升级。2021 年 4 月，《中共中央 国务院关于支持浦东新区高水平改革开放打造社会主义现代化建设引领区的意见》指出，浦东新区的高水平改革开放将引领带动上海"五个中心"建设，更好地服务全国大局和长三角一体化发展战略。有鉴于此，本文将系统研究"十二五"至"十四五"时期浦东新区制造业转型升级与产业规划演进的特征，探寻推动浦东新区打造社会主义现代建设引领区的产业和政策发展方向。

浦东新区制造业转型升级和产业规划演进本质上是一对矛盾，二者分属生产力和生产关系范畴，因此浦东新区制造业的转型势必引起产业规划的调整和演进，而产业规划的调整和演进反过来又会推动制造业的进一步升级。有关产业规划及相关产业政策的争论是经济学界经久不息的话题，林毅夫和张维迎就产业政策的存废进行了长达 30 年的学术交锋，林毅夫主张同时发挥"有效市场"和"有为政府"的作用，通过产业政策发挥一国经济的比较优势，优化其要素禀赋结构，最终实现其经济的腾飞；相反，张维迎则认为由于存在认知限制和激励扭曲，产业政策注定会失败。由于定义口径等问题，目前尚难评判林张二人的主张孰是孰非，但不可否认的是产业政策目前仍大量存在于中国经济发展现实中，并在部分领域产生了重要影响。基于此，江飞涛和李晓萍指出为更好地发挥市场机制的功能，中国的产业政策应逐步从选择性政策向功能性政策转型。是以，本文在探讨浦东新区产业规划时拟重点梳理其发展历程和演进方向，并探讨其与浦东新区制造业转型升级的相互联系。

---

① 笔者自行计算，原始数据来源于《习近平：在浦东开发开放 30 周年庆祝大会上的讲话》，http://cpc.people.com.cn/n1/2020/1112/c64094-31929134.html。

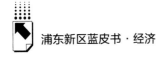
## 二 浦东新区制造业转型升级路径

如果说制造业的发展是工业化和现代化的基本前提，那么制造业的转型升级就是新型工业化和中国式现代化的重要推动力①。"十二五"以来，浦东新区制造业经历了淘汰限制落后产能、持续发展优势产业与创新引领产业转型的提质升级历程，制造业竞争力和高质量发展能力得到大幅提升。

### （一）浦东新区制造业增长历程

为客观清晰地刻画浦东新区制造业的增长历程，本文首先根据浦东新区规模以上工业总产值、进出口贸易总额以及港口货物吞吐量等高频总量数据分析浦东新区制造业增长的基本特征②。结合数据特点，本文将浦东新区的月度数据按每两个月为一区间进行了划分，共计76个样本区间。考虑到2015年1~4月及以前浦东新区外贸进出口数据为美元计价，本文使用国家外汇管理局公布的各月最后一个交易日人民币兑换美元的汇率对美元计价数据进行了折算，同时为保证不同年份之间的数据具有可比性，本文使用国家统计局网站发布的全国工业生产者出厂价格指数（PPI）月度环比数据③对规模以上工业总产值和进出口贸易总额进行了平减。在此基础上，本文使用HP方法对各变量进行了滤波，从而观察各变量的长期增长趋势及短期波动情况。图1展示了2011年1月至2023年8月各变量的具体增长趋势和波动情况，其中图1（a）、图1（b）、图1（c）分别对应规模以上工业总产值、进出口贸易总额和港口货物吞吐量。

---

① 《开拓创新、担当作为，汇聚起推进新型工业化的强大力量——习近平总书记的重要指示为推进新型工业化指明方向、鼓舞干劲》，http：//www. news. cn/politics/leaders/2023－09/24/c＿1129882787. htm。
② 资料来源：《浦东统计月报》，其中2015年1~12月数据来源于《上海浦东新区统计年鉴2022》。
③ 在平减时，本文将月度环比PPI处理为定基PPI。

从图 1 （a） 可以看出，"十二五"至"十四五"期间，浦东新区规模以上工业总产值呈现持续增长的基本态势。就阶段而言，浦东新区规模以上工业总产值经历了"平稳增长—增速提升—增速放缓—加速增长"的增速变动过程，2011~2016 年总体平稳增长，2016~2017 年增速提升，2017~2019 年增速放缓，2019 年以后加速增长并超过 2016~2017 年的平均水平，这表明浦东新区制造业提质升级的整体趋势是向好的。在波动方面，浦东新区规模以上工业总产值的波动随时间推移呈现出加剧特征①。受中美贸易摩擦等国内外一系列政治经济因素的影响，2019 年以后浦东新区规模以上工业总产值年内波动的总体幅度明显大于 2019 年以前，2019 年后波动低点分别出现在 2020 年 1~2 月和 2022 年 3~4 月，而这两个时间段均对应着新冠疫情的较大冲击，这表明新时期不确定性因素增多，浦东新区制造业面临的转型升级风险也在不断加大，高质量发展也相应地面临更多挑战。

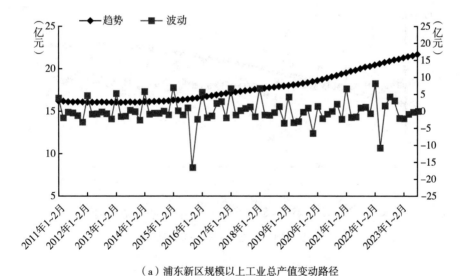

（a）浦东新区规模以上工业总产值变动路径

---

① 受制造业增长疲软、房地产业下滑和外资撤离等多重因素的叠加影响，2015 年 9~10 月浦东新区规模以上工业总产值出现明显的向下波动。除此之外，2011~2019 年波动幅度总体较小。

根据图 1（b）可知，浦东新区进出口贸易总额呈现高位徘徊的增长趋势，其中 2011~2021 年持续增长，2021~2023 年出现一定程度的下滑。究其原因，虽不乏新冠疫情的持续性冲击、欧美等主要经济体对华"脱钩"等直接因素的影响，但其背后隐藏的国际分工与贸易格局重构的长期趋势值得浦东新区高度重视。在波动方面，与规模以上工业总产值不同的是，2016 年以前，浦东新区进出口贸易总额的年内波动总体幅度较大，尤其是 2012 年上半年和 2015 年全年，进出口贸易总额呈现大起大落的波动特征。2016~2022 年，浦东新区进出口贸易总额波动总体较为平稳。受新冠疫情影响，2022 年 3~4 月进出口贸易总额向下波动趋势明显，但随后迅速实现了 V 形反弹。值得注意的是，2023 年 7~8 月，浦东新区进出口贸易总额再次出现大幅负向波动，结合长期趋势不难得出，浦东新区进出口贸易面临的国际形势仍较为严峻，这在一定程度上提升了新时期浦东新区制造业实现高质量发展的难度。

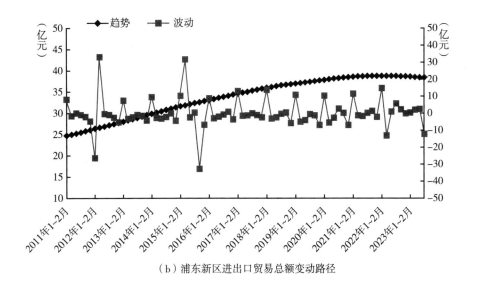

（b）浦东新区进出口贸易总额变动路径

从图 1（c）可以看出，"十二五"至"十四五"期间浦东新区港口货物吞吐量的长期趋势与浦东新区规模以上工业总产值的趋势相近，2011~2023 年总体增长态势良好，其中 2015~2021 年实现加速增长，这一趋势明显异于进出口贸易总额。尽管浦东新区进出口贸易总额的长期趋势有所下滑，但2023年上半年浦东新区港口货物吞吐量已恢复至2021年同期水平，超过了疫情前的2019年上半年。这表明浦东新区外贸始终保持了较好的增长基本面，因此新时期应主动优化进出口贸易的结构和质量。在波动方面，浦东新区港口货物吞吐量与进出口贸易总额保持了较强的一致性，2016年以前的总体波动幅度大于2016年之后，并且即使在新冠疫情冲击下，浦东新区港口货物吞吐量也没有出现明显的向下波动趋势，这就意味着在货物的国际贸易方面，浦东新区港口受到的冲击较小，因此货物贸易在浦东经济增长和制造业转型升级的过程中发挥了稳定器的作用。

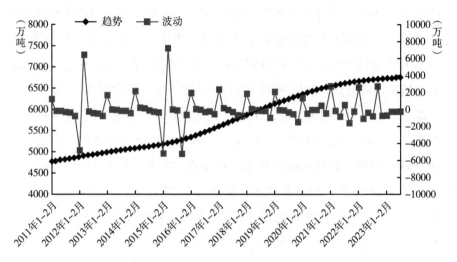

（c）浦东新区港口货物吞吐量变动路径

**图1 浦东新区制造业提质升级路径**

总的来看，"十二五"至"十四五"时期，浦东新区制造业整体增长取得了较好成效，规模以上工业总产值、进出口贸易总额和港口货物吞吐量总体上都实现了长期发展，并且风险也处于整体可控的范围内，这也为新时期浦东新区重点制造业产业的提质升级和战略性新兴产业的培育打下了坚实基础。

### （二）浦东新区重点制造业产业的转型与战略性新兴产业的培育

"十二五"至"十四五"时期，浦东新区制造业表现出良好的增长态势，为重点制造业产业的提质升级创造了有利条件。如图2所示，在浦东新区重点制造业产业中，汽车制造业和电子信息制造业占据着主要地位，2012~2022年汽车制造业工业产值总体呈现出上升趋势，2022年全年共实现产值4064.28亿元，同时2020~2022年增长趋势较2012~2020年有明显提升，截至2023年6月，浦东新区汽车制造业已完成产值2031亿元，约占2022年全年产值的一半。电子信息制造业工业产值在2012~2022年呈现出W形特征，尽管增长态势不如汽车制造业明显，但其生产规模总体稳定在2500亿元，2023年上半年产值为1190亿元，并且电子信息制造业和汽车制造业产值之和在浦东新区规模以上工业总产值中的占比大体上持续提升，2022年首次超过50%。成套设备制造业工业产值的增长趋势与电子信息制造业的增长趋势类似，2013年较2012年短暂下降，而后至2015年保持上升，2015~2017年又出现下降，2017年到达低点873.47亿元，此后逐年恢复与攀升，2022年达到1447.21亿元。石油化工产业工业总产值在2012~2016年逐年递减，2016~2020年始终徘徊在900亿~1000亿元区间之内，直到2022年才恢复至2013年水平，但仍低于2012年。生物医药产业产值在几大重点制造业产业中占比相对较小，但增长趋势最为明显，2022年达到654.88亿元，较2014年增长2/3。相较之下，精品钢材产业的产值占比最低，2021年为55.42亿元。[①]

"十二五"至"十四五"期间，浦东新区六大重点制造业产业的增长总体符合新时期产业转型优化和高质量发展的预期。2022年六大产业的产值之和在浦东新区规模以上工业总产值中的比重超过75%，故在浦东新区制造业提质升级的过程中发挥了重要作用。与此同时，浦东新区六大重点制造业产业的内部结构亦不断优化，其中汽车制造业凭借新能源技术的快速发

---

① 2022年浦东新区精品钢材产业的产值数据暂缺。

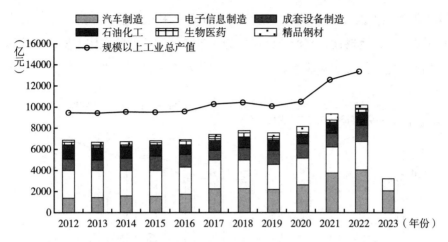

**图 2　浦东新区重点制造业产业增长情况**

资料来源：2012 年数据来源于《浦东发布：【非凡十年·奋进浦东】三大先导产业向世界级产业集群加速迈进，高端产业集聚引领功能不断显现！浦东基本形成科创中心核心承载区框架体系》，https：//kcb. sh. gov. cn/html/1/168/151/270/2553. html；2013~2014 年数据来源于《上海浦东新区统计年鉴 2015》和《上海统计年鉴 2015》；2015~2020 年数据来源于浦东新区国民经济和社会发展计划执行情况；2021 年数据来源于《上海浦东新区统计年鉴 2022》；2022 年数据来源于《2022 年上海市浦东新区国民经济和社会发展统计公报》；2023 年上半年数据来源于《上海市浦东新区人民政府：上半年浦东新区工业经济运行情况》，https：//www. pudong. gov. cn/zwgk/wzjd_ qzfbm/2023/213/313125. html。

展，在 2021 年后实现新一轮快速增长，生物医药产业也表现出良好的增长趋势，重点制造业产业的整体布局更加合理，推动浦东新区制造业结构持续优化升级。

在重点制造业产业不断成长的同时，浦东新区战略性新兴产业也在加紧培育。图 3 展示了"十二五"至"十四五"时期浦东新区战略性新兴产业的发展路径，从中可以看出，浦东新区战略性新兴产业产值在 2012~2016 年总体保持在 2500 亿元并呈现波动上升趋势，2017~2019 年产值增加至 4200 亿元左右，较 2012~2016 年出现显著提升，2019~2022 年涨幅进一步扩大，2022 年产值已达到 6857.57 亿元，这与浦东新区规模以上工业总产值的变动趋势接近。从另一方面看，战略性新兴产业在规模以上工业总产值中的占比总体也表现出上升的趋势，2022 年首次超过 50%，达到 51.21%，

2023 年上半年提升至 55.32%，这表明浦东新区制造业结构在过去十年发生了重要转变，战略性新兴产业已经成为浦东新区制造业的主体力量，其整体规模已领先于传统制造业产业，并且这一优势在未来还将进一步扩大。

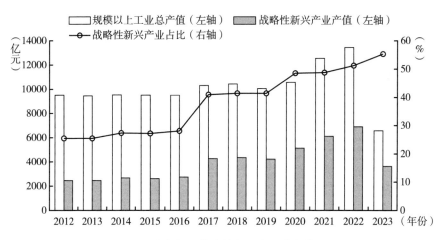

**图3　浦东新区战略性新兴产业培育情况**

资料来源：2012 年数据来源于《浦东发布：【非凡十年·奋进浦东】三大先导产业向世界级产业集群加速迈进，高端产业集聚引领功能不断显现! 浦东基本形成科创中心核心承载区框架体系》，https：//kcb. sh. gov. cn/html/1/168/151/270/2553. html；2013~2014 年数据来源于《上海浦东新区统计年鉴 2015》和《上海统计年鉴 2015》；2015~2020 年数据来源于浦东新区国民经济和社会发展计划执行情况；2021 年数据来源于《上海浦东新区统计年鉴 2022》；2022 年数据来源于《2022 年上海市浦东新区国民经济和社会发展统计公报》；2023 年上半年数据来源于《上海市浦东新区人民政府：上半年浦东新区工业经济运行情况》，https：//www. pudong. gov. cn/zwgk/wzjd_ qzfbm/2023/213/313125. html。

综上所述，"十二五"至"十四五"时期，浦东新区制造业产业实现了显著的转型升级。从量上看，浦东新区规模以上工业总产值、进出口贸易总额以及港口货物吞吐量均实现增长，尽管港口货物吞吐量的长期趋势有一定程度的下滑，但其绝对量也逐渐从疫情冲击中恢复调整，同时各变量的短期波动也总体处于可控范围。从质上看，浦东新区重点制造业产业持续发力，汽车制造业和生物医药产业增长态势良好，重点制造业产业的核心竞争力得到增强。不仅如此，浦东新区战略性新兴产业也取得了长足的进步，其产值在规模以上工业总产值中的比重已超过 50%，逐渐成为新时期浦东新区制造业发展的主导力量和培育方向。综观"十二五"至"十四五"期间浦东新区制造业转型升级的历程不难发现，创新引领制造业转型和产业优化升级的作用日渐凸显，并为新时期浦东新区高质量发展提供了不竭动力。因此，让创新的源泉充分涌流、为创新提供良好的政策环境等考量，应成为浦东新区在深化制造业转型进程中的重点目标，同时应成为浦东新区产业规划体系演进的主要方向。

## 三　浦东新区产业规划体系及其演进历程

浦东新区制造业转型升级为其产业规划体系的完善提供了丰富的实践经验，产业规划的演进又将助力新时期浦东新区制造业的高质量发展。因此本文接下来探讨"十二五"至"十四五"时期浦东新区产业规划体系的特征及其演进规律。

### （一）浦东新区"金字塔式"产业规划体系

党和国家、上海市和浦东新区政府高度重视产业规划对经济发展的重要作用，截至"十四五"时期，浦东新区产业规划已覆盖先进制造业、战略性新兴产业、现代服务业等重点产业，以及要素资源配置、市场服务和监管、人才培育和管理、城市建设和治理、生态文明建设等社会经济发展的各个方面。在横向维度上，浦东新区产业规划体系具有"金字塔式"的体系结构，塔尖为国家级产业发展蓝图，如《全面深化中国（上海）自由贸易试验区改革开放方案》《中共中央　国务院关于支持浦东新区高水平改革开放打造社会主义现代化建设引领区的意见》等；塔身为市、区两级产业发展规划，如《关于支持浦东新区改革开放再出发实现新时代高质量发展的若干意见》《上海市人民政府关于促进本市高新技术产业开发区高质量发展的实施意见》等；塔基则由各区域产业规划协同支撑，因此浦东新区产业规划兼备统筹性和专业性。

整体来看，国务院和上海市两级政府的产业规划为浦东新区的发展谋篇布局；浦东新区政府结合张江、金桥、保税区、陆家嘴、世博和临港等区域的产业发展基础和特色,分门别类地制定了具有专业性、针对性的产业规划。具体而言,浦东新区各个区域的产业格局互有特色:张江片区和金桥片区是上海的老牌高新技术园区,张江片区在集成电路、生物医药、人工智能等领域拥有雄厚的科技实力,金桥片区则以先进制造业和生产性服务业见长;保税区是浦东新区乃至全市国际贸易与航运业的重镇;陆家嘴片区是上海金融、专业服务、总部经济等现代服务业的核心聚集地;世博片区则凭借世博会的带动效应,成为总部经济和会展旅游业的新兴之秀。作为新时代全国改革开放的排头兵,临港新片区充分吸收和借鉴了浦东新区各区域的优秀发展成果,先进制造业和现代服务业齐头并进。综上可知,各区域产业规划的重心既相互区别,又彼此联系,共同形成浦东新区产业规划体系的有机整体。

## (二)浦东新区产业规划体系演进的整体性和延续性

从金字塔式的体系结构不难发现,浦东新区产业规划体系具有统筹性和完整性,同时在纵向维度上,这个体系结构本身也在根据上海和浦东新区的经济发展实际而不断更新和演进,故又表现出延续性的特征。

表1归纳了"十二五"至"十四五"时期浦东新区及各区域产业规划演进的具体历程,从中可以看出,上海定位的演变带动了浦东新区产业规划的优化。"十二五"时期是上海建设"四个中心"(国际经济中心、金融中心、贸易中心、航运中心)的加速推进期,至"十三五"时期上海基本建成"四个中心","十四五"时期增加科技创新中心,最终形成"五个中心"的建设格局。科技创新中心目标的确立给浦东新区产业规划指明了新的发力点。

《上海市浦东新区国民经济和社会发展第十二个五年规划纲要》(以下简称《浦东新区"十二五"规划》)指出,"十二五"时期浦东新区产业升级的任务艰巨,在现代服务业方面,浦东新区的金融、航运等高端服务业与国际先进城市存在较大差距,而制造业方面则是存在高端不高效的问题。因此"十二五"时期,浦东新区在产业结构领域的主要目标是保持经济持续快速增长,同时"加快构建以现代服务业为主体,以战略性新兴产业为引领,以先进制造业为支撑的现代产业体系"。经过五年的发展,浦东新区核

表 1 浦东新区产业规划演进历程

| | | "十二五"时期<br>四个中心 | "十三五"时期<br>四个中心 | "十四五"时期<br>五个中心 |
|---|---|---|---|---|
| 上海定位 | | | | |
| 浦东新区产业升级的挑战 | | 产业结构优化升级任务艰巨<br>政府职能转变需深化 | 传统增长模式约束凸显<br>创新驱动发展机制仍不完善 | 拓展改革开放的深度和广度<br>增加科技创新的浓度和强度<br>提升区域经济的高度和密度 |
| 浦东新区产业发展规划 | | "三大三新一优化"制造业体系<br>五大服务业 | 八大产业板块<br>十个重点专项 | 三大世界级产业集群<br>六大硬核产业、六大服务经济 |
| 浦东新区产业空间布局 | | 一轴三带 | 4+4+X | 一带两廊一环 |
| 浦东新区产业规划特点 | | 培育先进制造业与淘汰落后产能并进<br>制造业转型格局初步建立 | 创新驱动地位确立<br>制造业转型规划持续细化和深化 | 创新和完善竞争性政策地位全面巩固<br>先进制造业体系基本成型 |
| 张江片区 | 定位 | 推进自主创新和高新技术产业化<br>培育发展战略性新兴产业 | 建设张江综合性国家科学中心<br>推动战略性新兴产业跨越式发展 | 加快推进张江综合性国家科学中心建设<br>上海高新技术和战略性新兴产业核心载体 |
| | 主要产业 | 集成电路、生物医药、文化创意和软件、电子信息、物联网、汽车零部件等相关生产服务业、医疗器械及服务业 | "3+3"重点产业（主导产业：信息技术、文化创意），新兴产业（人工智能、航空航天配套、低碳环保） | 三大产业：集成电路、生物医药、人工智能；若干特色产业：数字经济、绿色低碳经济、高端装备制造、航空航天、信息通信、新材料 |
| 金桥片区 | 定位 | 国际先进水平的生产性服务业集聚区<br>先进制造业基地和生态工业示范区 | 制造业资源配置枢纽<br>国际高端制造中心的核心载体之一<br>国家生态工业园区、低碳工业园区 | 2025年，着力打造"智能制造先行"产业转型示范区，城市功能创新、绿色低碳引领"的世界一流智造城 |
| | 主要产业 | 新能源汽车、ICT、生产性服务业、航空配套、节能环保 | 优化提升传统优势制造业<br>发展壮大生产性服务业 | "3+1"产业发展格局：三大硬核产业（未来车、智能制造、数据港）+生产性服务业 |

续表

| 片区 | | "十二五"时期 | "十三五"时期 | "十四五"时期 |
|---|---|---|---|---|
| 保税区 | 定位 | 上海国际航运中心核心功能区主要载体、上海国际贸易中心重要平台、上海国际金融中心建设重要突破点 | 2020年，在投资开放性、贸易便利性、金融要素流动性和功能集成化等方面形成开放度最高自由贸易园区的基本框架 | 国内国际双循环制度创新示范区；强化全球资源配置和开放门户枢纽功能；率先探索由要素型开放向制度型开放拓展 |
| | 主要产业 | 国际贸易及相关服务、国际贸易、高端先进制造业 | 国际贸易、金融服务、航运服务、专业服务、高端制造、总部经济、平台经济、新兴经济 | 产业体系：三大基础产业（国际贸易、现代物流、高端制造），四大重点产业（生物医药、集成电路、智能制造、汽车及零部件），五大新经济（总部经济、平台经济、消费、金融、服务） |
| 陆家嘴片区 | 定位 | 上海国际金融中心建设核心区；上海核心中央商务区的重要组成部分；高端航运服务集聚区 | 国际一流金融城，世界级中央活动区；金融贸易制度创新先行区；卓越全球城市重要战略支点 | 全球人民币金融资产配置中心；世界级总部功能集聚高地；国际化一流营商环境示范区 |
| | 主要产业 | 金融、商贸、会展、旅游、高端航运 | 金融、航运服务、现代商贸、专业服务、文旅休闲 | 金融、高端航运、总部经济、专业服务、区域协调联动 |
| 世博片区 | 定位 | 统筹世博园区与黄浦江沿岸综合开发 | 打造世界水准的中央公共活动区；努力建设现代服务业制度创新示范区 | 全面建设世界级中央公共活动区；"秀外慧中"核心功能全方位大幅跃升 |
| | 主要产业 | 吸引国际性组织和机构、跨国公司地区总部经济集聚 | 滨江现代服务业集聚带：总部服务、创新经济、新型金融、专业服务；高端文化产业发展带：文化创意、演艺、旅游、时尚、传媒、休闲娱乐 | "2+3+3"产业功能体系：两大主导产业（文化演艺、总部经济），三大服务产业（商务、生活、专业），三大特色平台（国际贸易生态、文商旅体展融合、创新创意功能） |
| 临港新片区 | 定位 | 国家战略性新兴产业发展新载体；国家工业化产业示范基地 | 推进装备制造业集群产业升级，培育壮大战略性新兴产业，着力发展现代服务业，建设绿色发展示范区 | 新时代全国改革开放排头兵和创新发展先行者 |
| | 主要产业 | 高端装备制造业、新战略性新兴产业、现代物流业 | 新能源装备、汽车整车及零部件、船舶、关键件、集成电路、再制造、光电信息、新材料 | 先进制造业集群（集成电路、生物医药、人工智能、民用航空、智能新能源汽车、高端装备制造、新型产业），现代服务业（金融、新型国际贸易、现代航运业、数字经济） |

心功能显著增强，产业结构持续优化，第三产业增加值在全区生产总值的比重达 70%（金融业增加值占 25%），进出口贸易总额占全市比重达到 60%，服务贸易总额年均超两位数增长，《浦东新区"十二五"规划》指出的产业升级差距得到较好的弥补。总体上看，"十二五"时期浦东新区产业规划体系表现出培育先进制造业与淘汰落后产能并进、制造业转型格局初步建立的特征，在此期间浦东新区正处于经济增速换挡期、结构调整阵痛期和前期刺激政策消化期等"三期叠加"的特殊发展阶段，主要依靠资源和要素投入的粗放型经济增长方式开始向依靠科技创新和劳动力素质提升的集约型经济增长方式转变，因此浦东新区着手培育先进制造业，对传统优势产业发展进行谋篇布局，从而使得制造业转型格局得以初步确立。同时浦东新区还大力消化和淘汰落后产能，积极适应经济增长方式转变带来的新挑战，努力提升经济发展的整体质量。

《上海市浦东新区国民经济和社会发展第十三个五年规划纲要》（以下简称《浦东新区"十三五"规划》）进一步指出"十二五"后期传统增长模式的约束凸显且创新驱动发展机制不完善，与主要依靠要素增长的传统发展模式相伴随的必然是创新驱动能力的不足，因此《浦东新区"十三五"规划》指出"十三五"时期的产业规划应向创新驱动增长的方向转型，这意味着政府职能也应加快转变。经过"十三五"时期的发展，浦东新区核心竞争力大幅增强，以现代服务业为主体、战略性新兴产业为引领、先进制造业为支撑的现代产业体系基本形成，金融、贸易、航运以及科技创新能力明显提升，政府管理体制和服务模式得到有效创新和转变。整体而言，浦东新区"十三五"时期的发展水平较"十二五"时期出现明显跃升，"三期叠加"压力得到有效缓解，经济发展增速也趋于稳定。但与此同时，新的发展问题也逐渐显现，那就是在浦东新区经济增长从依赖投资、消费、进出口等需求侧因素向提高供给质量转变的过程中，供给侧结构性矛盾较为突出，要素配置扭曲较为严重，社会有效供给较为滞后。为挖掘经济发展的新动能，浦东新区逐步确立起创新驱动经济发展的核心地位，产业规划体系也紧密围绕提升创新核心驱动力展开，持续细化和深化各制造业领域的产业定位与配套政策。

"十四五"时期，浦东新区的产业升级不仅需要实现从传统增长模式到创新驱动发展的转变，还需要站在社会主义现代化建设引领区的战略高度统筹协调推进。同时，欲实现2035年上海建成具有世界影响力的社会主义现代化国际大都市的目标，浦东新区产业规划转型和政府职能转变将发挥至关重要的作用。新时期浦东新区产业规划的显著亮点是创新和竞争性政策地位的全面巩固，张江、金桥、保税区和临港新片区等制造业集聚的区域均将创新摆在了产业发展定位的最前端，并且浦东新区产业规划从重点向电子信息、装备制造、汽车制造等传统优势产业倾斜发展为传统优势产业、战略性新兴产业和现代服务业并重，各产业竞争性发展的局面逐渐显现，推动浦东新区先进制造业体系基本成形。

就重点产业而言，浦东新区"十二五"规划指出"十二五"期间，浦东新区将着力打造"三大三新一优化"的制造业体系（包括电子信息、装备制造、汽车制造及新能源汽车等三大支柱产业，生物医药、民用航空、新能源等三个新兴产业，加快淘汰劣势产业，优化石化、都市型工业等传统产业）及金融、航运、贸易、会展旅游、文化创意等五大服务业。《浦东新区产业发展"十三五"规划》指出，"十三五"期间，浦东新区重点聚焦金融、航运、贸易、文化、健康、信息、装备、汽车等八大产业板块以及新兴金融、电子商务、旅游会展、物联网和下一代通信、智能制造、民用航空、总部经济、高端研发（含科技服务业）、新能源、新材料等十个重点专项。八大产业板块整合了"十二五"期间浦东新区制造业和服务业重点发展的全部领域，继承和延续了"十二五"期间浦东新区的产业主攻方向，同时十个重点专项在八大产业板块的基础上进一步细化和聚焦，顺应了新时代制造业和服务业融合发展的新趋势。《浦东新区产业发展"十四五"规划》进一步指出，"十四五"时期浦东新区通过三大世界级产业集群（集成电路、生物医药、人工智能）、六大硬核产业（中国芯、创新药、蓝天梦、未来车、智能造、数据港）、六大现代服务业（资产管理、融资租赁、总部经济、大宗商品、文化创意、专业服务）以及五型经济和数字经济共同推动制造业集群和现代服务业高质量发展。《浦东新区产业发展"十四五"规划》全面规划了新时代浦东新区产业升级的总体格局，并较"十三五"时期的产业规划更加完备。

### （三）浦东新区区域产业规划演进的精准性和竞争性

在整体层面，"十二五"至"十四五"时期浦东新区的产业规划演进表现出了显著的延续性特征，在区域层面，浦东新区的产业空间布局以及各区域产业规划的演进则表现出精准性和竞争性的特征。

在产业空间布局方面，"十二五"至"十四五"时期浦东新区产业布局呈现"方向延续、精准调整"的特点，各重点区域的主要产业发展方向保持了浦东新区产业规划体系的总体延续性，区域之间的联动划分则在不断地精准调整。《浦东新区"十二五"规划》指出，浦东新区产业主要沿"一轴"（上海从虹桥机场到浦东机场的东西发展轴线）和"三带"（沿黄浦江综合发展带、滨江沿海发展带和中部产业发展带）布局。《浦东新区产业发展"十三五"规划》将产业空间布局进一步细分为陆家嘴、外高桥、张江和金桥等4个国家级开发区，世博、临港、国际旅游度假区、航空城等4个新兴区域，以及若干镇的产业园区。《浦东新区产业发展"十四五"规划》则在区域细分的基础上将外高桥、金桥、张江、临港新片区整合为"南北科技创新带"，将陆家嘴、世博整合为"沿江产业走廊"，将外高桥港及保税区、浦东机场及联动区域、洋山港及保税港区等整合为"沿海产业走廊"，同时增加了"金色中环"规划。由此可知，"十二五"至"十四五"时期浦东新区产业的空间布局规划实现了由粗到细、由点到线再到面的提升。

浦东新区各区域产业规划的重心也在持续迭代更新。具体而言，张江片区产业规划越发突出科技创新的引领功能。"十二五"期间，张江片区着力推进自主创新和高新技术产业化，培育发展战略性新兴产业，到"十三五"时期，张江片区提出推动战略性新兴产业跨越式发展，"十四五"时期张江片区要最终成为上海高新技术产业和战略性新兴产业的核心载体。张江片区的战略性新兴产业经历了"加速培育—跨越式发展—核心载体建设"的演进历程，科技创新在其中发挥了关键作用。此外，从核心产业的变迁也可以看出张江片区产业规划重心的演进，集成电路（信息技术）和生物医药是张江片区的传统优势主导产业，"十三五"时期人工智能成为张江片区重点发展的新兴产业之一，到"十四五"时期，人工智能进一步上升为张江片区全力做强的产业之一。低碳环保产业在"十三五"期间成为张江片区的新兴产业，"十四五"期间被定位为张江片区的特色产业。

金桥片区的发展格局相对更加稳定，故其产业规划也更为成熟。金桥片区产业规划的重心集中于先进制造业与生产性服务业，并且随着新发展格局的逐渐确立，先进制造业和生产性服务业的融合发展之于金桥片区的作用也在不断上升。与张江片区类似的是，"十三五"时期金桥片区将低碳产业纳入制造业产业体系中，同时在"十四五"时期提出推动绿色低碳引领，这也适应了浦东新区传统制造业的转型升级以及先进制造业智能化和生态化的发展趋势。

保税区的产业规划发生了重要转型。"十二五"时期，外高桥片区依托高端制造业发展国际贸易和航运业，成为上海国际航运和贸易的主要载体。"十三五"期间，外高桥片区并入自贸试验区，其主要业务范围也从国际贸易和航运拓展到国际投资、金融等领域，相应的专业服务、总部经济、平台经济等新模式也顺势崛起。"十四五"时期，保税区深化内部产业结构，形成了三大基础产业、四大重点产业和五新经济协调发展的产业体系，其产业规划的方向也进一步深化为探索由要素开放向制度开放拓展，强化了开放性、竞争性的政策和制度在保税区高质量发展进程中的重要地位。

陆家嘴片区的产业规划主要围绕金融、商贸、航运、文旅等主导产业展开，"十三五"时期增加专业服务业为主导产业，"十四五"时期进一步引入了总部经济和区域协调联动策略。总部经济是陆家嘴片区金融、商贸和航运业发展的必然结果，故"十四五"时期陆家嘴片区产业规划开始向总部经济倾斜。区域协调联动策略则是浦东新区统筹发展的政策导向，陆家嘴片区与张江、金桥、保税区等区域的协调联动发展将有效服务于"十四五"

时期浦东新区"一带两廊一环"的建设。

世博片区产业规划的侧重点也逐渐精准化,"十二五"时期世博片区提出吸引国际性组织、机构和跨国公司地区总部集聚,到"十三五"时期,世博片区明确提出打造滨江现代服务业集聚带,其中包括总部服务和专业服务。"十四五"时期,总部经济上升为世博片区的主导产业。总体来看,世博片区产业规划逐渐向总部经济和专业服务业聚焦,故其精准性得到大幅提升。

临港新片区产业发展及其政策涵盖了先进制造业、战略性新兴产业、现代物流业等领域,"十二五"至"十三五"时期,临港片区产业规划以推动先进制造业集群发展、培育和壮大战略性新兴产业和现代服务业为主。2019年8月,中国(上海)自由贸易试验区临港新片区挂牌成立,临港产业发展进入了全新阶段。作为新时代全国改革开放排头兵和创新发展先行者,临港新片区"十四五"时期的产业规划着力点也实现了扩容,生物医药、民用航空等先进制造业,以及金融、新型国际贸易、数字经济等现代服务业均被纳入其中,产业发展的整体竞争活力得到全面加强。

# 四 结论与展望

浦东新区制造业在"十二五"至"十四五"期间实现了持续增长,其转型升级也取得了显著成效,为新时期高质量发展和新型工业化的推进打下了坚实基础。在制造业增长的过程中,浦东新区产业规划体系不断演进,其演进历程表现出整体性和延续性特征:"十二五"时期培育先进制造业与淘汰落后产能并进,制造业转型格局初步建立;"十三五"时期创新驱动地位得以确立,制造业相关转型规划持续细化;"十四五"时期创新和竞争性政策的地位得到全面巩固,先进制造业体系基本成型。与此同时,浦东新区各区域的产业规划也在积极地向精准性和竞争性迈进,二者共同推动浦东新区产业规划体系活力的提升。在全面建设社会主义现代化国家的新征程上,浦东新区应推动制造业新一轮的转型升级,充分发挥优势制造业的基础实力,努力推动战略性新兴产业的培育和发展。浦东新区的产业规划也应适应社会主义现代化生产力发展的基本原则，主动向科技创新引领、市场主体培育、营商环境优化、专业人才培养、对外开放合作、绿色生态建设等方向深入转型，为制造业升级创造良好的外部环境，最终为高水平改革开放和社会主义现代化建设引领区构建提供制度基础和政策保障。

## 参考文献

江飞涛、李晓萍：《改革开放四十年中国产业政策演进与发展——兼论中国产业政策体系的转型》，《管理世界》2018 年第 10 期。

林毅夫：《产业政策与我国经济的发展：新结构经济学的视角》，《复旦学报》（社会科学版）2017 年第 2 期。

林毅夫、蔡昉、李周：《比较优势与发展战略——对"东亚奇迹"的再解释》，《中国社会科学》1999 年第 5 期。

浦东新区人民政府：《金桥经济技术开发区暨中国（上海）自由贸易试验区金桥片区发展"十三五"规划》，https：//www.pudong.gov.cn/zwgk/ghjh－qzf/2022/306/264038.html。

浦东新区人民政府：《浦东新区产业发展"十三五"规划》，https：//www.pudong.gov.cn/ghjh_ zxgh/20211211/340218.html。

浦东新区人民政府：《浦东新区产业发展"十四五"规划》，https：//www.pudong.gov.cn/zwgk/azt_ fzgh/2022/306/261337.html。

浦东新区人民政府：《浦东新区国民经济和社会发展第十二个五年规划纲要》，https：//www.pudong.gov.cn/ghjh_ gmjj/20211226/340259/f351b60ef6ea426fb1e 143f0ac1db242.pdf。

浦东新区人民政府：《浦东新区国民经济和社会发展第十三个五年规划纲要》，https：//www.pudong.gov.cn/ghjh_ gmjj/20211226/340258.html。

浦东新区人民政府：《浦东新区国民经济和社会发展第十四个五年规划和二〇三五年远景目标纲要》，https：//www.pudong.gov.cn/ghjh_ gmjj/20211226/340257.html？eqid=99d0213900628570000003647554d0。

浦东新区人民政府：《上海陆家嘴金融贸易区暨上海自贸试验区陆家嘴片区发展"十三五"规划》，https：//www.pudong.gov.cn/zwgk/006003003/2022/302/257656.html。

浦东新区人民政府：《上海市张江高科技园区暨中国（上海）自由贸易试验区张江片区发展"十三五"规划》，https：//www.pudong.gov.cn/zwgk/azt_ fzgh/2022/306/263753.html。

浦东新区人民政府：《世博地区暨中国（上海）自贸试验区世博片区发展"十三五"规划》，https：//www.pudong.gov.cn/ghjh_ zxgh/20211211/340200.html。

浦东新区人民政府：《中国（上海）自由贸易试验区保税区片区发展"十三五"规划》，https：//www.pudong.gov.cn/006003002/20220108/459040.html。

浦东新区人民政府：《自贸试验区保税区片区发展"十四五"规划》，https：//www.pudong.gov.cn/zwgk/zwgk_ tsfl_ ylqjs/2022/306/261389.html。

浦东新区人民政府：《自贸试验区金桥片区发展"十四五"规划》，https：//www.pudong.gov.cn/zwgk/ghjh-qzf/2022/306/261380.html。

浦东新区人民政府：《自贸试验区陆家嘴片区发展"十四五"规划》，https：//www.pudong.gov.cn/zwgk/ghjh-qzf/2022/306/261372.html。

浦东新区人民政府：《自贸试验区世博片区发展"十四五"规划》，https：//www.pudong.gov.cn/zwgk/zwgk_ tsfl_ ylqjs/2022/306/261387.html。

上海市人民政府：《中国（上海）自由贸易试验区临港新片区发展"十四五"规划》，https：//www.shanghai.gov.cn/nw12344/20210812/bd6b7c5e895d42ac8 885362bd0ae6e0c.html。

张维迎：《产业政策争论背后的经济学问题》，《学术界》2017年第2期。

中国共产党上海市委员会、上海市人民政府：《关于支持浦东新区改革开放再出发实现新时代高质量发展的若干意见》，https：//www.shanghai.gov.cn/nw12344/20200813/0001-12344_ 59426.html。

《中共中央 国务院关于支持浦东新区高水平改革开放打造社会主义现代化建设引领区的意见》，https：//www.gov.cn/zhengce/2021-07/15/content_ 5625279.htm。

# B.16
# 外高桥保税区：争做外向型经济
# 高质量发展"领路人"

唐 坚\*

**摘 要：** 外高桥保税区作为浦东外向型经济发展的"拓路者"，在浦东开发开放整体战略布局中处于极其重要的地位。30年多来，外高桥保税区与浦东共同成长、共同进步，实现了从全国第一个保税区到全国第一个自贸区的伟大飞跃，且取得了显著的发展成效。《自贸试验区保税区片区发展"十四五"规划》提出"'十四五'时期，保税区片区将着力做大贸易规模、做强复合功能、做实区域联动、做优营商环境，全力打造'贸易能级高端、全球总部集聚、制度创新领先、新型业态迸发、营商环境一流'具有国际影响力和竞争力的自由贸易园区。"本文旨在梳理外高桥保税区30多年的发展历程及其所取得的发展成绩，分析外向型经济高质量发展对外高桥保税区的积极影响，探讨未来外高桥保税区外向型经济高质量发展的基本路径。

**关键词：** 外高桥保税区 外向型经济 产业结构 高质量发展

## 一 引言

综观历史，我国对外开放经济功能区的发展主要经历了三个阶段，

---

\* 唐坚，经济学博士，管理学博士，公共管理博士后，中共上海市浦东新区委员会党校研究员，研究方向为制度与管理科学、宏观经济学、政府经济学、区域经济与可持续发展等。

分别是保税区阶段（包括出口加工区等）、综合保税区阶段（包括保税港区等）和自贸区阶段。保税区设立的初衷是为出口企业提供物流、仓储等方面的服务，同时简化通关流程。随着对外贸易的不断发展，党和国家考虑到发展特定方向经济模式和功能产业的现实需求，决定在保税区基础上打造综合保税区与自贸区。保税区根据当地的区位环境和产业结构而设立，为加工贸易提供交易与通关方面的服务，以促进区域外向型经济发展为根本目标。1990 年，外高桥保税区成立，牵手浦东开发开放战略共同向前发展。2013 年，以外高桥保税区为中心的上海综合保税区，又成为中国首个自贸区。30 多年转瞬即逝，曾经的芦苇地已成为当前中国业务功能最丰富、经济规模最大的海关特殊监管区。上万家外资企业聚于此处，且随着外高桥保税区快速发展的步伐同步"升级"：从以往单纯的贸易企业，逐步成为跨国企业地区总部，外向型经济发展成效显著。

## 二　外高桥保税区外向型经济发展现状

### （一）基本情况

1990 年 6 月，外高桥保税区正式挂牌成立，是国务院批准设立的全国最早启动、最大规模的保税区，涉及诸多经济功能，主要包括出口加工、自由贸易、物流仓储、保税商品展示交易等。2013 年 9 月，世界目光再次聚焦外高桥保税区，全国首个自贸区——上海自贸试验区由此启航。从全国第一个保税区到第一个自贸区，全国第一家外资综合性医院、第一家外商贸易公司、第一个自由贸易账户、第一张"负面清单"、第一家国际贸易"单一窗口"等在此诞生，外高桥保税区孕育了很多外贸领域的"全国第一"。与此同时，在全国海关特殊监管区中，无论是贸易体量还是进出口规模，外高桥保税区都长年处在领先地位。30 多年来，外高桥保税区走过了启动期、成长期、拓展期和跨越期，如表 1 所示。

表1 外高桥保税区四大发展阶段

| 时间 | 阶段 | 主要发展内容 |
|---|---|---|
| 1990~1998年 | 启动期 | 功能确立为"出口加工、保税仓储、国际贸易";着重引进带动型、功能型和实业型项目 |
| 1999~2012年 | 成长期 | 重视特色功能、提高产业能级;现代物流与高科技产业南北拓展的大格局初步形成 |
| 2013~2015年 | 拓展期 | 2013年9月,上海自贸区正式挂牌成立;物流、贸易、加工业务都有显著升级 |
| 2016年至今 | 跨越期 | 逐渐发展成具有全球竞争力和影响力的国际化港城,是国内业务功能最丰富、经济规模最大的自贸区 |

## （二）外高桥保税区进出口总额统计分析

第一,进出口总额统计。海关总署网站数据显示:2021年,外高桥保税区完成进出口额1603.4亿美元;2022年为1438.0亿美元,较上年减少10.3%（见图1）。

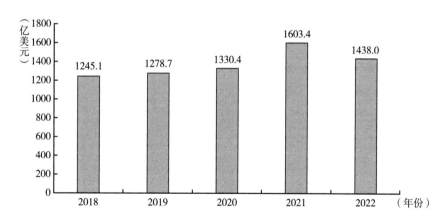

图1 2018~2022年外高桥保税区进出口总额

资料来源:海关总署。

第二,进出口额统计。海关总署网站数据显示:2021年,外高桥保税区完成进口额1200.2亿美元;2022年为1092.9亿美元,较上年减少

8.9%。2021 年，外高桥保税区完成出口额 403.2 亿美元；2022 年为 345.1 亿美元，较上年减少 14.4%（见图 2）。

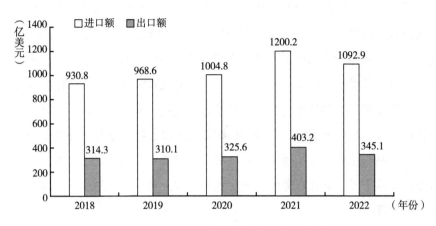

图 2  2018~2022 年外高桥保税区进、出口额

资料来源：海关总署网站。

第三，进出口差额统计。2021 年外高桥保税区的进出口差额为 797 亿美元，2022 年，外高桥保税区进出口差额为 747.8 亿美元（见图 3）。

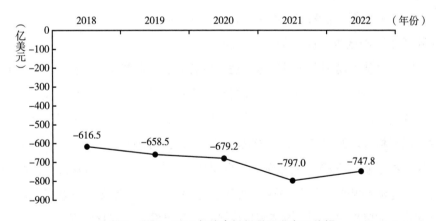

图 3  2018~2022 年外高桥保税区进出口差额

资料来源：海关总署网站。

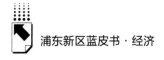

## （三）外高桥保税区外向型产业的发展蜕变

第一，从国际贸易向新兴服务产业转变。从国际贸易角度来看，当前外高桥保税区的进出口业务遍及全球 200 多个国家和地区，培育出金属批发、化工产品、机械设备、电子消费、电子元器件等多个营收超千亿元的子行业。自贸区挂牌成立以来，为了满足自贸区的发展需求，外高桥保税区开始大力发展以第三方物流企业为主的集配送、仓储、中转、分拨等多种功能于一体的现代化物流产业体系，1000 多家全球知名物流仓储企业在此落地。此外，外高桥保税区还积极引进和发展新兴服务业企业，以消费服务、金融服务、技术服务、文化服务等为主的现代化服务业，已成为保税区最具竞争力的产业之一。

第二，从贸易批发向"跨境+体验"商业转变。目前，外高桥保税区的贸易业已经从以往的批发业务转向于直接面向消费者的零售业务；基于产品和客户等资源优势，依托平行进口、跨境贸易、前店后库等功能优势，开辟出具有外高桥特色的保税商业贸易发展道路。比如：外高桥进口商品保税展示交易平台根据保税区的市场需要和产业特征，建设高端进口商品统一系统平台、统一监管平台和统一纳税平台，依托 250 万平方米的保税仓库，实现区外"店"与区内"库"的有效联动。

第三，从贸易平台向供应链管理集成转变。初期的专业贸易平台主要有国际医疗器械展示交易中心、外高桥汽车交易市场、国际机床展示交易中心等，其提供的贸易服务主要包括保税展示、政策咨询、贸易代理、商品分拨、预商检等。2012 年，外高桥提出亚太营运商计划（APOP），将符合要求的区内企业培育成"统筹在岸、离岸业务，统筹国内、国际市场，统筹贸易、物流和结算功能"的亚太区营运总部，将其打造成集团总部全球供应链的亚太区枢纽，负责对亚太区资源进行统筹管理与优化配置。

第四，从研发总部向科技创新生态群落转变。当前，外高桥保税区已聚集若干具有国际影响力的科技研发、先进制造、检测维修服务等领域的跨国企业，形成四种具有地区特色的科技创新生态群落，分别是以产品本地化为首的贸易拉动型、以技术提升为首的制造提升型、以医药研发为首的离岸服务型、以专业服务为首的服务带动型。

第五，从出口加工向主题产业园转变。外高桥保税区最初的出口加工业主要包含由通用、伊顿、德尔福等企业构成的汽车零部件加工制造、研发及分拨产业群，由 IBM、英特尔、飞利浦等企业构成的微电子产业群。自贸区成立以来，外高桥保税区转向新发展阶段，相继建成国际智能制造服务产业园、汽车产业园、生物医药产业园等主题产业园。

# 三 外向型经济高质量发展对外高桥保税区的积极影响

## （一）推动制度变革创新

发展外向型经济，有利于推动外高桥保税区制度变革创新；然而，由于受传统经济模式的深远影响，经济贸易制度的更新频率较慢，所以需要在大力发展外向型经济的同时，逐渐推进产业结构的转型升级。在推动制度变革创新的过程中，应当重视经济创新和制度创新的协同性，所以应从全局出发分析外向型经济与外高桥保税区现有产业结构的有机结合是否可以满足经济高质量发展的需求。学习参考先进的产业结构发展政策和经济制度，有助于创新当地的经济发展模式，新兴产业结构与先进制度均可以在企业间进行传递，逐渐形成宏观示范效应。推动制度变革创新，是外向型经济与产业结构深度融合的重要成果，其理论与实践价值均可以反映在市场经济调节效应中。比如：2023 年 2 月 1 日，上海浦东发布引领区制度创新案例，外高桥保税区"离岸通"成功上榜。2021 年 10 月，全国第一个综合应用境内外数据以支持贸易真实性审核的"离岸通"平台在外高桥保税区正式上线运行，将碎片化数据串联成真实的、完整的境外物流链条，彻底转变了银行以往基于纸质单证的审核方式，为金融机构提供高度集成的离岸贸易真实性辅助核查服务，加快了浦东新区在岸、离岸业务的统筹发展进程。

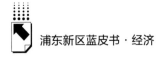
## （二）加快资本积累进程

在外向型经济发展过程中，应当客观、系统地评估原始资本的积累风险，特别是在招商引资环节，市场经济体制并不成熟的行业领域需审慎选择外向型经济发展方式。大力发展外向型经济，有利于加快外高桥保税区的资本积累进程；然而，在选择招商引资方式时，应重点突出第二、第三产业在先进生产力方面的创新优势，推动全球经济体系中的先进生产要素与高技术附加值商品相融合，逐渐提高国民收入。所以，在资本积累前期，外向型经济的发展应注重与第二、第三产业的结合，不断提高劳动力等生产要素配置的合理性。根据凯恩斯的对外贸易乘数理论可知，劳务与商品的输出会带动外汇规模的明显扩大；然而，需对各行业的商品消费需求是否均衡进行客观分析，才可以有效实现地方产业结构转型升级的目标。例如：2022 年 6 月，外高桥保税区加足招商引资"马力"，半个月吸引 30 家企业注册投资，多家企业完成增资。统计数据显示：2022 年 6 月 1～15 日，外高桥保税区新成立的企业数量已超过 4 月的总和，吸引 30 家企业注册投资，注册资本超过 1.1 亿元。其中，新设外资企业 3 家、内资企业 27 家，新设分公司 2 家；此外，还有 7 家外资企业和 11 家内资企业完成增资，增资额超过 9.6 亿元。

## （三）加速技术创新步伐

外向型经济模式有利于加速产业的技术创新步伐，然而需分阶段对市场竞争环境实施优化，防止出现内耗型经济发展现象。在关联出口产业发展模式时，国际贸易的激烈性竞争和示范性均可以激发行业技术创新的积极性，进而逐渐产生区位效应。加速技术创新步伐，还需发挥外贸投资等市场调节举措的重要作用。很多国有企业和大中型企业的竞争优势或许会"剑走偏锋"，在积极引进国外先进设备和技术的同时，还需逐步形成关于市场竞争的良性循环机制。在外向型经济发展过程中，外高桥保税区产业结构转型升级需充分考虑市场贸易的发展需求，并且还应对生产与消费市场的供需条件展开风险预判，这样才可以有效促进产业结构的转型。比如：2023年5月，由外高桥保税区企业辉大（上海）生物科技有限公司（以下简称"辉大基因"）科学家队伍自主研发的新型 DNA 编辑系统 CRISPR-Cas12i（Cas12Max®）的美国发明专利 US11，649，444B1，经过专利快速审查途径，在9个月内就取得了美国专利商标局（USPTO）的正式授权，实现了中国首个 CRISPR-Cas12i 系统底层专利在海外布局的重大突破。这并不是辉大基因首个取得美国专利授权的基因编辑工具，2022年1月，辉大基因开发的 CRISPR-Cas13 RNA 编辑器系统-Cas13X 与 Cas13Y 的底层专利就取得了美国专利商标局的授权，这也是我国第一个自主研发且在美国获得专利授权的 CRISPR-Cas13 基因编辑工具。

### （四）促进新兴产业发展

大力发展外向型经济，可以为外高桥保税区产业转型升级带来全新机遇，在促进新兴产业发展方面有着十分明显的优势，然而其也面临着诸多挑战，地方政府需充分发挥市场监管职能，精准预测及分析生产与消费市场不平衡的供需关系，并采取合理、有效的市场经济调节措施。在外向型经济发展初期，新兴产业企业的市场竞争力比较低，伴随技术革新和标准化流程的全面落实，许多企业逐渐表现出劳动力成本优势，有效带动了新兴产业发展。在促进外高桥保税区新兴产业发展的过程中，外向型经济的竞争特点及行业带动作用极其重要，需在"走出去"的同时彰显出外高桥保税区的特殊性。例如：2023年4月8日，位于外高桥自贸壹号生命科技产业园的上海跃赛生物科技有限公司 GMP 级生产基地正式启用，意味着外高桥保税区生物医药产业再添一员大将。跃赛生物成立于2021年，专注开展新一代以人多能干细胞技术为基础的细胞治疗药物的创新性研发及临床应用转化；重视细胞治疗技术攻关，在神经系统疾病的细胞治疗领域已达到全球顶尖水平，其首发产品是干细胞衍生的中脑多巴胺能神经前体细胞药物，主要用于治疗帕金森综合征。

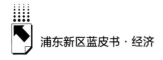

# 四 外高桥保税区外向型经济高质量发展的基本路径

## （一）进一步提升通关便利化水平

第一，建立内外融合的跨境通关合作机制。对外，外高桥保税区应尽快与主要贸易伙伴口岸城市构建起数据互联互通体系，借助信息化系统对检验检疫证书、原产地证书等进行管理，进一步扩大电子数据交换范围，以特色产品和关键项目为前提，深化与相关城市的交流合作。对内，外高桥保税区需不断完善国际贸易"单一窗口"，健全"单一窗口"跨单位协调体系，加强海关与口岸管理机构、口岸查验单位以及机场、港口等单位间的协同管理，进一步提高口岸的通关治理水平。

第二，建立现代化科技应用支撑机制。以"智慧海关、智享联通、智能边境"建设为中心，深化推进科技创新在通关便利化领域的有序落地。一方面，加快智慧海关建设步伐，进一步加大区块链等新一代信息技术在口岸通关中的应用力度，推动数据流、货物流、视频流、资金流、实体流的深度融合，构建起包含资金、物流、储运等各方面的全链条溯源监管体系。另一方面，持续优化"单一窗口"功能，高质量建设跨境贸易大数据平台、"一站式"贸易服务平台，打造优良的贸易服务生态，加快口岸数字化转型进程。除此之外，还需对口岸管理信息系统进行整合，加大口岸执法监管设备研发力度，不断升级单兵查验系统及执法设备，进一步提高海关监管的精准性、高效性和智能化。

## （二）积极持续培育发展新业态

第一，建设开放新平台。新发展阶段，外高桥保税区应高质量服务构建新发展格局，在大力发展外向型经济的同时，全面、深度挖掘内需潜力。基于此，外高桥保税区应当及时调整服务国家社会经济发展的政策导向，统筹兼顾国内、国际两大市场，不断加强物流辐射、高端制造、辐射带动、产业集聚等内生动力，积极发展新模式、新业态和新产业，进一步提高外高桥保税区服务构建新发展格局、参与全球市场竞争的能力。

第二，深化完善保税区载体功能。新模式、新业态与新动能、新活力的有机结合，衍生出新发展。利用好外高桥保税区高水平开放、创新发展的载体优势，不断深化"放管服"改革，全面贯彻"负面清单"管理模式，尽可能取消限制性业务规定。在严守法律规定的前提下，不断完善保税区载体功能，赋予外高桥保税区跨境结算、国际贸易等更多更广的贸易功能。大力发展检测维修、保税研发以及跨境电商等新业态，深化完善外高桥保税区对外开放载体功能。

第三，不断加强核心竞争力。充分发挥政府在外高桥保税区外向型经济高质量发展中的主导作用，打造研发基地，引进研发企业群，聚集资本、技术与人才优势，大力发展研发等高技术含量产业，带动周边区域产生新的研发优势，争做中国智造的"领头羊"，促进中国科技引领国际趋势。同时，外高桥保税区还需积极发展检测维修等高附加值服务业，鼓励区内企业实施自产与集团产品维修，通过"负面清单"的形式进一步扩大国际维修产品商品范围，推动加工贸易产业链条不断向外延伸，"固链、稳链、强链"。除此之外，外高桥保税区还应积极探索实践跨境电商网购保税进口"平台电商+实体零售""网上商城+线下体验店"等全新的营销方式，在遵循海关监管要求的基础上建立跨境电子商务网购保税进口展示交易中心，加速培育多样化融合创新发展空间，建立健全监管互认机制，全面部署现场提货、实体体验、线上交易等便捷化交易，塑造"实体消费+数字生活"新场景。

## （三）以科技创新赋能外汇管理改革

第一，不断提高贸易投资便利化水平。以科技创新赋能资金结算、交易审核等关键环节，积极创新银行外汇业务展业方式，创新发展跨境电商等外贸新产业和新业态，推动外高桥保税区外贸规模"保稳、提质"。加快资本项目管理数字化转型进程，指导银行机构不断优化系统功能，进一步扩大试点业务，加大资本项目外汇普惠供给力度。此外，加快外汇信息系统联机接口应用，加强外汇业务办理的合规性以及便利性。

第二，推进治理能力现代化建设。重视应用多方安全计算、联邦学习等隐私保护技术，实现跨部门的数据共享、互联互通以及安全应用，进一步丰富跨境金融服务平台企业跨境信用信息要素，多部门密切配合、联手打造跨境领域信用服务机制。与此同时，还需充分利用数据要素与数字技术"双轮"驱动作用，根据外汇市场"微观监管＋宏观审慎"管理原则，持续优化跨境资金流通监测分析机制，微观视角加强主体全方位监测、中观视角预防关键领域风险、宏观视角掌握外汇收支走向，不断加强资金异常跨境流动风险辨别能力，确保外汇市场高质量发展。此外，还需进一步健全外汇政务服务网上办理系统，丰富移动客户端等渠道功能，持续优化外汇业务办理程序，实现外汇业务"远程办""网上办""实时办"，不断加强政务服务实效。

第三，提升外汇信息化供给能力。以跨境金融服务平台为基础，促进外汇科技创新发展，实现技术与业务的深度融合。充分吸取金融科技的最新成果和实践经验，注重储备外汇领域的先进工具和技术，形成技术与业务强大的中台服务能力，建立健全"协作、开放、共赢"的金融科技生态系统。加快推动先进科技成果在外汇领域"落地"，实现外汇领域科技创新生产力输出；积极探索实践外汇智能客服，通过人工智能技术预测用户需求、分析用户偏好，推进外汇信息化建设。

### （四）打造高素质外贸人才队伍

第一，严格遵循客观规律，提高外贸人才培养质量。外高桥保税区外向型经济的高质量发展离不开高素质外贸人才的支撑，所以需注重提高外贸人才培养的质量。外贸人才培养需实现"质"和"量"的高度统一，在严格遵循市场客观规律的基础上，不断提高人才培养质量。一方面，高校应根据自身情况增设或撤销外贸专业。在开设外贸专业时，需系统考虑专业教学资源和师资条件，重点突出内涵建设和专业特色，在确保学科可持续发展前提下增设外贸专业，使得外贸人才培养符合外向型经济发展需求。另一方面，人才中心和培训机构的外贸人才培养应严格遵循人力资源的市场规律，从供给和需求层面提高外贸人才的培养质量。

第二，高度重视精英教育，提升外贸人才培养成效。一方面，在全球经济贸易一体化发展的时代背景下，构建外贸人才层次化和精英化的教育体系，即重视高等教育和职业教育间的区别，科学设计外贸人才培养目标，区分普通人才与精英人才的培养，确保外高桥保税区内各层次外贸企业都"有才可用"。另一方面，进一步加大对人力资源机构的监管力度，加快建设外贸人才精英教育社会化机制。在政府调控和市场规律的双重作用下，利用好财政手段和经济手段，大力发展专业化人才培训机构，使其作为高等教育的有益补充，培养更多掌握远洋航运、跨国金融、多国外语、全球保险、跨境电商等专业知识的外贸人才。

第三，积极开展多方合作，建立外贸人才协同培养机制。一方面，建立定向培养体系，注重外贸人才培养与外向型经济发展需求的契合性。外高桥保税区外向型经济的高质量发展，不但会与更多国家形成更加频繁的经济往来，同时还会提高保税区外贸人才的聚集程度。可从此方面着手，结合保税区发展的实际情况，强化高校与涉外企业的对接，进一步提高人才培养的针对性，比如小语种外贸人才等。另一方面，深化企业、高校、培训机构的交流合作，实现外贸人才的协同培养。各主体在外贸人才培养方面所掌握的资源和信息往往都是不同的，通过合作形式来解决信息差异的问题，提高资源利用效率，可采取人才培养体验、涉外专题讲座等形式对国外的投资策略、外贸政策、金融发展等相关信息展开学习和讨论，进而实现外贸人才协同培养的目标。

# 五 结论

综上所述，外高桥保税区作为浦东首屈一指的"经济特区"，在浦东对外开放与社会经济发展中发挥着不可替代的作用。30多年来，外高桥保税区经历了启动期、成长期、拓展期、跨越期四个历史阶段，在进出口贸易、新兴服务产业、供应链管理集成、科技创新生态等方面取得了显著成效。随着制度型开放战略的全面落实和新发展格局的加快构建，外向型经济高质量发展将会从制度创新、资本积累、技术创新、产业发展等方面对外高桥保税区产生积极的影响。在中国式现代化建设新征程上，外高桥保税区可通过进一步提升通关便利化水平、积极持续培育发展新业态、以科技创新赋能外汇管理改革、打造高素质外贸人才队伍等路径，推进外向型经济高质量发展。

**参考文献**

何秀芳、吴文斌、陆勤：《从全国第一个保税区到全国第一个自贸试验区》，《中国贸易报》2021 年 7 月 20 日。

《自贸区保税区"十四五"规划确定目标》，新华网，2021。

余壮雄、张婕、董洁妙、杨扬：《综合保税区政策推动出口企业转型升级了吗?》，《统计研究》2022 年第 8 期。

《浦东开发开放 30 年：外高桥保税区让中国"离世界更近"》，中国新闻网，2020 年 4 月 21 日。

《从上海外高桥保税区看自贸区的产业嬗变》，新浪网，2020 年 6 月 5 日。

林琴：《外向型经济对产业结构的影响》，《财会信报》2023 年 4 月 10 日。

《半个月 30 家企业注册投资上海外高桥保税区引资跑出"加速度"》，新华网，2022 年 6 月 17 日。

《浦东引领区改革创新案例发布！保税区域"离岸通"上榜》，浦东发布，2023 年 2 月 8 日。

《中国首个！辉大基因实现新突破》，浦东发布，2023 年 5 月 30 日。

《生物医药产业发展再添新引擎　跃赛生物 GMP 级生产基地启用》，浦东发布，2023 年 4 月 10 日。

单毅、朱绍祥、王鼎鑫：《保税区出台 48 项优化营商环境举措》，《滨城时报》2023 年 5 月 14 日。

熊琳雪、许立清：《综合保税区向"自由贸易园区"转型路径分析》，《财经界》2023 年第 8 期。

彭伟鹏、姚刚：《新发展格局背景下我国综合保税区海关监管制度的创新与完善》，《海关与经贸研究》2022 年第 6 期。

外汇局福建省分局课题组：《外汇科技守正创新服务外向型经济高质量发展》，《中国外汇》2023 年第 2 期。

# 后　记

《上海浦东经济发展报告》自 2012 年与读者见面以来，已经历了 13 个年头。它每年紧紧抓住浦东新区经济发展形势，观察、分析浦东新区经济运行状况，从理论高度总结浦东新区经济发展实践经验，展望浦东新区经济发展前景，比较全面地反映当年浦东新区经济运行总体情况以及经济发展中的热点、重点和难点。它是上海社会科学院经济研究所与中共上海市浦东新区委员会党校合作成果之一，也是双方青年科研人员和青年教师成长、学术交流的重要平台。

《上海浦东经济发展报告（2024）》，以"聚焦上海自贸区建设与浦东新区创新发展"为主题，通过资料整理、实地调研、数据分析和客观评判，从宏观与微观、定性与定量多个角度反映浦东新区经济发展的现状。全书共收录 16 篇报告，按其内容分为总报告和开放浦东：上海自由贸易试验区、创新浦东、高质量浦东三个专题篇，分别对 2023 年浦东新区经济发展的现状及发展趋势进行分析阐述，对上海自由贸易试验区建设、浦东新区产业创新发展及浦东新区基础设施体系、绿色低碳循环发展等进行具体探讨。

《上海浦东经济发展报告》的作者，主要由上海社会科学院经济研究所青年科研人员和中共上海市浦东新区委员会党校的青年教师组成。2012 年以来，双方精诚合作、共同努力，不仅使《上海浦东经济发展报告》的质量和社会影响力有了显著提升，也培养了一批青年科研、教师队伍。他们的积极性和扎实的理论基础，为《上海浦东经济发展报告（2024）》的撰写提供了重要支撑，但在深耕浦东、观察浦东和分析能力等方面存在不足。

值此《上海浦东经济发展报告（2024）》付梓之际，我们要真诚感谢

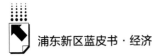

上海社会科学院领导和浦东新区领导对本书的指导、关心和帮助；感谢上海社会科学院经济研究所所长沈开艳研究员对本书的悉心指导和大力支持；感谢浦东新区区委研究室、区政府研究室和区发改委等相关单位为本书提供的资料支持。中共上海市浦东新区委员会党校徐全勇副教授、胡云华副教授、瞿晓燕老师以及上海社会科学院经济研究所张寒丽、两位硕士研究生参与了本书的组稿、联系、统稿等事务性工作，在此一并感谢。

邢　炜　雷新军

2024 年 11 月 1 日

# Abstract

The year 2023 will mark the 10th anniversary of the inauguration of the China (Shanghai) Pilot Free Trade Zone (PFTZ), and over the past 10 years, starting from Shanghai, the 21 PFTZs and the Hainan Free Trade Harbor have built up a new reform and opening-up pattern covering the east, west, south, north, and south of China, and integrating the coasts, the inland, and the borders. Based on this, Shanghai Pudong Economic Development Report (2024) centers on the experience exploration and theoretical innovation of the 10th anniversary of the construction and development of the Shanghai Pilot Free Trade Zone, which consists of 17 reports, including "General Report", "Openness of Pudong", "Innovation of Pudong" and "High-quality Development of Pudong", comprehensively depicts and explores the path of opening up led by the "head goose" in the past ten years.

The General Report depicts the economic development of Pudong in 2023 and analyzes the development forecast for 2024, pointing out that in 2023, in the face of the weakening of global economic and trade growth momentum, the economic growth rate of Pudong rebounded strongly on the basis of the historical low of the previous year; looking forward to 2024, in the face of new opportunities and challenges, Pudong will accelerate the building of a leading area for the construction of socialist modernization and steadily push forward the high-quality development, and the economic growth rate is expected to fall year-on-year, but can be reduced to a certain level. The economic growth rate is expected to fall year-on-year, but can realize overall stable growth.

There are 7 articles in the "Openness of Pudong". The report analyzes five aspects of Shanghai FTZ: building a new high level of opening up to the outside world, creating an open and transparent investment management system, developing new international trade patterns, optimizing the business environment, and improving the bond market. The report summarizes the achievements of the Shanghai Pilot Free Trade Zone in the areas of investment management system, trade supervision system, port supervision and service model, financial innovation system, supervision system during and after the incident, as well as serving the construction of the national "One Belt and One Road" and promoting the "going out" of market entities. The report considers that expanding investment openness, improving the construction of trade rules, and accelerating the reform of factor marketization are the main directions for Shanghai FTZ to further expand opening up and actively buttress the international high-standard economic and trade rules; it points out that it is necessary to accelerate the pace of expanding and opening up of the service industry in the field of international investment, to create a better business environment, to further improve the openness and transparency of foreign investment, to implement higher standards of intellectual property rights protection, and to continuously innovate ways of foreign investment cooperation. The report believes that the future optimization of the business environment in Shanghai FTZ can start from further improving the top-level design, building inter-departmental synergy and sharing mechanism, actively docking the new rules of international trade and economic cooperation, focusing on promoting the construction of the rule of law environment, promoting the depth of empowerment of digital technology, tapping into the value of data, and increasing the attraction of talents, optimizing the environment for talent development, and other aspects.

There are 5 articles in "Innovation of Pudong". They focus on innovation development, development of artificial intelligence industry, development and commercial operation of large aircraft, construction of Zhangjiang Data Factor Industry Cluster, and rural revitalization. The report analyzes and compares the applicability of three models of innovation production factor synergy-Zhongguancun model, Hefei model, and Silicon Valley model-and provides relevant path suggestions for Pudong New Area to promote innovation production factor synergy with science and technology enterprises as the hub. The report comprehends the current situation of the development of AI industry in Pudong, discusses the construction of the national AI pilot zone from four aspects, including leading frontier technology, industrial agglomeration highland, innovation and application demonstration, and exploration of institutional mechanism, and summarizes the replicable and promotable experiences, and finally puts forward corresponding policy recommendations for the development of AI industry in Pudong. Based on the case of the successful development and commercial operation of the C919 aircraft, which is an epoch-making event in China's and even the world's aviation industry in 2023, the report explains the vivid practice of the new national system in Pudong New Area, a leading area for socialist modernization, and puts forward three major recommendations for the development of the new national system in the development of the large aircraft industry in Pudong. The report puts forward three major suggestions to improve the new national system in the development of Pudong's large airplane business. The report points out that Pudong, relying on the advantages of a new data trading platform, abundant data resources, strong data demand and advanced data technology, can build Zhangjiang into a data factor industry cluster with the highest degree of data circulation and trading activity, the highest concentration of digital business enterprises and the best ecological development of the data industry in China. The report concludes that the specialty rural guesthouse industry in Pudong has explored a unique development model that brings new sources of income to rural farmers through the integration of primary, secondary and tertiary industries, and pays more attention to the beautification of the environment and the improvement of farmers' incomes while committing itself to the promotion of the development and growth of agriculture in the Pudong region.

There are 4 articles in "High-quality Development of Pudong". They focus on construction and upgrading of infrastructure system, green and low-carbon development, transformation and upgrading of manufacturing industry, and high-quality development of Waigaoqiao Free Trade Zone. The report analyzes the three aspects of promoting the digital upgrading of traditional infrastructure, accelerating the construction of new infrastructure, and giving full play to the role of state-owned enterprises as the main force in infrastructure construction, in an effort to promote the process of infrastructure construction in Pudong, and help Pudong build a "smart city" and a "global city" path. The report discusses the path of strengthening the organization, coordination and coordination of infrastructure construction in Pudong, and the role of state-owned enterprises in infrastructure construction. The report also explores the possibility of promoting the green, low-carbon and recycling development of Pudong New Area by strengthening organization and coordination, improving laws and regulations, providing policy support, building technical and basic capacity, and carrying out publicity and education. The report proposes that the industrial planning of Pudong New Area can build a "pyramid-style" system structure to promote the industrial planning of each region of Pudong New Area to move towards accuracy and competitiveness, and to jointly promote the enhancement of the vitality of the industrial planning system of Pudong New Area. The report combs through the development history of Waigaoqiao Free Trade Zone for more than 30 years and its development achievements, analyzes the positive impact of the high-quality development of the export-oriented economy on Waigaoqiao Free Trade Zone, and explores the basic path for the high-quality development of the export-oriented economy in Waigaoqiao Free Trade Zone in the future.

**Keywords:** Shanghai Pilot Free Trade Zone; High Level of Liberalization; High Quality Development

# Contents

## I  General Report

**Abstract**: In 2023, global uncertainties and risks increased, and economic and trade growth momentum weakened. The trend of the global economy has a strong correlation with the economic development of Pudong New Area. This report first analyzes the difficulties and challenges brought by the external environment of Pudong's development. Then it focuses on the supply side and the demand side, and sorts out the trend and characteristics of Pudong's economic operation in 2023. Finally, based on the study and judgment of the global economy and China's macroeconomic trend, it is estimated that Pudong's economy will achieve stable growth in 2024. And it puts forward relevant countermeasures and suggestions for Pudong to accelerate the promotion of high level science and technology self-reliance.

**Keywords**: Pudong's Economy; Scientific and Technological Self-reliance; Predictive Analysis

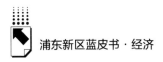
浦东新区蓝皮书·经济

# Ⅱ　Opening-up of Pudong:
# Shanghai Pilot Free Trade Zone

**B**.2　Shanghai Pilot Free Trade Zone 10th Anniversary:

Review and Prospect　　　　　　　　　　　*Zhang Xiaodi* / 025

**Abstract**: Over the past ten years, Shanghai Pilot Free Trade Zone (PFTZ) has adhered to system innovation as the core, focusing on the areas of investment, trade, finance, government functions, and legal system environment, and has formed a basic institutional framework and a batch of institutional innovations for replication and promotion in PFTZs across the country. This paper systematically summarizes the achievements of Shanghai Pilot Free Trade Zone in the areas of investment management system, trade supervision system, port supervision and service model, financial innovation system, supervision system during and after the incident, as well as the service for the construction of the national "Belt and Road" and the promotion of market entities to "go out". Achievements in the field of "Belt and Road" construction and promotion of "going out" of market entities. In comparison with the international high-level rules and standards and its task of "national experiment", it has sorted out the deficiencies and short boards of Shanghai Pilot Free Trade Zone, and on this basis, put forward policy suggestions to improve the breadth, depth and strength of opening up to the outside world, promote the transformation from facilitation to liberalization, strengthen the system integration of institutional innovation, and serve the national strategy and the role of regional synergistic development in future. policy suggestions on the role of regional synergistic development.

**Keywords**: Shanghai Pilot Free Trade Zone; Institutional Innovation; Shanghai; Opening Up

**B** . 3   Shanghai Pilot Free Trade Zone Contributes to

High-level Opening-up                                    *Li Xiaojing* / 041

**Abstract**: Globalization has taken on a new situation and new characteristics, and the world economy has begun to make in-depth adjustments. Therefore, the world economy has begun to adjust in depth, and the international division of labor mode has undergone qualitative changes, which has put forward higher requirements for the international economic and trade rules to adapt to it. The establishment of a pilot free trade zone is a major opening up measure for China to take the initiative to adapt to changes in international rules and respond effectively to the reform of the world economic and trade order. First, this report analyzes the background and connotation of China's high-level opening-up and the promotion effect of free trade zones. Then, from the perspective of investment and trade, it focused on the progress and current problems faced by the Shanghai Pilot Free Trade Zone in building a high-level opening-up highland. Finally, this report puts forward suggestions, such as expanding investment opening-up, improving the construction of trade rules, and accelerating the reform of marketization of factors, thus promoting Shanghai Pilot Free Trade Zone's further opening up and aligning with high-level international rules.

**Keywords**: Pilot Free Trade Zone; High-level Opening-up; International Economic and Trade Rules; Shanghai

**B** . 4   Research on building an open and transparent investment

management system in Shanghai Pilot Free Trade Zone

*Wang Jia* / 059

**Abstract**: Expanding high-level opening-up to the outside world requires placing more importance on attracting foreign investment and stabilizing the basic market for foreign trade and investment. As China's first pilot free trade zone, the Shanghai Pilot Free Trade Zone has always regarded attracting foreign investment as an important task in expanding opening up. The Shanghai Pilot Free Trade Zone has made tremendous achievements in creating an open and transparent investment management system, such as establishing a pre-establishment national treatment + negative list management model, deepening the reform of the commercial registration system, and establishing a mechanism for resolving commercial disputes and intellectual property disputes. This report points out that there are still problems in the Shanghai Pilot Free Trade Zone, such as the need to continuously improve the level of service industry openness, the need to improve the market-oriented, legal and international business environment, and the difficulties faced by enterprises in "going global". Faced with challenges and opportunities such as the slowdown in global economic growth, the contraction and restructuring of global supply chains, and high-level institutional openness, it is necessary to accelerate the pace of expanding the opening up of the service industry in the future, create a more comprehensive business environment, further improve the openness and transparency of foreign investment, implement higher standards of intellectual property protection, continuously innovate foreign investment cooperation methods, and promote enterprises to "going global".

**Keywords:** Open Investment; Negative List; Business Environment; Intellectual Property Protection; Shanghai Free Trade Zone

**B**.5 Practical Exploration and Innovation of Optimizing the Business Environment in Shanghai Free Trade Zone

*Li Weiyi* / 075

**Abstract:** The business environment refers to the institutional elements and social conditions involved in the market activities of enterprises and other market entities, and is a comprehensive manifestation of the national soft power. A good business environment helps to release market vitality, stimulate corporate potential, enhance urban attractiveness, enhance international competitiveness, and promote high-quality economic and social development. As a highland of institutional innovation, the Shanghai Free Trade Zone has played an important role as a "pioneer" and "experimental field" in optimizing the business environment. The Shanghai Free Trade Zone has taken better service for market entities as its core goal, and has taken the transformation of government functions as the starting point, continuously improving the quality of government services, iteratively optimizing the business environment, innovating institutional mechanisms, and exploring new models and paths, providing a series of replicable experiences, paths, and policies for optimizing the urban business environment in China. In the future, the optimization of the business environment in the Shanghai Free Trade Zone can be achieved by further improving the top-level design, establishing a mechanism for inter-departmental collaboration and sharing, actively aligning with new international economic and trade rules, focusing on promoting the construction of a legal environment, promoting the empowerment of digital technology, integrating digital resources, and mining data value, and strengthening the attraction of talents and optimizing the talent development environment.

**Keywords:** Business Environment; Shanghai Free Trade Zone; Government Functions Transformation

**B**.6 Current Situation, Characteristics and Prospects of Bond Market Development in Shanghai Free Trade Zone

*Wu You* / 094

**Abstract:** The development of the Free Trade zone bond market is an important breakthrough to support Shanghai in developing overseas financing services and building an offshore financial system, which plays a positive role in developing the financing function of the offshore financial market and deepening the internationalization of RMB. This paper first reviews the development status of Free Trade zone bonds from the aspects of issue scale, issue subject, credit rating,

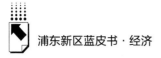
issue term and cost, etc. The Free Trade zone bonds presents the characteristics of issue term, issue currency and issue subject focus, credit rating downgrade, and issue cost advantages are not obvious. Based on the above characteristics, this paper continues to analysis the main problems in the development of the Free Trade zone bonds from three aspects, including single source of incremental financing, insufficient motivation of investment subjects, and lack of secondary market activity. Finally, from the relevant legal system, information disclosure standards and rating agency selection, advantage publicity and business facilitation publicity, the establishment of secondary market trading platform and other aspects to promote the rapid development of the free trade zone bonds market. Which in order to offer comments for building into an international standards offshore bond market and Contributing to the globalization of financial markets and the internationalization of the RMB.

**Keywords**: Free Trade Zone Bonds; Bond Market; Offshore Finance; Finance Market Globalization

## B.7 Shanghai Pilot Free Trade Zone: A "Test Field" for Institutional Innovation and Reproduction Promotion

*Zhang Bochao* / 112

**Abstract**: After ten years of development, the Shanghai Pilot Free Trade Zone has formed a large number of institutional innovation achievements that can be replicated and promoted nationwide through "bold trials, bold breakthroughs, and independent reforms", making outstanding contributions to the overall reform and development of the country. This article systematically summarizes the main achievements and experiences of institutional innovation and replication promotion in the Shanghai Pilot Free Trade Zone. It is found that the Shanghai Free Trade Zone is benchmarking international high standard economic and trade rules and accelerating the promotion of high-level institutional openness; Adhere to the direction of market-oriented reform of factors and strengthen the function of global resource allocation; Strengthen the government's own reform and enhance the modernization level of governance; Focusing on the innovative institutional supply required for industrial development and enhancing the new driving force of high-quality development, a large number of replicable and promotable institutional innovation achievements have been formed. At the same time, each area of the Shanghai Pilot Free Trade Zone actively carries out the latest institutional innovation measures and practical exploration based on its own characteristics and advantages. In the future, the Shanghai Pilot Free Trade Zone will continue to promote institutional innovation, explore the way for Chinese path to modernization, and further improve the four major institutional innovation capabilities and main directions.

**Keywords**: Shanghai Free Trade Zone; Institutional Innovation; High-level Opening up to The Outside World

# Ⅲ   Innovation of Pudong

**B**.8   Study on the Path of Innovation Development in Pudong
New Area: Promoting Synergy of Innovative Production
Factors with Science-Based Enterprises as Hubs

*Han Dingduo* / 128

**Abstract**: "Benchmarking the development of independent innovation" is one of the five strategic positions of Pudong New Area as a "leading area for socialist modernization", and innovative development requires a high degree of synergy of innovative factors of production. The synergy of innovative factors of production includes the complementary synergy of integrating different kinds of innovative factors of production into the same enterprise, and the alternative synergy of realizing the appropriate allocation of the same kind of innovative factors of production through market competition. This paper analyzes three modes of synergy of innovation factors of production: Zhongguancun mode, through government subsidies to existing science and technology enterprises, which can be called "subsidy mode"; Hefei mode, through state-owned capital industrial investment in the leading enterprises of strategic emerging industry chain, which can be called "industry-investment mode"; Silicon Valley mode, through risk investment in science and technology entrepreneurial enterprises, which can be called "venture capital model"; and compared and analyzed the applicability of the three models, and provided relevant path suggestions for Pudong New Area to promote the synergy of innovative factors of production with the pivot of science and technology innovation enterprises.

**Keywords**: Science and Innovation Enterprises; Factor Synergy; Innovation Production; Innovation Development paths; Pudong New Area

## B.9 Status, Experience and Suggestions on the Development of Artificial Intelligence Industry in Pudong

*Xie Ruoqing* / 142

**Abstract**: With the emergence of universal image generation technology and ChatGPT, General Artificial Intelligence (AGI) has developed rapidly in 2023. Artificial intelligence is an important driving force for the new round of technological revolution and industrial transformation. Pudong New Area is the first pilot area for artificial intelligence innovation and application in China. Firstly, this article reviews the current situation of the development of the artificial intelligence industry in Pudong. Pudong has achieved a series of achievements in areas such as breakthroughs in artificial intelligence technology, innovation in system, industrial development, and ecological construction. The artificial intelligence industry in Pudong is showing a trend of agglomeration and leading development, and the effect of using artificial intelligence technology to drive high-quality social and economic development and transformation is gradually emerging. Secondly, we discuss the construction of national artificial intelligence pilot zones from four aspects: leading technology, industrial agglomeration, innovative application, and mechanism exploration. Thirdly, Pudong utilizes the policy advantages granted by the national strategy to accelerate the innovation and industrial development of artificial intelligence applications, forming replicable and promotable experiences and practices. Finally, we propose policy recommendations for the development of the artificial intelligence industry in Pudong, and provide research support for creating the "Shanghai Pudong Plan" of artificial intelligence with demonstration and leading effects.

**Keywords:** Pudong New Area; Artificial Intelligence; Industrial Development

**B**.10 The Successful Development and Commercial Operation of the C919 Large Aircraft: The Practice of the New National System in Pudong *Nan Jianfei* / 159

**Abstract:** The report of the 20th National Congress of the Communist Party of China clearly proposes the important task of "improving the system of unified leadership of the Party Central Committee over scientific and technological work, improving the new national system, and strengthening the national strategic scientific and technological strength", which is the first mention in the report of the 20th National Congress of the Communist Party of China on the issue of "improving the new national system", fully demonstrating the important role of the new national system in improving the scientific and technological innovation system. Technological innovation is the key to Shanghai's modernization construction and also the key to winning future development. As the main force of Shanghai's technological innovation, Pudong is the core carrying area for Shanghai to build a globally influential technological innovation center. Based on the successful development and commercial operation of the C919 aircraft, a landmark event in the aviation industry of China and even the world in 2023, The paper interprets the vivid practice of the new national system in the Pudong New Area, a leading area for socialist modernization construction, and proposes three suggestions for improving the new national system in the development of the Pudong aviation industry, including: better playing the leading role of the government, more highlighting the dominant position of enterprises Give full play to the role of social participation, etc., in order to fully leverage the advantages of the new national system, improve the efficiency of key core technology research, promote the safe and high-quality development of the Pudong large aircraft industry on the new journey, and contribute Pudong's strength to achieving high-level technological self-reliance and self-improvement, promoting high-quality and sustainable development of modernization in Shanghai and China in the new era.

**Keywords**: C919 Large Aircraft; New National System; Pudong New District

**B**.11 Construction of Zhangjiang Data Element Industrial
Agglomeration Area: Present situation, Challenge
and Prospect                                                              *Xu Jianbiao* / 174

**Abstract**: Data elements are the core resources for the development of digital economy, and will form important industrial clusters through market-based allocation. Taking advantage of the current new data trading platform, rich data resources, strong data demand and advanced data technology, Pudong strives to build Zhangjiang into a data element industrial agglomeration area with the highest active data circulation and trading, the highest concentration of data business enterprises and the best ecological development of the data industry. The construction of data factor industrial agglomeration area will rely on the legislative authority of Pudong, strengthen the system and policy supply, support the improvement of data transaction circulation functions and mechanisms, and enhance the activity of data transactions. Zhangjiang data factor industrial agglomeration area will explore the public data authorization operation mechanism, promote the convergence and integration of data resources, and improve the level of data supply. At the same time, the data factor industry cluster will continue to improve the public service system, promote the construction of new digital infrastructure, and cultivate and introduce data factor enterprises to gather in Zhangjiang.

**Keywords:** Data Elements; Digital Economy; Industrial Agglomeration Area

**B**. 12　Promote the development of rural Pudong residential

accommodation industry　　　　　　　　　　　*Guo Lan* / 189

**Abstract:** Under the influence of the epidemic, the development of tourism has suffered a heavy blow, however, People's demand for peripheral travel and outings is growing. Side trips and outings have gradually replaced long-distance travel and inter-provincial trips, while residential accommodation in the suburbs has become a new choice for more and more people to escape from the city and pursue an idyllic life. Therefore, the local residential market, especially quality residential accommodation, ushered in their own " Golden period.". In the process of building Shanghai into a global city, Pudong's unique home-stay business is booming, and this new form of multi-party cooperation has played a vital role, it will help to break through the barriers between urban and rural areas and promote the development of urban and rural integration. The unique residential accommodation in Pudong has explored a unique development model, which brings new income sources for rural farmers through the integration of primary, secondary and tertiary industries. In the efforts to promote the development of agriculture in Pudong, but also pay more attention to the beautification of the environment and increase the income of farmers.

**Keywords:** Residential Accommodation; Integration of Urban and Rural Areas; Rural Revitalization

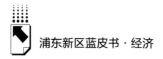
# Ⅳ High-quality Development of Pudong

**B . 13** Research on the Construction and Upgrading of
Pudong's Infrastructure System *Xie Chao* / 208

**Abstract**: As an important aspect of urban modernization, the modernization
of urban infrastructure system involves not only the modernization of traditional
infrastructure, but the modernization of new types of infrastructure with high-tech
levels. It is a necessary material condition for enterprise production and operation,
residents' livelihood and consumption, and the comprehensive development of
cities. In recent years, Pudong has made great achievements in traditional
infrastructure such as transportation, energy, ecological environment, medical care
and old-age care, education and culture, as well as new infrastructure construction
such as communication networks, high-tech industries, and big data platforms.
However, there is still a large room for improvement in the supply of some
infrastructure, as well as the quality of traditional and new infrastructure
construction. Therefore, we should start with three aspects: promoting the digital
upgrading of traditional infrastructure, accelerating the construction of new
infrastructure, and fully tapping into the role of state-owned enterprises as the main
force in infrastructure construction. We will strive to promote the infrastructure
construction process in Pudong, and help Pudong to build "smart city" and
"global city".

**Keywords**: Pudong; Traditional Infrastructure; New Type of Infrastructure;
Smart City

**Abstract**: Pudong New Area bears the responsibility and mission of becoming a leading region in modern development. It faces higher tasks and requirements in the aspects of green, low-carbon, and circular development. This report first introduces the energy-saving and emission reduction targetsof Pudong New Area during the "14th Five-Year Plan" period in the first part, and sorts out the layout and implementation plan of Pudong New Area from aspects such as energy structure, industrial layout, transportation, construction, circular economy, and technology finance. The second part investigates the current situation of green and low-carbon development in Pudong New Area. From the perspective of development foundation, Pudong New Area is in a leading position in terms of energy consumption, ecological environment, and circular economy construction. The third part analyzes the difficulties and bottlenecks faced by Pudong New Area in achieving the goal of pollution reduction and carbon reduction. Based on this, the fourth part puts forward policy recommendations from various aspects such as strengthening organizational coordination, improving laws and regulations, providing policy support, conducting technological and infrastructure construction, and carrying out publicity and education.

**Keywords**: Green and Low-Carbon Development; Energy Consumption; Environmental Governance; Pudong New Area

**Abstract**: During the transition from the 12th Five-Year plan to the 14th

Five-Year plan, Pudong New Area witnesses a mutually coordinated development between the transformation of its manufacturing industries and the evolution of its industrial planning, with a sustained growth in key manufacturing sectors, such as automotive manufacturing, electronic manufacturing, integrated equipment, petrochemicals and biopharmaceuticals. Besides, strategic emerging industries like new-energy vehicles experience significant growth. Concurrent with the transformation of manufacturing industries, Pudong New Area's industrial planning establishes a pyramid-like structural system, whose evolution displays a comprehensive and continuous nature. Industrial planning in sub-regions within Pudong New Area also progresses towards precision and competitiveness. The coordinated development of the transformation of manufacturing industries and the evolution of industrial planning contributes to Pudong New Area's high-quality development.

**Keywords:** Pudong New Area; Manufacturing Industries' Transformation; Strategic Emerging Industries; Industrial Planning System; Industrial Planning Evolution

## B.16 Waigaoqiao Free Trade Zone: Striving to be the "leader" for high-quality development of export-oriented economy

*Tang Jian / 268*

**Abstract:** Waigaoqiao Free Trade Zone, as the "pioneer" of Pudong's export-oriented economic development, plays an extremely important role in the overall strategic layout of Pudong's development and opening up. Over the past 30 years, Waigaoqiao Free Trade Zone and Pudong have grown together and made progress together, achieved a great leap from the first bonded zone in China to the first free trade zone in China, and achieved remarkable development results. "Shanghai free trade area free trade area development" difference "planning", put forward "difference" period, bonded trade area will focus on do big trade scale, and stronger composite function, do real regional linkage, do optimal business environment, to build' trade level high-end, global headquarters agglomeration, leading system innovation, new forms, business environment first-class' has international influence and competitiveness of free trade park. This paper aims to sort out the development course of Waigaoqiao Bonded Zone for more than 30 years and its achievements, analyze the positive impact of high-quality development of export-oriented economy on waigaoqiao Bonded Zone, and explore the basic path of high-quality development of export-oriented economy in the future.

**Keywords**: Waigaoqiao Free Trade Zone; An Export-oriented Economy; Industrial Structure; High Quality Development

社会科学文献出版社

# 皮 书

## 智库成果出版与传播平台

### ❖ 皮书定义 ❖

皮书是对中国与世界发展状况和热点问题进行年度监测，以专业的角度、专家的视野和实证研究方法，针对某一领域或区域现状与发展态势展开分析和预测，具备前沿性、原创性、实证性、连续性、时效性等特点的公开出版物，由一系列权威研究报告组成。

### ❖ 皮书作者 ❖

皮书系列报告作者以国内外一流研究机构、知名高校等重点智库的研究人员为主，多为相关领域一流专家学者，他们的观点代表了当下学界对中国与世界的现实和未来最高水平的解读与分析。

### ❖ 皮书荣誉 ❖

皮书作为中国社会科学院基础理论研究与应用对策研究融合发展的代表性成果，不仅是哲学社会科学工作者服务中国特色社会主义现代化建设的重要成果，更是助力中国特色新型智库建设、构建中国特色哲学社会科学"三大体系"的重要平台。皮书系列先后被列入"十二五""十三五""十四五"时期国家重点出版物出版专项规划项目；自2013年起，重点皮书被列入中国社会科学院国家哲学社会科学创新工程项目。

# 皮书网

（网址：www.pishu.cn）

发布皮书研创资讯，传播皮书精彩内容
引领皮书出版潮流，打造皮书服务平台

## 栏目设置

◆ 关于皮书
何谓皮书、皮书分类、皮书大事记、
皮书荣誉、皮书出版第一人、皮书编辑部

◆ 最新资讯
通知公告、新闻动态、媒体聚焦、
网站专题、视频直播、下载专区

◆ 皮书研创
皮书规范、皮书出版、
皮书研究、研创团队

◆ 皮书评奖评价
指标体系、皮书评价、皮书评奖

## 所获荣誉

◆ 2008 年、2011 年、2014 年，皮书网均
在全国新闻出版业网站荣誉评选中获得
"最具商业价值网站"称号；
◆ 2012 年，获得"出版业网站百强"称号。

## 网库合一

2014年，皮书网与皮书数据库端口合
一，实现资源共享，搭建智库成果融合创
新平台。

皮书网

"皮书说"
微信公众号

权威报告·连续出版·独家资源

# 皮书数据库
## ANNUAL REPORT(YEARBOOK)
## DATABASE

## 分析解读当下中国发展变迁的高端智库平台

### 所获荣誉

- 2022年，入选技术赋能"新闻+"推荐案例
- 2020年，入选全国新闻出版深度融合发展创新案例
- 2019年，入选国家新闻出版署数字出版精品遴选推荐计划
- 2016年，入选"十三五"国家重点电子出版物出版规划骨干工程
- 2013年，荣获"中国出版政府奖·网络出版物奖"提名奖

皮书数据库

"社科数托邦"
微信公众号

### 成为用户

　　登录网址www.pishu.com.cn访问皮书数据库网站或下载皮书数据库APP，通过手机号码验证或邮箱验证即可成为皮书数据库用户。

### 用户福利

- 已注册用户购书后可免费获赠100元皮书数据库充值卡。刮开充值卡涂层获取充值密码，登录并进入"会员中心"—"在线充值"—"充值卡充值"，充值成功即可购买和查看数据库内容。
- 用户福利最终解释权归社会科学文献出版社所有。

社会科学文献出版社 皮书系列
SOCIAL SCIENCES ACADEMIC PRESS (CHINA)

卡号：646834183482
密码：

数据库服务热线：010-59367265
数据库服务QQ：2475522410
数据库服务邮箱：database@ssap.cn
图书销售热线：010-59367070/7028
图书服务QQ：1265056568
图书服务邮箱：duzhe@ssap.cn

# 法律声明

"皮书系列"（含蓝皮书、绿皮书、黄皮书）之品牌由社会科学文献出版社最早使用并持续至今，现已被中国图书行业所熟知。"皮书系列"的相关商标已在国家商标管理部门商标局注册，包括但不限于LOGO（▧）、皮书、Pishu、经济蓝皮书、社会蓝皮书等。"皮书系列"图书的注册商标专用权及封面设计、版式设计的著作权均为社会科学文献出版社所有。未经社会科学文献出版社书面授权许可，任何使用与"皮书系列"图书注册商标、封面设计、版式设计相同或者近似的文字、图形或其组合的行为均系侵权行为。

经作者授权，本书的专有出版权及信息网络传播权等为社会科学文献出版社享有。未经社会科学文献出版社书面授权许可，任何就本书内容的复制、发行或以数字形式进行网络传播的行为均系侵权行为。

社会科学文献出版社将通过法律途径追究上述侵权行为的法律责任，维护自身合法权益。

欢迎社会各界人士对侵犯社会科学文献出版社上述权利的侵权行为进行举报。电话：010-59367121，电子邮箱：fawubu@ssap.cn。

社会科学文献出版社